Martina Schäfer

Die magischen Stätten der Frauen

WILHELM HEYNE VERLAG
MÜNCHEN

HEYNE ESOTERISCHES WISSEN

Herausgegeben von Michael Görden
13/9928

Für Maria

Umwelthinweis:
Dieses Buch wurde auf
chlor- und säurefreiem Papier gedruckt.

Taschenbucherstausgabe 01/2003

Der Wilhelm Heyne Verlag ist ein Verlag des Ullstein Heyne List
GmbH & Co. KG.
www.heyne.de
Printed in Germany 2003
Umschlaggestaltung: FranklDesign, München
Umschlagillustration: Shivananda Ackermann
Innenfotos: Regina Kühne
Herstellung: H + G Lidl, München
Satz: Fotosatz Völkl, Türkenfeld
Druck und Bindung: Ebner & Spiegel, Ulm

ISBN 3-453-86454-9

Inhalt

Schweiz

Österreich

Tschechien

Frankreich

England

Irland

Italien

Malta und Gozo

Vorwort und Danksagung

Die Grundlage für dieses Buch bilden Vorträge, Seminare und Reiseleitungen, die ich im Rahmen von Frauenbildungsprojekten oder eigenständig in den letzten 15 Jahren abgehalten habe. Davor hatte ich mich Anfang der 80er-Jahre im Rahmen meiner Dissertation intensiv mit dem Thema der feministischen Matriarchatsforschung befasst. Es geht mir hier darum, eine leicht verständliche, allgemein zugängliche Form meiner Arbeit vorzulegen, die eine Fülle sonst weit verstreuter Informationen zu europäischen frauenzentrierten Kulturplätzen übersichtlich und geografisch geordnet anbietet. Im Laufe der Jahre konnte ich beobachten, wie sich ein breites Allgemeinwissen zum Thema Matriarchatsforschung durchsetzte und Frauen heute neugierig und kritisch mit den verschiedenen Thesen umgehen.

Ich will keine unumstößlichen Wahrheiten festlegen. Die Inhalte der Ur- und Frühgeschichtsforschung eignen sich nicht gerade dazu, Handlungsanweisungen für das spätpatriarchale Informationszeitalter zu liefern. Geschichtsforschung ist ein Lernfreiraum, verschiedenste menschliche Handlungsmuster, Sozialstrukturen und Kulturvariationen zu erfahren. Geschichte ist dazu da, im Umgang mit ihr denken zu lernen. Das »Es-könnte-so-gewesen-Sein« steht als ungeschriebene Widmung über allen Kapiteln dieses Buches. Eine kleine frauenfreundliche Unredlichkeit will ich aber zugestehen: Ähnlich der Erzählmethode Angela Lorents in ihrem Märchenbuch »Findegöttinnen« habe auch ich mir erlaubt, hin und wieder die den vorgefundenen Sagen und Märchen zugrunde liegende, ursprüngliche »Frauenstruktur« hervorzuerzählen oder deutlicher herauszuheben. Ich könnte dies auch mit einer knochentrockenen, germanistisch-philologischen Bild- und Textanalyse. Aber ist die andere Methode nicht viel poetischer? Und rührt sie nicht eher die Herzen als die kühle Analyse?

Dieser Reiseführer zu den Frauenkulturplätzen ist ein Prozess und kein Fels in der Brandung. Welche Version einer Geschichte »wahrer« ist, lässt sich oft nicht genau ausmachen.

Mir ist wichtig, überhaupt aus der Fülle des vorhandenen Wissens auszuschenken, solange die Fässer voll sind. Und sie sind randvoll: Es gibt noch so viel zu entdecken von und über Frauen und die Orte, an denen sie lebten in den alten Zeiten. Die hier beschriebenen Plätze sind sicher nicht nur unter dem ur- und frühgeschichtlichen Aspekt oder dem der Frauengeschichte und -kultur interessant. Ich kann in diesem Führer nicht auf all die anderen kulturhistorischen Gegebenheiten eingehen. Jeder Ort hat seine Geschichte, die meist wesentlich mehr umfasst als das, was ich in diesem Buch beschreiben kann. All diese Aspekte sind in vielen anderen Arbeiten dargestellt worden, sodass ich mich hier beruhigt nur auf die Frauenaspekte beziehen kann.

Ich möchte allen Frauen, die auf die eine oder andere Art – ob durch das Abtippen von Texten, Kritik, das Ausplaudern von Neuigkeiten, Bücherempfehlungen, Hinweise auf Kulturplätze oder anderes – zu diesem Buch beigetragen haben, meinen Dank aussprechen. Vor allen anderen danke ich Ursula, Irmgard und Claudia. Sie und noch einige andere Frauen haben das Manuskript oder Teile daraus während seines Entstehens unter dem Aspekt seines Nutzens auch für behinderte Frauen gelesen und mir viele wichtige Hinweise gegeben. Besonders danke ich auch meiner Lebenspartnerin, der Fotografin Regina Kühne, die mich geduldig an die vielen Plätze begleitete und in Wind und Regen, Sonne und Trockenheit all meinen begeisterten theoretischen Ergüssen lauschte. In ihren Bildern hat sie den Steinen und Landschaften auch auf dem Papier jenen Zauber und jenes Leben gegeben, die mich, seit ich auf diesem Gebiet arbeite, so berühren. Ich danke Maria Zemp, die in den vielen Jahren davor, in denen große Teile dieser Arbeit entstanden, mit ihrem scharfen Verstand und ihrer spirituellen Ernsthaftigkeit an meiner Seite war. Zusammen mit Salomé Stauffer entwickelten wir vor über zehn Jahren das erste Mal die Idee des »Matriarchat von nebenan«. Wie Frau Phönix aus der Asche wurden Freude und Wissen über Frauenzeiten und Frauenorte aus ideologischem Sumpf befreit und zu einem fruchtbaren Feld kultiviert, das uns in professioneller Weise ernährte und vielen Frauen neue Perspektiven und Erkenntnisse zu frauenzentrierten Kulturgruppen erbrachte. Keine von uns ist allein, und so, wie die Erde uns trägt, tragen wir uns gegenseitig durch die Zeit.

Ich danke meinen Lehrerinnen und Lehrern am Institut für Ur- und Frühgeschichte in Köln für ihre Toleranz und Geduld mit einer dieser fürchterlichen feministischen Emanzen. Und ich danke meinen Kommilitoninnen und Kommilitonen aus den Jahren 1993 bis 1999. Zusammen haben wir ein Klima gegenseitiger Unterstützung, freundlicher Kritik, »sanfter« Diskussionen und Solidarität entwickelt, wie ich es in meinen vorherigen Studiengängen an anderen Universitäten niemals erlebt hatte. Im »Netzwerk von Frauen in der Archäologie« konnte ich mich leider nur wenig praktisch engagieren. Doch ich danke seinen Gründerinnen und den heute darin aktiven Frauen für ihr Engagement und ihr Nicht-locker-Lassen, für das Weiterreichen von Literatur, für Gespräche, Tipps und Ideen, für ihr Dasein und ihr Lächeln zwischen Institutsbibliothek, Seminarräumen, zugigen Treppenhäusern und feucht-windigen Grabungsplätzen.

Viele Frauen haben mir in den vergangenen zehn Jahren Plätze in ihrer Region gezeigt, die für »frauenmögliche« Vergangenheiten und Frauenkulturen stehen. Von ihnen kann ich hier nur die wichtigsten nennen: Salomé Stauffer für den Bayerischen Wald. Ulrike Scheuer zeigte mir Plätze in Schleswig-Holstein, Gudrun Zimmermann in Niedersachsen, Sophie Lange, Ziriah Voigt und Gudrun Nositschka in der Eifel, Sascha Lienau in Prag und Tschechien, Annekäthi Zweidler in Graubünden und in der Schweiz und Susanne Wittern erschloss mir das Wissen über Frauen im Mittelalter, und Angela Lorent brachte mir die Geheimnisse der irischen und englischen Mythologie nahe. Ihnen danke ich, stellvertretend für alle anderen, für ihre Geschichten, ihre Informationen und die langen, langen Autofahrten »allüberallhin«. Letztlich möchte ich allen Teilnehmerinnen und Teilnehmern meiner Reisen, Kurse und Vorträge danken für ihr aufmerksames, kritisches Zuhören, ihre wichtigen, inspirierenden Fragen, ihre Lieder und Rituale und ihre Sehnsüchte und Träume, die auch die meinen sind.

Einführung

Was ist eine magische Stätte für Frauen?

Magische Orte, Kulturstätten oder »Kultplätze« haben in den letzten zehn Jahren viele Menschen beschäftigt und einige Bücher gefüllt. Doch was bezeichnen diese Begriffe?

Üblicherweise versteht man unter »magischen Plätzen« oder auch »Kultorten« bestimmte Stellen, alte Steinanlagen, Tempel, Höhlen, Bäume, Quellen und viele andere Orte, die Menschen aus den verschiedensten Gründen als »heilige Plätze« bezeichneten. Dabei handelt es sich vermutlich um eine sprachliche Übereinkunft von Menschen mit gleichem oder ähnlichem geistigem Hintergrund. Geschah sie in vorgeschichtlicher Zeit – einer Epoche, aus der es keine schriftlichen Überlieferungen gibt –, finden sich doch ihre Spuren als archäologische Befunde in der Landschaft: in Form von Gebäuden, Malereien an Höhlenwänden, den Einfassungen von Quellen, Hünengräbern usw. Oft wurden in ihrer Nähe archäologische Funde gemacht oder sie selbst im Rahmen archäologischer Kampagnen untersucht.

Zu diesen »Bodendenkmälern« kommen die Artefakte, die menschlichen Hinterlassenschaften: Gefäße, Musikinstrumente, Steinwerkzeuge, Kunstgegenstände, Holzkohlenreste, Bodenverfärbungen, bestimmte Pflanzenreste, die unter anderem durch Pollenanalysen nachgewiesen werden, teilweise ganze Bestattungen oder Hortfunde. Bestimmten Menschen in den jüngeren Geschichtsepochen eine Stelle als »heiligen Platz«, so finden wir Urkunden, kleine Tafeln an Bäumen oder Niederschriften von Sagen zu diesem Ort.

Viele Autorinnen und Autoren, die sich mit diesem Thema befassen, sind der Ansicht, dass die Heiligkeit oder Kraft eines Platzes nicht nur durch die soziale Übereinkunft der damaligen Menschen bestimmt gewesen sei, sondern dass einem solchen Ort genuin eine eigene Energie innewohne: eine Erdkraft, besondere Strahlen oder Ähnliches. Sie halten diese Energie für den eigentlichen Grund für seine »Heiligsprechung«. Ich bin nicht dieser Auffassung. Für mich gehören zur magischen Definition eines solchen Platzes unbedingt die sozialen, historischen und kulturellen Komponenten – also die Spuren der Menschen. Allerdings weiß ich aus langjähriger Erfahrung, dass die meisten Plätze, die ich mit Frauen- und auch gemischtgeschlechtlichen Gruppen besuchte, durchaus eine Wirkung auf die Personen ausüben, die sich dort aufhalten.

Ich habe tatsächlich häufig erlebt, wie Frauen, die schon lange über die Wechseljahre hinaus waren, plötzlich, nach einem halben Tag an solch einem Ort, wieder menstruierten. Ich kenne Teilnehmerinnen, die auf bestimmten Gesteinsarten Kopfschmerzen bekommen, und werde selbst ganz »hibbelig«, wenn ich Granit unter den Füßen habe. Diese Reaktionen sind nicht geschlechtstypisch, das heißt, die Erfahrungsberichte von Frauen und Männern ähneln sich (bis auf das plötzliche Menstruieren natürlich). Oft auch liegen »heilige Plätze« bezaubernd schön, das ist wahr. Doch häufig ist auch viel Zeit seit ihrer »Heiligsprechung« vergangen, sodass die Natur, das Klima und auch die Menschen selbst sie im Laufe der Jahrtausende stark veränderten und die Orte heute vollkommen anders aussehen und wirken als zu der Zeit, als die Menschen sie als »Kultplätze« nutzten.

An dieser Stelle sei mir eine Anmerkung erlaubt zu dem Wort »Kultplatz«, das ich nicht gern benutze. Es ist nämlich so, dass an den heiligen Orten in ur- und frühgeschichtlichen Zeiten viele verschiedene Handlungen stattfanden: Da wurde gesungen und getanzt, gegessen und geliebt, geschrien, getauscht und Gericht gehalten, gestorben, geboren und Handel getrieben. Was dort passierte, war wesentlich mehr als »Kult«, es war »Kultur«, wenn man darunter all jene Tätigkeiten versteht, die über das reine Reproduzieren, den Nahrungserwerb, hinausgingen. In unseren Zeiten zelebrieren wir Kunst im Museum, im Konzertsaal oder als Lesung in einer Buchhandlung. Für die Rechtsprechung ist das Gerichtsgebäude da, zum Beten die Kirche oder die Moschee, das Kaufhaus oder der Marktplatz zum Einkaufen, das Standesamt zum Heiraten und der Bundestag für die politische

Willensbildung. Welch ein Skandal, wollten wir unsere lieben Verstorbenen zu Füßen des Rednerpults bestatten, in der Kirche Waren austauschen oder im Konzertsaal über einen Vergewaltiger zu Gericht sitzen.

Die soziale Definition eines Ortes als »heilig« bedeutete letztlich eine Verpflichtung für alle Mitglieder einer solchen vorgeschichtlichen, schriftlosen Gesellschaft: An heiligen Orten betrügt man seine Geschäftspartner eben nicht, gibt sich Mühe mit der Musik, vermeidet frauenfeindliche Texte, ehrt die dort bestatteten Alten, denn sie stehen für die Dauer der sozialen Vereinbarungen. Man verpflichtet sich denen, die man liebt, sowie dem Nachwuchs zur Treue und Verbindlichkeit, weil dies eine Gemeinschaft stärkt, deren gemeinsamer Ausdruck diese Anlagen sind, und hält Frieden, wenn man aus der Ferne angereist kommt respektive Nachbarn oder Gäste von weit her begrüßt. Aus all diesen Gründen ziehe ich das Wort »Kulturplatz« vor, denn diese Bezeichnung scheint mir den verschiedenen Funktionen der Orte eher gerecht zu werden.

Archäologisch lässt sich die berühmte These, dass mindestens bis in die Jungsteinzeit frauenzentrierte, matriarchale Strukturen in den Gruppen und Gesellschaften Europas bestanden, nur schwer nachweisen. Allerdings gibt es so viele Funde, Anlagen und Kulturspuren, die für irgendeine Art von Struktur sprechen, in der Frauen wichtig waren, dass man diese These auf der anderen Seite nicht hundertprozentig von der Hand weisen kann. Da war wohl etwas, möglicherweise im Gravettien, die Rheinländerin würde sagen: »Man weissett nisch.«

Für die Entstehung der Theorie eines wie auch immer gearteten Matriarchats sind diese Kulturplätze der Vorgeschichte mitverantwortlich. Als Megalithanlagen, Höhlen oder auch heilige Berge trägt sicher weit über die Hälfte von ihnen Hinweise auf die Aktivitäten von Frauen, auf ihre soziale und spirituelle Stellung und darauf, wie andere Menschen Frauen und Mädchen zu ihrer Zeit wahrgenommen haben: als wichtig oder gar heilig, als Göttinnen. Viele Tempel, Megalithanlagen und Grabkammern und ihre Beschaffenheit *sind* genau die archäologischen Befunde, aufgrund derer man auf die Idee einer frauenzentrierten, im Volksmund »matriarchal« genannten Gesellschaft kam. Es sind die *kulturellen* Überreste, die dafür sprechen: Höhlenritzungen, Frauenstatuetten, Abbildungen von Brüsten und Dolmengöttinnen. Im Gegensatz zu den Artefakten des alltäglichen Lebens – Keramikgefäßen, Steinmessern, Sensen, Speerschleudern, Booten, Hausgrundrissen usw. – sind diese Kulturartefakte jedoch weniger zahlreich. Daher haben sie, legt man den Maßstab naturwissenschaftlicher und statistischer Vorgehensweisen an, für die Ur- und Frühgeschichtler keine aussagekräftige Relevanz.

Weitere wichtige Hinweise weniger auf frauenzentrierte Strukturen, aber auf eine bestimmte Einstellung gegenüber dem Kosmos sind die astronomischen Ausrichtungen vieler Megalithanlagen oder auch natürlicher Felsdenkmäler. Möglicherweise versuchten die Menschen eine Art »Himmel auf Erden« abzubilden, sie bauten »Kultuhren«, in denen sie ihre Auffassung von Himmel und Erde sowie der Menschen darin darstellten. Aufgrund vieler Beobachtungen an derartigen Anlagen würde ich heute vorsichtig behaupten: Die archäoastronomische Ausrichtung von Großsteinanlagen oder Felsheiligtümern ist auch ein möglicher Hinweis auf eine zu ihnen gehörende frauenzentrierte Lebensweise. In letzter Zeit gibt es Versuche von Wissenschaftlerinnen, auch aus der Art der Gebrauchsartefakte – ihren Gebrauchsspuren, der Herstellungstechnik, der Fundlage – Hinweise auf die soziale Struktur vorgeschichtlicher Gesellschaften und Gruppen zu erlangen. Aber bis dort gesicherte Ergebnisse vorhanden sind, bleibt es bei der oben beschriebenen Unsicherheit.

Sicherer als die archäologischen Hinweise sind jene auf die Kulturplätze aus jüngerer Zeit: die Sagen und Mythen, die sich um einen Ort im Wald, einen Felsen, eine Kirche oder Ähnliches ranken. Diese Sagen sind oft nur noch schwer auf reale, historische Vorgänge zurückzuführen. Sie ähneln dem Flackern eines fremden Sterns, der, Millionen von Lichtjahren entfernt, eigentlich längst erloschen ist. Nichtsdestotrotz wissen die Astronomen: Es gab ihn einst, das Licht ist gewissermaßen der Bote seiner eigenen Geschichte. Da ich sowohl Archäologin als auch Literaturwissenschaftlerin bin, kann ich in manchen Fällen die archäologischen Gegebenheiten mit den mythisch-literarischen in Übereinstimmung bringen. Oft regen mich die Sagen um einen Ort überhaupt erst dazu an nachzuschauen, was konkret in einer bestimmten Landschaft an archäologischen Befunden aus dem Boden gegraben wurde.

Zu diesen textlichen Spuren gehören auch die Namen bestimmter Plätze. Es würde hier zu weit führen, genau zu erklären, warum bestimmte Namen auf Frauenkulturplätze hindeuten. Es sei nur erwähnt, dass Schlangen, Schweine, Bären, Gänse oder Raben in Mitteleuropa beliebte Tiere darstellen, dass Anna oder Margarethe in derartigen Zusammenhängen häufig als Heiligennamen auftauchen und selbst die drachenfeindlichen Heiligen Michael und Georg auf Frauenkulturplätze hindeuten. Ich halte die Sagenspuren für die wichtigsten Hinweise auf Frauenkulturplätze, weshalb ich ihren Nacherzählungen im Buch den angemessenen Raum gegeben habe. Wenn ich für einen Ort, ein Tal oder eine Anlage eine »richtig schöne« Frauensage in der einschlägigen Heimat- und Volksliteratur finde oder erzählt bekomme, fällt es mir am leichtesten, einen solchen Platz mit gutem – auch wissenschaftlichem – Gewissen als »Frauenkulturplatz«, als magischen »Frauenort« zu bezeichnen. Wenn ich auch oft nicht sagen kann, wann genau sich die Geschichte abgespielt haben soll. Meiner Ansicht nach sind diese Sagen essenziell wichtig für die Erforschung von Kulturstätten. In der einschlägigen Literatur zum Thema »Kultorte« fällt mir immer wieder unangenehm auf: Nicht nur der Archäologie wird zu wenig Aufmerksamkeit geschenkt, auch den Märchen und Sagen, sprich der Mythologie des Ortes, schenken Autoren und Autorinnen zu wenig Beachtung. Man kann dieses Thema jedoch nur unter Berücksichtigung beider Komponenten – archäologischer Hinweise und ikonografischer Analysen der Sagen – glaubwürdig darstellen. Manchmal sprechen auch die archäologischen Funde allein eine so deutliche Sprache, dass kein Zweifel daran besteht: Frauen hatten, als dieser Platz besiedelt und benutzt wurde, in ihrer Gruppe oder Gesellschaft einen hohen sozialen und spirituellen Stellenwert. Diese Plätze sind mir die liebsten.

Hinweise zur Benutzung des Reiseführers

Es gibt vier Einstiegsmöglichkeiten in dieses Buch: die Übersichtskarte auf Seite 23, das Inhaltsverzeichnis, das Glossar ab Seite 300 und das Register ab Seite 315. Das Buch ist nach europäischen Ländern und darin nach Regionen und Orten gegliedert. Die Übersichtskarte gibt Ihnen einen Überblick über die Regionen, aus denen Stätten vorgestellt werden. Die Abschnitte enthalten in der Regel:

- einen kurzen Überblick über die Region beziehungsweise das Land
- Beschreibungen der magischen Stätten mit genauen Weg- und Wanderhinweisen, auch für Körperbehinderte
- Sagen oder Mythen zu den Plätzen
- Informationen zu Archäologie und Geologie der Landschaft
- kurze Berichte und Anregungen zur Spiritualität und weiblichen Geschichte der Stätten
- Literaturhinweise

Mythen, Sagen oder Märchen sind eine andere Art der Geschichtsschreibung. Die Chronologie löst sich auf in Bildern und Handlungen: »Es war einmal« ist die einzige Zeitangabe dieser meist »frauenfreundlichen« Märchen und Sagen. Ich erzähle diese Geschichten in einer Form, in der sie sich auch dazu eignen, an den entsprechenden Orten vorgelesen zu werden. Wundern Sie sich also nicht über das eine oder andere »Du« oder »Ihr«, schließlich soll die einstige mündliche Erzähltradition auf den Märkten oder an den heiligen Plätzen hier ein wenig wiedererstehen.

Das Glossar erläutert Fachbegriffe, soweit dies nicht bereits im Text geschehen ist. Es wird durch eine Zeitleiste und eine allgemeine archäologisch-kulturgeschichtliche Literaturliste ergänzt, sodass diejenigen, die sich weitergehend informieren wollen, hier nachschlagen können. Ansonsten findet sich die wichtigste Literatur zu einer Region am Ende des jeweiligen Abschnitts.

Das Register erschließt Namen, Orte und Sachverhalte. Hier finden Sie zum Beispiel sämtliche Plätze, in deren Bezeichnung der Name Barbara vorkommt, oder auch alle Sagen, in denen der heilige Michael eine Rolle spielt. So können Sie sich auch eine Tour zu Stätten zusammenstellen, die mit Ihrem Vornamen in Verbindung stehen. Personennamen oder Namen von Sagenfiguren, die in verschiedenen Ländern vorkommen und deshalb auch verschieden geschrieben werden, erscheinen im Register in der jeweiligen nationalen Schreibweise. Maeve finden Sie also für Irland unter diesem Namen, für Frankreich aber unter dem Namen Meabhan. Oder Sie gehen über die Sachbegriffe und suchen alle Orte, die mit Drachen oder Pferden zu tun haben. Wer sich für ein bestimmtes Sagenmotiv interessiert, beispielsweise Gänse oder Schwäne, findet die passenden Hinweise unter den Stichworten »Gans« und »Schwanenkönigin«. Mit den Ortsnamen eröffnet das Register auch den Zugang zu den Sagen einer bestimmten Region. Die Ortsbezeichnungen sind unter ihrem Anfangsbuchstaben aufgeführt.

Noch eine Bemerkung zur »Geschlechtersprache« in diesem Buch: Eigentlich müsste es durchgehend in der weiblichen Form geschrieben sein, weil es vor allem Leser*innen* anspricht. Die interessierten Männer sollten sich jedoch nicht ausgeschlossen fühlen. Aufgrund der besseren Lesbarkeit habe ich mich dazu entschlossen, die weibliche und die männliche Form locker abwechselnd zu benutzen und mal »die Leserin«, mal »den Leser« oder auch beide in einem Atemzug zu benennen.

Soweit möglich, habe ich bei allen Ortsbeschreibungen berücksichtigt, ob und wie die Plätze auch für körperbehinderte Menschen zu erreichen sind. Findet sich kein diesbezüglicher Hinweis, so handelt es sich um Touren oder Orte, die für Gehbehinderte oder Rollstuhlfahrerinnen leider nicht beziehungsweise nur mit immensen Anstrengungen zu erreichen sind.

Für Hinweise, Erfolgsberichte, Tipps oder Änderungsmeldungen bin ich sehr dankbar. Richten Sie Ihre Mitteilungen bitte an meine unten stehende Adresse, bei der Sie auch mein Veranstaltungsprogramm anfordern können:

Dr. Martina Schäfer, Multergasse 29, CH-9000 St. Gallen
Tel.: 00 41 – 71 – 2 23 31 53

1 Rügen: S. 24
2 Schleswig-Holstein: S. 41
3 Lüneburger Heide: S. 50
4 Wildeshausener Geest bei Bremen: S. 59
5 Eifel: S. 67
6 Rhön: S. 89
7 Schwäbische Alb: S. 104
8 Bayerischer und Böhmerwald: S. 120
9 Graubünden: S. 137
10 Salzburger Land: S. 161
11 Willendorf (Niederösterreich): S. 164
12 Dolní Věstonice: S. 166
13 Riesengebirge: S. 171
14 Prag: S. 187
15 Bretagne: S. 194
16 Dordogne, Lot und Pyrenäenvorland: S. 225
17 Wiltshire: S. 232
18 Somerset und Dorset: S. 242
19 Dingle-Halbinsel: S. 246
20 Sligo, Carrowmore: S. 249
21 Im Osten Irlands (Meath): S. 264
22 Umbrien/Toskana: S. 275
23 Malta und Gozo: S. 283
24 Los Millares bei Almería: S. 292
25 Kostenki bei Woronesch: S. 296

Deutschland

Schwaneninsel, Göttinnentraum: Rügen

Überblick

Mindestens eine Woche seines Lebens sollte man Rügen, dieser heiligen Insel, widmen. Am besten kehrt man regelmäßig wieder, denn die Schwingen der großen Schwanengöttin sind ein Baldachin, ein fliegender Teppich, eine sanfte Wiege, die die Seele wiegen und tragen, wie es nur Barken vom anderen Ende der Welt vermögen. Es ließe sich ein eigenes Buch über die Schwaneninsel schreiben. So habe ich eine Auswahl getroffen, die jeder und jedem einen Eindruck von der Vielfältigkeit und besonderen Landschaft Rügens gibt.

Rügen ist per Bahn oder Auto gut zu erreichen. Rügen-Erfahrene raten aber allen Autofahrern, zumindest während der Sommermonate mit dem Zug anzureisen, um die stundenlangen Staus auf dem Rügendamm zu vermeiden, und sich in Bergen ein Auto für die Rundfahrten zu mieten. Eine Unterkunft suchen Sie sich am besten in den ruhigen Gegenden abseits der großen Touristenströme, beispielsweise auf den Halbinseln Ummanz oder Wittow. Das »Haus Kranich« in Tankow auf Ummanz beispielsweise ist ein unter Ornithologen bekannter Beobachtungspunkt für die auf der Insel im Frühjahr und Herbst Station machenden Kraniche und Wildgänse. Es liegt einsam, direkt hinter dem Deich und ist mir seit Jahren ein lieb gewordener Anlaufpunkt mit Frauengruppen. Das Haus ist zwar nicht behindertengerecht ausgestattet, hat jedoch einige leicht zugängliche Zimmer zu ebener Erde. Die Besitzerin ist Personen mit eingeschränkten körperlichen Möglichkeiten gegenüber offen und kommt ihnen helfend entgegen. Wenn man allerdings Wert auf lange Sandstrandspaziergänge legt, sind die klassischen großen Badeorte der Ostküste anzuraten: Sellin, Göhren oder Binz, die im Herbst und in den Wintermonaten ihren eigenen, etwas melancholischen Reiz vergangener Badeherrlichkeiten haben.

Im Sommer sollten Sie sie, falls Sie Ruhe und Naturnähe suchen, lieber meiden oder nur zum Baden anfahren.

Das Märchen von der großen Gans

Diese Geschichte wird an allen Orten erzählt, an denen das Meer den Strand küsst und wo die Himmel so hoch sind, dass man sie kaum mit den Fingerspitzen berühren kann. Sie wird überall dort erzählt, wo unter den stürmischen Wolken der Herbststürme die großen Vogelschwärme dahinziehen, die Kraniche mit ihrem Singen, die Wildgänse mit ihrem klugen Geschrei, und wo die Seelen all jener Menschen ihnen in die Anderswelt folgen müssen, die die große Göttin im Laufe des Jahres zu sich gerufen hat. Sie wird auch dort erzählt, wo die Vögel im Frühjahr wiederkehren, wo die Kraniche ihre seltsamen Tänze in den feuchten Wiesen am Bodden aufführen und die wilden Gänse auf ihrer Rast den Boden bedecken wie ein Teppich aus Tausenden von warmen Vogelkörpern. Zwar haben sie die Köpfe unter ihre Schwingen gesteckt, doch es genügt das kleinste Zittern der Luft, ein unbedachtes Einatmen der Wanderin, die sie von weit her in ihrem Schlaf beobachtet, und der Teppich hebt sich mit einem Rauschen, dass du meinst, die Schwingen reißen dich mit, und alle Himmel durchschwirren deinen Kopf. Diese Geschichte wird in jenen altmodischen Gegenden erzählt, in denen man noch auf die übliche Art zu Kindern kommt: Die Gänse nämlich, an deren Federn sich die Seelen der Ungeborenen festhalten bei ihrem Ritt aus der Anderswelt, die Kraniche, die schreiende Wickelkinder im Schnabel mit sich herumzerren – und uns an die Störche aus anderen Gegenden erinnern – oder die königlichen Schwäne selbst, die sich auch hin und wieder herablassen, nach solch einem Würmchen in den Sümpfen der Anderswelt zu tauchen, diese Vögel lassen die Kinder einfach durch den Kamin fallen, mit einem Plumps auf die Hausschwelle oder ganz unachtsam morgens in den Milchkaffeetopf zwischen die Brotbrocken. Ja, dort wird die Geschichte von der großen Gänsegöttin erzählt, von der Schwanenkönigin, denn sie ist ein und dieselbe. Dort, wo in den Frühlings- und Herbstnächten das Singen Tausender Gänse die Himmel zittern lässt auf ihrem Flug von da nach dort.

An diesem Ort erzählt man sich ihre Geschichte, die Geschichte der Zarewna Ljebedewa. Und die geht so (und wenn du sie nicht glaubst, so bist du selbst schuld, denn du bringst dich um mehr als nur um das kurze Lächeln nach einer kleinen Geschichte): Es ist die Geschichte der großen Vogelgöttin, der himmlischen Gans, deren Flügel ausgebreitet von Sonnenaufgang bis Sonnenuntergang reichen, ihr Kopf ruht auf dem Pol und ihr Schwanz berührt den Äquator. Manches Mal nimmt sie dich mit und die Welt sieht danach anders aus. Du kannst nicht herunterfallen. Noch nie ist ein Wesen von ihr herabgestürzt, das ginge gar nicht. Wahrlich, noch nie ist ein Wesen aus ihrer blauen Hand gefallen: dem Sternenzelt.

Eine Boddenwanderung von Udars nach Schaprode

Der Boddenwanderweg ist etwa fünf Kilometer lang und eignet sich gut als Einstimmung auf Klima und Landschaft der Insel Rügen. Der Boddenwanderweg ist mit dem Rollstuhl leider nicht zu befahren. Man kann jedoch mit dem Auto zur Mole von Schaprode fahren und sich im Ort mit dem Rollstuhl bewegen.

Der Kultstein in der Boddenlandschaft ist stets von Kühen umringt.

An der Straße von Trent zum Hafen Schaprode liegt das kleine, ein wenig romantisch-verkommene Dörfchen Udars. Ein großes Herrenhaus spricht von längst vergangenen Gutsherrentagen, einige Häuser und Höfe ducken sich zwischen Dorfteich und Weidenbäumen. Die Straße vor dem Herrenhaus führt als Feldweg weiter zum Bodden und zum Deich hinaus, dem man rechter Hand in nördlicher Richtung folgt. Am Wegesrand sind verstreut überdachte Bänke und ein Holzturm zur Vogelbeobachtung aufgestellt. Das Licht schimmert weich im Schilf, doch Vorsicht, knorrige Weidenwurzeln lassen einen auf dem Deich leicht stolpern. Zwischendurch stößt man auf die weniger schönen Überreste einer alten Kriegsflakstellung. Kurz darauf erscheint rechts am Weg jedoch eine einsame, mächtige und beeindruckende Baumfrau. Man erreicht Schaprode an einer Reihe Garagen für die Autos der Hiddenseer, denn auf Hiddensee darf kein Auto fahren. Man gelangt, der Garagenreihe folgend, in den Jachthafen, an die Mole, wo die Fähren liegen, und zum alten Dorfkern, der sich in einem Rund um die Kirche schmiegt, wie dies bei vielen slawischen Gründungen der Fall ist.

In Schaprode kann man in einem der Cafés oder Restaurants einkehren oder auf der Mole seinen Proviant mit den kreischenden Möwen teilen, um dann wieder zurück nach Udars zu laufen. Gegen Abend zeigt sich die Boddenlandschaft aus einer anderen Perspektive, das Licht hat gewechselt, manche Vögel sind »schlafen gegangen«, andere wachen auf, plustern ihr Gefieder und senden ihre Schreie in die aufkommende Nacht.

Von Hagen über das Pfenniggrab und den Herthasee zum Königsstuhl

Um die Autos aus dem Naturschutzgebiet der Halbinsel Jasmund herauszuhalten, wurden in Hagen große Parkplätze angelegt, die leicht zu finden sind und von denen ein gut ausgewiesener Wanderweg über die Megalithanlage Pfenniggrab zum Herthasee und den slawischen Burgwall zum Königsstuhl führt. Der Waldweg ist ungefähr drei Kilometer lang, er ist ausreichend breit, mit ebener Oberfläche angelegt und hat keine Steigungen, er eignet sich also auch für Rollstuhlfahrerinnen. Der Weg durch den Wald ist nicht zu verfehlen.

Die Sage vom Herthasee

Wenn eine Göttin bis in die heutige Zeit so ungebrochen und unverfälscht in den Sagen erwähnt wird wie die germanische Hertha, auch Nerthus genannt, deutet dies auf ein bedeutendes Heiligtum hin. Vermutlich verehrten auch die nach den Germanen hier lebenden Slawen eine große Göttin, deren Spuren nicht einmal durch das Christentum verwischt werden konnten. Man machte sie im Nachhinein schlecht, indem man ihr Menschenopfer zuwies, die archäologisch weder für Slawen noch für Germanen in dieser Gegend nachweisbar sind. Aber im Grunde blieb das Bild der Göttin erhalten, die zur Erntezeit von weißen Kühen durch das Land gezogen wurde. Interessant ist dabei, dass nur Kühe ihren Wagen ziehen, der zuvor von Sklaven geschmückt wurde. Sonst beliebt die patriarchale Wissenschaft, alles, was Hörner hat, zu Stieren oder Ochsen zu erklären, dabei erscheinen die Tiere Kuh, Stier, Ochse und Rind in den Quellen synonym. Möglicherweise verlief ein Prozessionsweg vom Bereich des Pfenniggrabes bis hinab an den Herthasee.

Man kann leicht vom Weg abkommen in den labyrinthischen Wäldern auf Jasmund. Man erzählt sich, wie ermüdete, hungrige Wanderer, die sich bereits Jahre dort herumtrieben und aus dem Wald nicht mehr herausfanden, aufgelesen wurden, manche weißhaarig geworden und abgemagert bis zum Skelett. Glücklicherweise führte mich meine schwarze Hündin immer wieder aus den Wäldern heraus, denn das tun diese dunklen Anderswelthunde auf Rügen. Von einer solchen verwirrten Person habe ich erfahren, dass der Bruder ihrer Großmutter einen Cousin hatte, dessen Frau noch nächtens am Herthasee die Göttin und ihre Gespielinnen in weißen Schleiern tanzen sah. Es sei nicht einfach, sie so im Abendlicht von den Nebelschleiern, die auch auf den dunklen Wassern des Moorsees spielten, zu unterscheiden, doch könne man sie hören und nur Frauen seien gegen ihren Zauber gefeit. Wenn ein Mann die Göttin sähe, verfiele er ihr in unendlicher, unstillbarer Liebesraserei, so-

dass er mit ausgestreckten Armen hinaus auf den See laufe, sie zu umfangen. Und das kann ja nicht gut gehen, wenn er nicht schwimmen kann. So seien auch die Lügen über die ertränkten Sklaven entstanden, sagte die Frau des Cousins des Bruders der Großmutter der verwirrten Person.

Die Sage vom Königsstuhl

Es muss ein seltsamer Weg gewesen sein, der sich vor Zeiten unter den hohen Buchenstämmen am Herthasee vorbei zu den weißen Klippen des Königsstuhls wand. Seine Geschichten zeigen, dass man damals nicht ohne weiteres König oder Herrscher werden konnte, wie das heute üblich ist. Die Göttin bestimmte, wen sie auf dem Thron sehen wollte, wer ihrer würdig war. Und wer es nicht war, den stürzte sie die Klippen hinunter, ohne dass weiche Schwanenflügel seinen tödlichen Sturz gebremst hätten. Denn das war die Prüfung: den weißen Felsen unten, von der See her zu erklimmen. Wem dies gelang, der mochte König werden, die Oberpriesterin heiraten, die geheimnisvolle Jungfrau in der Höhle befreien oder was es sonst noch an Belohnungen in der Sagenwelt gibt.

Ich weiß von einer Zeit zu berichten, da war es um diese Herrscher wieder einmal schlecht bestellt, vielleicht, weil ihr Regelwerk den Menschen bereits das Atmen erschwerte und insbesondere den Frauen die Lust am Leben und an der Liebe nahm. So hatten sie die seltsame Regel der Keristen übernommen, dass eine Dienerin oder ein Diener der Götter die Liebe nicht leben dürfe und keusch zu sein habe, eine Vorstellung, die man mit Reinheit verband. Ganz besonders litten die Priesterinnen am Herthasee unter dieser neuen Regel, gegen die sie sich nicht offen zur Wehr setzen konnten, denn das Waffentragen war den freien Slawinnen bereits über hundert Jahre zuvor untersagt worden. Die Herren waren recht nervös, denn das Land Rügen war seit einiger Zeit ohne ordnende Hand. Kein Mann, kein Held hatte es geschafft, den Königsstuhl zu erklimmen. (Nun wundert ihr euch vielleicht, dass diese herrschenden Herren, die doch sonst alle Regeln nach ihrem Gutdünken veränderten, noch an diesem alten Ritus hingen. Doch wie wir von den Wissenschaftlern heute wissen, ist es leichter, neue Regeln per Gewalt durchzusetzen als alte abzuschaffen. Die kleben zäh wie Lehm in den Erinnerungen der Menschen.)

Ostseestrand auf Rügen

Die Herrscher waren also nervös und suchten Schuldige für die ständigen Abstürze ihrer Helden. Sie mussten gar nicht lange suchen, denn auch hier fanden sie bei den benachbarten Keristen ein Vorbild: Schuldig an dem Desaster konnten nur die Frauen sein, sie mussten etwas getan haben, das die Göttin verstimmt hatte. Natürlich, sie waren unkeusch gewesen und hatten die Liebe gelebt. Nun war es gewiss nicht schwer, in einer Menge von Frauen eine zu finden, die aus welchem Grund auch immer ihre Regel nicht mehr bekam – ob deshalb, weil sie schwanger war oder weil sie das Alter erreicht hatte, in dem es eben vorbei ist mit der Menstruation, oder auch weil sie zu wenig zu essen hatte, denn die Zeiten waren, wie ich bereits erzählte, schlecht. Es mangelte ihr an Liebe, von der alle alten Geschichten sagen, dass sie notwendig sei, damit die Erde fruchtbar ist. Die wütenden, unter Druck stehenden Herrscher fanden also eine Priesterin in der Tempelburg am Herthasee, der sie vorwarfen, das Gelöbnis der Keuschheit gebrochen zu haben. Und da die Göttin aus diesem Grund alle Helden vom Felsen stürzte, müsste die Frau auch dieses Schicksal erleiden, damit der Frevel gesühnt sei und endlich ein Mann es schaffen würde, hinaufzusteigen und den Thron Ruganas zu besetzen. Sie stellten die unglückliche

Frau auf eine Art Pranger, einen Opferstein, der dort noch am Weg liegt, und es heißt, es hätten sich Füße in den Stein gedrückt, ihre und die des Kindes, das sie angeblich in ihrem Leib trug. Dann zerrten sie die Priesterin an die Klippe und warfen sie hinab.
Nun hatte die Göttin die Dummheiten der Männer ein für alle Mal satt. Sie ließ sich in jenen Zeiten eh nur noch selten sehen, denn sie wollte eben verehrt werden, wie es sich für eine Göttin gehört. In allen Mythen heißt es, dass ihre sanften Schwingen die Priesterin in der Luft auffingen und sie – in diesem Punkt unterscheiden sich die Mythen – in die Arme ihres Geliebten gleiten ließen, der unten in einem Boot wartete, bereit, mit ihr über das Meer zu fliehen. Oder, so die zweite Version, der sie auf den Königsstuhl hob und Rugana wieder eine Königin bescherte, so wie alle Länder dieser Welt in Frauenhand ruhen sollten. In der dritten Version trugen die Schwingen der Göttin sie fort zu jener geheimnisvollen Höhle in den Tiefen der Halbinsel Jasmund, in der eine wunderschöne Frau sitzt, bereit, wen immer sie liebt, aus ihrem Becher trinken zu lassen.

Unter den Flügeln der Göttin: Die Wissower Klinken

Man fährt die gerade Straße durch Sassnitz bis zum Ende, wo man am Waldrand auf einen Buswendeplatz und auf einen kleinen Parkplatz im Wald gelangt. Es gibt hier einen urigen Parkwächter, der größere Autos und Kleinbusse geschickt einweist und eine geringe Wachgebühr kassiert. Auch wenn die reine Wegstrecke dieser Tour nur wenige Kilometer beträgt, sollte man sich nicht täuschen lassen, denn die Wanderung auf dem Flintstrand ist anstrengend und man muss häufig Pausen einlegen. Behinderte brauchen auf dieser Wanderung meist Unterstützung, vor allem mit dem Rollstuhl, da es zum Teil über Treppen und steinige Abschnitte geht.

Vom Parkplatz wendet man sich zur Steilküste hinüber, der Weg geht ein wenig steil durch den hohen Wald über Wurzeln hinab. Oberhalb der Steilküste führt der Wanderweg zum größten Teil auf gleicher Höhe Richtung Norden. Man kann auf ihm, wie ich weiter unten zeigen werde, bis zum Königsstuhl weiterwandern. Der Blick geht über das Meer und bietet immer wieder neue Perspektiven auf die weißen Felsen. Nach nicht ganz einem Kilometer sehen Sie das Hinweisschild für den ersten Abstieg zum Strand. Es handelt sich dabei um einen Waldweg, der streckenweise mit Treppen ausgestattet ist und den ich unbedingt empfehlen würde. Früher – möglicherweise wieder, dies ändert sich von Jahr zu Jahr – gab es direkt bei den Wissower Klinken eine riesige Leiter, die über die steile Wand zum Strand hinunterführte. Doch das war oder ist nur etwas für starke Nerven und auf keinen Fall für Kinder, nicht schwindelfreie oder gehbehinderte Personen geeignet, ebenso wenig für Hunde. Seit kurzem findet man etwa einen halben Kilometer weiter nördlich noch einen Abgang, der näher an den Wissower Klinken herunterführt. Sein unteres Ende besteht aus einer Holztreppe, die man auch mit einem Kinderwagen bewältigen kann, starke Frauen können auch einen nicht allzu schweren Rollstuhl hinuntertragen.

Hat man den Steinstrand erreicht, wendet man sich links herum nach Norden und geht über die Steine weiter. Streckenweise ist ein Trampelpfad in die herabgeflossenen Kreideschichten getreten, streckenweise geht man über die Steine. Es empfiehlt sich deshalb, kräftiges Schuhwerk zu tragen, denn das Gehen über diese Flintsteine, aus denen die Menschen der Steinzeit ihre Geräte schlugen, ist recht anstrengend. Sie sollten genug Zeit für den Strandweg einplanen, denn es macht dort großen Spaß, Versteinerungen zu sammeln oder einige der Flintknollen aufzuheben, die oft wie lebendige Figuren aussehen. Nach einem weiteren Kilometer gehen Sie um die Felswand herum – und plötzlich ragen sie wie riesige Schwanenflügel vor Ihnen auf: die Wissower Klinken. Ein besonderer Ort, an dem man eine Zeit verweilen sollte.

Danach geht die Wanderung unten am Wasser weiter, bis nach einem weiteren Kilometer eine kleine Treppe an einem Wasserfall auftaucht. Hier steigen Sie hoch und gehen oben am Ufer durch den Wald zurück. Hin und wieder gibt es Aussichtskanzeln, die eine wunderschöne Sicht auf das Meer, die

Die Wissower Klinken

weißen Kalkwände und die Wissower Klinken erlauben. Wer will, macht noch einen Abstecher zur »Waldhalle«, einem Wanderlokal mit sommerlichem Biergarten, und zu den dahinter liegenden Megalithanlagen. Ansonsten trifft man wieder auf den ersten Abstieg und kurz danach auf den Querweg, der zum Parkplatz zurückführt.

Vom Königsstuhl nach Sassnitz auf der Halbinsel Jasmund

Hierbei handelt es sich um eine Tagestour von etwa zehn Kilometern Länge. Entweder stellt man sein Auto in Hagen auf dem großen Besucherparkplatz ab und lässt sich mit dem Pendelbus zum Königsstuhl bringen oder man beginnt die Tour vom Sassnitzer Ortsende aus wie oben bei der Wanderung zu den Wissower Klinken beschrieben, nur dass man nicht zum Strand hinuntersteigt, sondern auf dem Steilufer entlangläuft. Der Weg ist gut ausgezeichnet und hat einige gut zu bewältigende Steigungen. Der lichte hohe Buchenwald, die weißen Klinken und das blaue Meer erzeugen ein besonderes Farbenspiel, vor allem im Herbst, wenn auch die Blätter rotgolden leuchten.

Wer über eine gute Kondition verfügt, mag den Weg hin und zurück laufen, was aber nur an langen Sommertagen ohne Hetze möglich ist. Wer lieber länger verweilt, sollte sich an den Anfangs- und den Endpunkt der Tour jeweils ein Auto stellen oder mit einem Taxi zum Ausgangsparkplatz zurückkehren. Es fährt auch ein Bus von Sassnitz nach Hagen, dessen aktuellen Fahrplan man bei den Touristeninformationen in Sassnitz oder Bergen am Bahnhof erhält. Für Rollstuhlfahrer oder Gehbehinderte sind diese Touren leider nicht möglich. Allerdings kann man mit dem Auto zum Lokal »Waldhalle« fahren. Von dort geht der Weg breit und bequem zu den Wissower Klinken vor. Von Hagen kann man, wie schon gesagt, den Königsstuhl mit einem Pendelbus erreichen.

Hoch im Norden: Von Nobbin nach Arkona

Eine weitere Steiluferwanderung ist der Weg von Nobbin nach Arkona. Sie ist gleichzeitig eine Wanderung durch die Zeiten, wie so oft auf Rügen, denn sie beginnt an der jungsteinzeitlichen Megalithanlage von Nobbin und führt an der Küste entlang erst in das pittoreske Dörfchen Vitt und dann hinauf zur Jaromirsburg von Arkona, einem slawischen Burgwall. Der Weg ist etwa fünf Kilometer lang. Hin- und Rückweg lassen sich ohne Probleme bewältigen. Er ist gut ausgewiesen und übersichtlich, sodass sich eine Wegbeschreibung an dieser Stelle erübrigt. Von Vitt nach Arkona fahren auch Kutschen, für die eine oder andere eine Fahrt darin eine nette Abwechslung. Ebenso geht eine kleine Pendelbahn vom großen Parkplatz im Dorf Putgarden nach Arkona hinauf oder nach Vitt hinunter. Für Rollstuhlfahrerinnen und Gehbehinderte ist es also gut möglich, nach Arkona und Vitt zu kommen.

Der Name Arkona hängt vermutlich mit dem altgriechischen Wort für »alt«, *archein*, zusammen und deutet darauf hin, dass hier der Sitz der Ältesten, der Priesterinnen und Priester war. Kulturen wie die slawische, die noch Überreste frauenzentrierter Gesellschaftsstrukturen aufwiesen, zeichneten sich oft durch eine Art Doppelregententum aus, das von Kindern einer Mutter, Liebespartnern oder, als Kombination von beidem, durch miteinander verheiratete Geschwister ge-

Birkengrab bei Lanken-Granitz

lenkt wurde. So nimmt man an, dass in Arkona die religiöse und juristische Leitung und in Karentin, dem heutigen Garz im Süden Rügens, die wirtschaftliche und kriegerische Führung lag und dass die beiden Regenten Brüder gewesen seien. Die bereits christianisierten Wikinger wussten um die Bedeutung Arkonas und erreichten seinen Fall durch eine List: den Bruch des Kriegsrechts am 14. Juni 1168. Dieses Ereignis fiel in die Zeit der Sommerfeste um Svantevit, die slawische Sommergottheit, die später in die Gestalt des christlichen Heiligen St. Veit übergegangen ist. Danach ergaben sich die Slawen von Garz freiwillig, womit das Ende der nichtchristlichen Kulturen in Europa besiegelt war.

Nobbin – am Anfangspunkt der Wandertour – stellt die Überreste eines Megalithenfeldes dar, das im Laufe der Jahrtausende über die ständig abbröckelnde Steilküste ins Meer gestürzt ist. Bei klarem Wetter reicht der Blick in südöstlicher Richtung bis zum Tempelberg von Bobbin auf Jasmund. Ortsnamen wie Baabe, Bobbin oder Babka, wie sie sich auf Rügen und im gesamten Gebiet östlich der Elbe häufig finden, gehen auf die slawische Babba, die Weise Alte, zurück, die uns in vielen Märchen als die kluge Hexe Baba Jaga überliefert wurde.

Tore zur Anderswelt: Die Megalithanlagen von Lanken-Granitz

Die bedeutendste Ansammlung von Megalithanlagen auf Rügen liegt gleich hinter dem Dorf Lanken-Granitz, an der Straße zu den Seebädern Baabe und Sellin. Direkt bei den Anlagen gibt es ein Schutzhäuschen und einen Parkplatz. Das Monument ist auch gut für Gehbehinderte und Rollstuhlfahrer erreichbar.

Die »Schlafende Venus« bei Posewald

Die Anlagen von Lanken-Granitz und die etwa einen Kilometer dahinter im Wald liegenden Ziegengräber sind Teile eines riesigen Bogens aus Megalithanlagen, der sich vom

Steenbarg bei Nadelitz im Süden bis hoch zu den Sieben Brüdern im Norden um den Bakenberg bei Posewald zog. Dieser Halbkreis hatte einen Radius von etwa sechs Kilometern. »Bakenberg« ist eigentlich kein Name, sondern eine Funktionsbezeichnung, die anzeigt, dass dort oben einmal eine Bake, ein Signalgeber, stand, dessen Metallreste noch heute zu sehen sind. Bakenberge gibt es einige in der Nähe des Meeres. Man kommt dem Geheimnis näher, wenn man die Namen hört, die die Einheimischen dem Berg – bis vor nicht allzu langer Zeit nur in mündlicher Überlieferung – gegeben haben: »Tittenberg« oder »Schlafende Venus«.

Man sollte den Bummelzug »Rasender Roland« von Puttbus nehmen und im Dorf Posewald aussteigen, die Bahnlinie überqueren und an der Hecke entlang auf den Berg zugehen. Wie der germanische Dorfname Posewald es zu signalisieren scheint, liegt sie da: schlafend in diesen grauen Zeiten – nur eine Laune der Natur oder doch ein »Busenberg«? Als ich der Schlafenden Venus das erste Mal begegnete, war ich mit dem Auto in dieser Gegend unterwegs, deshalb hier mein Geheimtipp, allerdings nur für Gehbehinderte oder Menschen im Rollstuhl: Man kann mit ein wenig Kartenstudium unmittelbar über landwirtschaftliche Nutzwege an und um den Busenberg herumfahren. Aber bitte: Die Wege sind eigentlich für den Verkehr gesperrt – und schließlich sollten die Dame und die Natur um sie herum geschützt werden.

Archäologie und Geologie auf Rügen

Die Kreideablagerungen Rügens stammen aus der Kreidezeit vor ungefähr 70 Millionen Jahren. In dem feuchtwarmen Meer hat sich der Kalk der Muscheln, Schnecken und anderer Tiere feinkörnig abgelagert. Knochen von größeren Tieren wie den Sauriern haben sich nicht erhalten. Die schwarzen Bänder aus Flint- oder Feuerstein sind folgendermaßen entstanden: Unter dem hohen Druck der Wassermassen über den abgestorbenen Tieren haben sich die organischen flüssigen Reste, die Innereien gewissermaßen, abgelagert, mit Silizium (Kieselsäure) angereichert und so verhärtet. Feuerstein gibt es in vielen Kalkgebieten. Außer an den Ostseeküsten (baltischer Feuerstein) findet er sich in den Niederlanden, im Devonshire in Südwestengland, aber auch in Niederbayern und Polen. Die Menschen der Alt- und der Jungsteinzeit suchten die Fundstellen des glasharten Gesteins, um daraus Klingen, Schaber und Pfeilspitzen herzustellen. Im Neolithikum bauten sie das Flintgestein in regelrechten Bergwerken ab. An Versteinerungen finden sich Seeigel (»Donnerkeile«), Muscheln, Korallen und Kieselschwämme. Dazu kommen Pyritstücke (»Katzengold«) und der Bernstein, versteinertes Harz, in dem sich hin und wieder Fliegen oder andere Insekten finden.

Die Landschaft Rügens ist darüber hinaus stark durch die Geschiebe der Eiszeit geprägt, deren Gletscher Findlinge aus den verschiedensten Gegenden der skandinavischen Halbinsel nach Süden verschleppten. Der wichtigste steinzeitliche Fundplatz auf Rügen ist Lietzow an der Landenge zwischen dem großen und dem kleinen Jasmunder Bodden. Nach ihm wurde diese spätmesolithische Sammler- und Jägerkultur auch »Lietzowkultur« genannt.

Die Siedlungsplätze datieren in die Zeit zwischen 3800 bis 3200 v. u. Z.* und sind, was ihre Keramik betrifft, der Erteбölle-Ellerbek-Kultur Schleswig-Holsteins und Dänemarks verwandt. Neben Schabern, Kratzern, Klingen und Scheibenbeilen aus baltischem Feuerstein fand man Spitzen und Harpunen aus Geweihen und Knochen. Die Menschen fischten sowohl im Meer als auch in den Süßwasserseen landeinwärts. Sie jagten Ur, Hirsch, Reh und Wildschwein. Sie gingen auch auf Robbenfang und schossen Großvögel wie den Höckerschwan. Ein Breitkeil aus der jungsteinzeitlichen Rössener Kultur und verzierte Knochenplatten zeigen außerdem, dass sie Kontakte zu den weiter südlich angesiedelten Ackerbaukulturen hatten. Die wichtigsten Funde der Jungsteinzeit stammen aus den Steinkammern von Lanken-Granitz. Zu den älteren Funden gehören verzierte Trichterscha-

* »V. u. Z.« steht für »vor unserer Zeitrechnung«, auch »vor Christus«. »N. u. Z.« bedeutet »nach unserer Zeitrechnung«, auch »nach Christus«.

len und Flintbeile, zu späteren Hängegefäße und Doppeläxte, außerdem Bernsteinperlen und bronzene Fingerringe aus der älteren Bronzezeit.

Auch die frühmittelalterlichen Slawen hinterließen eine Menge an Fundgut. Die bedeutendsten Ausgrabungsplätze sind die Tempelburg von Arkona sowie die Siedlung und der Hafen bei Ralswiek, in dessen Nähe sich auch das größte bekannte slawische Gräberfeld Ostdeutschlands befindet. Der Handelsplatz Ralswiek stammt aus dem 9. Jahrhundert u. Z. und lag auf einem Strandwall zwischen dem großen Jasmunder Bodden und einem heute verlandeten Binnensee. Dort wurde auch ein für diese Zeit typisches Boot mit acht Ruderpaaren und Segel gefunden. Einen ausgezeichneten Einblick in das Leben der Slawen bietet das Museum in Oldenburg / Holstein, das man, wenn man sich mit dem Auto nach Rügen begibt, zu Beginn der Reise anfahren sollte.

Die Magie der Insel

Rügen ist eine jener Landschaften, in denen selbst spirituelle Skeptikerinnen wie ich kleinere Rituale feiern – einfach, weil es sich so gehört. Die Landschaft bietet mir die Möglichkeit, auf schöne Weise Geld zu verdienen, und die Menschen, mit denen ich dort zusammenarbeite, freuen sich, dass wir kommen. Ein Ritual zu feiern, bedeutet dabei für mich, die Landschaft und die Menschen in ihr zu achten und sich selbst als höfliche Besucherin anzukündigen. Diese Begrüßung Ruganas begehe ich seit Jahren auf dem Weg zwischen Udars und Schaprode. Hier hat die Natur mit dicht stehenden Bäumen, kleinen Brücken über Wasserläufen, auffälligen Steinen am Boddenrand und der Baumfrau zahlreiche Gelegenheiten geschaffen, Tore zu durchschreiten. Meist gehe ich mit meinen Gruppen durch sieben Tore, wobei das letzte die rotweiße Kette vor den Garagen am Ortsrand von Schaprode darstellt. Wir wünschen uns zum Beispiel eine gute Reise und nehmen zur Bekräftigung ein Stück vom Acker mit, einen Flintstein oder einen Abschlag, das wir bis zum Ende der Fahrt bei uns führen.

An einem kleinen Haus im Schilf erzähle ich ein Märchen, das mein erstes Gebet an die Göttin dieses Landes darstellt. Es besingt ihre Schönheit, ihre schilfgoldenen Haare, ihre vogelfeinen Augen und ihren Wellentanz auf dem Meer. Dieses Märchen ist eine Art Variante der Rotkäppchengeschichte, voller Piraten und Hanseschiffe, gefüllter Picknickkörbe und Metflaschen, weshalb die Frauen bei dieser Gelegenheit auch ihre Brote verzehren oder ihren heißen Tee trinken. Am letzten Tag der Reise gehen wir abermals durch sieben Tore wieder aus der Anderswelt heraus. Diesmal liegt unser Ritualplatz bei den Megalithanlagen von Lanken-Granitz.

Jede der Frauen sucht sich eine Anlage aus, an der sie ihren Dank spricht, ihr Geschenk – zum Beispiel den Fund vom ersten Tag – niederlegt und gemeinsam mit den anderen Anwesenden eine Handlung vollzieht, die Gruppe in einer Fertigkeit anleitet, die mit ihrem Beruf zu tun hat, oder anderen Dingen, die sie »zu Hause« in der Diesseitswelt erledigt. Eine Atemtherapeutin hat einmal mit der Gruppe in einer Kammer geatmet und gesungen, Tanzlehrerinnen haben mit uns auf den Steinen getanzt und eine Heilpraktikerin hat Kräuter gesammelt, sie auf einem Großstein ausgebreitet und uns einen kurzen Vortrag darüber gehalten.

Wie zu Beginn der Reise sprechen Frauen auch Wünsche aus, die sie für ihr Leben nach der Reise haben. Mich haben mehr als einmal Gerüchte erreicht, dass einige dieser Wünsche in Erfüllung gegangen sind.

Literatur

Arnim, E. v.: *Elisabeth auf Rügen,* Ullstein, Frankfurt am Main 1993

Herrmann, J.: *Archäologie in der DDR,* Theiss, Stuttgart 1989

Jürgens, H.: *Rügen – sagenumwoben und traumhaft schön,* Zwillingsverlag, Barsinghausen 1992

Lehmann, H.: *Rügen. Sagen und Geschichten,* Demmler, Schwerin 1990

Lüth, H.: *Ostsee-Geschichten,* Quickborn, Hamburg 1991

Reinicke, R.: *Rügen. Sand und Steine,* Demmler, Schwerin 1991

Schmidt, I.: *Götter, Mythen und Bräuche von der Insel Rügen,* Hinstorff, Rostock 1997

Frau Himmel über, Frau Wasser unter mir: Schleswig-Holstein

Überblick

Die Landschaft der großen Halbinsel von Schleswig-Holstein zwischen der Ost- und der Nordsee ist ein weites, sanftes Hügelland, das insbesondere an Sommerabenden von zauberhaften Sonnenuntergängen überstrahlt wird. Es gibt dort wesentlich mehr Großsteinanlagen, als ich hier schildern könnte.

Im Dreieck zwischen Schleswig im Norden, Eckernförde im Osten und Rendsburg im Süden liegt der Naturpark Hüttener Berge, ein landschaftlich reizvolles Gebiet um den Wittensee, in dem man in vielen Orten gute Gasthöfe finden kann. In der Stadt Schleswig gibt es außerdem ein Frauenhotel namens »Haus am Dom«. Frauen mit Behinderungen sollten sich vorher telefonisch erkundigen, inwiefern das Haus für ihre speziellen Bedürfnisse geeignet ist.

Der Brutkamp bei Albersdorf

Von den hier dargestellten Touren ist diese am weitesten von Schleswig entfernt. Der Weg nach Albersdorf lohnt sich jedoch allemal. Man erreicht es von Schleswig aus über die B 77 bis Rendsburg, dann die B 203 von Rendsburg Richtung Heide. Auf halbem Weg zwischen Rendsburg und Heide zweigt links (Richtung Süden) die Straße nach Albersdorf ab.

Sie parken am besten an der Wulf-Isebrand-Grundschule, die durch das mächtige Relief des namengebenden Helden an der Backsteinmauer gekennzeichnet ist. Direkt gegenüber führt ein kleiner Parkweg zum mächtigen Steinbrocken des Brutkamp hinüber. Dieser Platz ist auch für Gehbehinderte und Rollstuhlfahrerinnen ohne weiteres zu erreichen.

Der Brutkamp ist auf den Sonnenaufgang am 21. Dezember ausgerichtet. Vermutlich ließen die Altvorderen auch Opferflüssigkeiten über seine mächtige schräge Platte in Richtung Süden (Stand der Sonne um zwölf Uhr mittags) rinnen, um sie zu »nähren« und zu motivieren, auch im nächsten Jahr zu scheinen. Der Deckstein von 15 Tonnen Gewicht ist der größte in Schleswig-Holstein. Wenn Sie wieder zur Brutkampstraße zurückkehren und sich rechts halten, finden Sie den Kurpark Papenbusch, in dessen hinterem Gelände an einem Seitenausgang weitere Megalithanlagen und ein Steinkreis zu finden sind.

Wieder zurück und vor dem Kurpark links überquert man die Bahnlinie und wandert durch die Grossers Alle zum Dreebargen, einer größeren Ansammlung von bronzezeitlichen Hügelgräbern. Hinter ihnen stoßen Sie auf den wikingerzeitlichen Ochsenweg, einen alten Handelspfad, der sich quer über die Halbinsel von Schleswig-Holstein zog. Ungefähr eine Stunde zieht sich die Wanderung nördlich, links in Richtung Bunsoh, auf diesem Pfad hin. Am Ort Bunsoh befindet sich einer der wenigen Megalithen Deutschlands mit Ritzungen und eingehauenen Näpfen obenauf.

Der Ochsenweg führt Sie Richtung Süden wieder zurück und an der Abzweigung vom Dreebargen weiter geradeaus bis zu den Fischteichen. Hier verlassen Sie den Ochsenpfad

Der Brutkamp bei Albersdorf

und halten sich rechts am Waldrand entlang, der Glockenblumensignatur folgend. Man läuft oberhalb des Gieselautals an einer Stelle vorbei, an der wahrscheinlich einmal neolithische Siedlungen zu finden waren, und gelangt dann an die Riesenbetten von Bredenhoop, einige verstreut im Wald liegende eindrucksvolle Megalithanlagen. Wieder zurück auf dem Hauptweg stoßen Sie am Ortsrand von Albersdorf auf den Bredenshoopweg sowie das riesige Hügelgrab des Kaiserbergs, auf dem ein Aussichtsturm steht. Es lohnt sich allerdings nur bei klarem Wetter, ihn zu erklimmen, wenn er einen eindrucksvollen Blick über die Geestrücken der Umgebung bietet. Da es sich bei diesem Turm um ein luftiges Metallgebilde handelt, das noch dazu stets vom Wind umbraust wird, kann es einem schon recht mulmig bei der Besteigung werden. Die herausragende Lage über den Bäumen und über der Landschaft verleiht nahezu das Gefühl, fliegen zu können – nicht für alle Menschen eine angenehme Empfindung. Durch die Siedlungsstraßen führt der Wanderweg zum Brutkamp und zur Grundschule zurück.

Der Schalenstein von Bunsoh

Die Langbetten bei Goosefeld

Das Gebiet um Goosefeld, was »Gänsefeld« bedeutet, liegt rechts und links der B 203 von Rendsburg Richtung Eckernförde, wenige Kilometer, ehe die B 203 auf die von Kiel kommende B 76 nach Eckernförde trifft. Die Wanderwege zu den Megalithanlagen sind gut ausgeschildert und gehen zum großen Teil rechter Hand, im Dorf Goosefeld, ab. Wenn man im Dorf geparkt hat und der Wegmarkierung Richtung Profit folgt, stößt man westlich, auf der rechten Seite des Weges, etwa 500 Meter außerhalb des Dorfes Goosefeld auf ein sich über 40 Meter erstreckendes Langbett, das ursprünglich drei Kammern hatte, von denen aber nur noch eine erhalten ist. Wenn man genau hinsieht, kann man auf einem der wiedererrichteten Steine einen anthropogenen, also von Menschenhand gehauenen kleinen Napf entdecken.

Das gesamte Gebiet liegt auf einem Geestrücken und bei klarem Wetter ist die Sicht bis hin zur blauen Meeresfläche wunderschön. Man kann sich gut vorstellen, dass hier die Ahninnen bestattet wurden – mit Blick auf die Anderswelt, welche am Meer immer jenseits des Meeres liegt, in diesem Fall jenseits des Sonnenaufgangs. Dies haben auch die später hier lebenden Menschen gespürt, denn außer den Megalithanlagen liegen noch einige große bronzezeitliche Hügelgräber in der Landschaft. Es lohnt sich, einem der hübschen Wanderwege zu folgen, die die Gemeinde dort angelegt hat. Gehbehinderte können die Anlagen gut vom Dorf aus erreichen. Im Notfall kann man auch den Weg mit dem Auto entlangfahren oder einen Rollstuhl schieben.

Wo die Ahninnen bestattet wurden: Die Langbetten bei Goosefeld

Die Megalithanlagen bei Goosefeld

Der Wunderhügel von Karlsminde

Einer der schönsten Megalithplätze ist die Anlage von Karlsminde. Sie wurde Ende der 70er-Jahre in ihren jetzigen Zustand, mit drei nach Süden hin ausgerichteten Kammern, restauriert, wobei man bei der archäologischen Befundaufnahme insbesondere die Frage verfolgte, wie die Trichterbechermenschen ihre Großsteinanlagen errichteten. Infolgedessen wurde besonderer Wert auf die genaue Rekonstruktion des Trockenmauerwerks gelegt, das die Lücken zwischen den Großsteinen ausfüllt.

Diese Anlage ist allgemein gut zu erreichen, da eine Fahrstraße dorthin führt und ein Parkplatz unmittelbar an der Megalithanlage eingerichtet wurde. Die Zugänge zu den drei Kammern sind ebenerdig. Am besten fahren Sie auf der B 203 von Eckernförde nördlich Richtung Kappeln. Nach ungefähr 16 Kilometern biegt rechter Hand die Straße nach Waabs ab. Sie halten sich nun Richtung Karlsminde. Linker Hand, östlich, erhebt sich direkt an der Zufahrt aus der Landschaft heraus der über 50 Meter lange Hügel, der mit alten, hohen Bäumen bewachsen ist.

Der Megalithenhügel von Karlsminde

Das Märchen von der Fee aus Karlsminde

Viele Menschen in dieser Gegend behaupten, an heißen Sommernachmittagen die Fee dort unter den Bäumen von Karlsminde gesehen zu haben, weshalb der Ort eigentlich »Carlaminde« heißen müsste – aber das sagt natürlich niemand. Sie soll einen hellblauen Umhang tragen und darunter ein schneeweißes Gewand. Dies sind die Farben des Meeres und die Farben des Himmels an einem hellen Sommertag. Die Leute sagen allerdings auch, die Fee hätte grüne Füße, sie sei zwar wunderschön, so schön, dass man es gar nicht bemerkte, aber dennoch: Auch ihr Gesicht sei grün und grün die ganze Haut am Körper, obwohl sie noch niemand nackt erblicken durfte. Das ist die Farbe der Erde, die Farbe vom grünen Gras, von den Bäumen, die ihre Kronen über ihr im Winde wiegen.

Um die Stirn trägt sie einen goldenen Reif, denn eigentlich ist sie eine Königin, und unter dem Hügel liegt ihr wundersames Schloss verborgen, tief in der Erde, von Zwergen bewacht und von Riesen behütet. In der Hand hält sie einen roten Kelch – blutrot ist er wie die reifen Früchte zur Sommerzeit, die Kirschen, die Erdbeeren und seit einiger Zeit auch die Tomaten, die man in anderen Ländern »pomme d'amour«, Liebesapfel, nennt. Und wenn man zur hohen Mittagszeit dorthin kommt und sonst niemand dort ist, kann man sie dort oben auf dem Hügel im Schatten der alten Bäume sitzen sehen. Sie lächelt, wie nur die Liebe lächeln kann an einem lauen Sommertag, und sie reicht den Kelch herab und bietet an, daraus zu trinken. Auch ich habe einst daraus getrunken und bin nicht alt geworden, und die Liebe hat mich seither durch mein Leben begleitet wie ein lindes Sommerlüftchen an einem schönen, heißen Sommertag.

Die Räuberhöhle von Idstedt

Sie benutzen die kleinere Kreisstraße von Schleswig über Ruhekrug, Richtung Idstedt. Ungefähr drei Kilometer hinter Ruhekrug gelangen Sie im Wald an eine enge Rechtskurve, an der unmittelbar die Megalithanlage der Räuberhöhle liegt. Fahren Sie am besten noch ein paar hundert Meter weiter, dort befindet sich rechter Hand an einem Waldweg eine Parkmöglichkeit, von der aus Sie zurücklaufen können.

Wie viele dieser einkammerigen Anlagen ist auch die Räuberhöhle ein nach Süden hin ausgerichtetes Ganggrab, dessen Zugang ursprünglich über drei Meter lang war. Sie wurde bereits Anfang des 20. Jahrhunderts restauriert, weshalb man kaum noch etwas über Funde in der Kammer weiß.

Da die Höhle so nah an der Straße liegt, ist sie für gehbehinderte Frauen gut zu erreichen. Wenn Sie es sich zutrauen, einen Rollstuhl über schmale Waldwege zu bugsieren oder in der Haarnadelkurve direkt an der Anlage riskant zu parken, ist sie zumindest von außen auch für Rollstuhlfahrerinnen erreichbar.

Der slawische Burgwall bei Oldenburg

Oldenburg in Schleswig-Holstein ist der nördliche Endpunkt der Autobahn A 1. Von Kiel aus sind es ungefähr 90 Kilometer nach Osten über die B 202. Sie führt durch ein landschaftlich sehr reizvolles Gebiet, in dem sich auch viele archäologische Bodendenkmäler aus der Jungsteinzeit und der

Eingang der Räuberhöhle von Idstedt

Innenansicht der Räuberhöhle von Idstedt

Bronzezeit erhalten haben: beispielsweise die Megalithanlagen von Blekendorf. Sie liegen etwa 20 Kilometer vor Oldenburg auf einem Höhenrücken mit wunderbarem Blick über die Ostsee. Man fährt von der Bundesstraße rechts ab einen Kilometer Richtung Süden.

Gehbehinderte können – meist mit ein wenig Hilfe – gut zu den Anlagen von Blekendorf gelangen. Für Rollstuhlfahrerinnen ist der Zugang schwieriger, sie sollten die Gegebenheiten eventuell vor dem Ausflug dorthin genauer erkunden lassen.

Die »Alte Burg« bezeichnet in diesem Fall den slawischen Burgwall, der sich in Form einer Acht am Rand der Altstadt von Oldenburg hinzieht. Man fand in ihm die Bestattung einer »Prinzessin« sowie ein Brettspiel, das man auch im Museum als Faksimile erstehen kann. Außerdem gibt es dort einige Kinderbücher und Romane, die das Leben der Slawen thematisieren.

Im Museum finden sich Nachstellungen des dörflichen Lebens in der Slawenzeit, die auch dem Dorftratsch der Frauen Respekt erweisen, darüber hinaus eine interessante Fundsammlung, Rekonstruktionen der slawischen Trachten und außerhalb, am nahe gelegenen kleinen Fluss, der Nachbau eines Bootes. In einem Backhaus werden immer wieder Kurse zum mittelalterlichen Brotbacken durchgeführt. Daneben gibt es noch zahlreiche andere museumspädagogische Aktivitäten. Das Museum wird von einem ehrenamtlichen Verein geleitet und gestaltet und ist eines der schönsten Museen zur Ur- und Frühgeschichte.

Im Gegensatz zu dem berühmten Wikingermuseum in Haithabu ist es sehr sinnlich und anschaulich angelegt und trägt der Tatsache Rechnung, dass die Besucherinnen und Besucher meist Laien sind. Wer sich also für das Leben der Slawen zwischen 600 und 900 u. Z. interessiert, sollte dort unbedingt vorbeischauen. Für Behinderte ist es gut zugänglich, denn der größte Teil der Ausstellung ist ebenerdig angelegt.

Wo sie lebten und liebten weht heute der Wind: Die Lüneburger Heide

Überblick

Die Lüneburger Heide südlich von Hamburg ist so berühmt, dass ihre Lage hier nicht näher beschrieben werden muss. In dieser Region gibt es viele Gasthöfe zum Einkehren und Übernachten. Das Gebiet ist reich an prähistorischen Fundplätzen, im Sommer oder gar zur Zeit der berühmten Heideblüte ist es allerdings recht überlaufen. Ich bin dort im März, im Spätherbst und einmal sogar im Schnee, jedoch mit Frauengruppen, herumgewandert und wir haben kaum einen Menschen getroffen. Außerhalb der Saison sollte man sich darauf einrichten, ausreichend Proviant und warme Getränke mit sich zu führen, da einige Gasthöfe geschlossen sind. Die urtümliche Heidelandschaft bei Wilsede ist im Grunde genommen ein riesiger Park, in dem der spezifische Charakter dieser Landschaft durch forstwirtschaftliche und naturschützerische Maßnahmen erhalten wird. In Wilsede sind Privat-Pkws verboten, doch es ist sehr schön, mit der Pferdekutsche von Undeloh dorthin zu fahren. Auch die ungefähr eineinhalbstündige Wanderung von Undeloh nach Wilsede zeigt viel vom Charakter dieser alten Wüstung. Es empfiehlt sich auch, das Museum in Wilsede zu besuchen. Mithilfe der Pferdekutsche ist Wilsede auch für Rollstuhlfahrer ein gut zu erreichendes Ziel. Es soll jedoch auch die Möglichkeit geben, sich eine Sondergenehmigung für den Zugang mit dem Auto zu besorgen.

»Matriarchatsforscherinnen«, die annehmen, dass es in der Jungsteinzeit frauenzentrierte Gesellschaftsstrukturen gab, mögen mit dieser These Recht haben. Unrecht haben sie aber sicher mit der Behauptung, es habe sich dabei um vollkommen im Einklang mit der Natur lebende Gesellschaften gehandelt. Die romantischen Heidelandschaften sind unfruchtbare Karstgebiete, Wüstungen, die durch landwirtschaftliche Ausbeutung seit der Jungsteinzeit entstanden.

Die Oldendorfer Totenstadt

Wer nicht wandern kann oder möchte, biegt in Oldendorf von der Hauptdurchgangsstraße östlich in Richtung Marxen ein, überquert eine Brücke und nimmt den nächsten, mit Kopfsteinen gepflasterten Fahrweg rechts. Diese Allee führt nach etwa 500 Metern zum Parkplatz an der Oldendorfer Totenstadt. Man muss ein wenig die Böschung hochkraxeln und steht dann auf einer Fläche mit vier großen Langbetten. Linker Hand findet sich ein kleines Informationshaus, in dem über die Funde und die Chronologie der Großsteinanlagen sowie über die Rekultivierung des Heidebodens informiert wird. Für wanderlustige Frauen lässt sich von hier aus ein Rundweg zu verschiedenen Megalithanlagen der näheren Umgebung in Angriff nehmen, der allerdings in keinster Weise ausgeschildert ist. Es ist also unbedingt notwendig, sich vorher die topografische Karte »L 2926 Amelinghausen« im Maßstab 1:50 000 zu besorgen. Topografische Karten kann jede Buchhandlung über das jeweilige Landesvermessungsamt bestellen. Übrigens zeichnet sich echte Leidenschaft für die Megalithkultur durch den Besitz topografischer Karten aus, denn ohne diese ist die spezielle Lage und Einbettung der neolithischen Großsteinanlagen in ihre jeweiligen Kulturlandschaften gar nicht zu »lesen«.

Für die megalithische Rundwanderung gehen Sie an die Straße nach Marxen zurück, überqueren diese und folgen zwei Kilometer einem Weg am kleinen Fluss Luhe entlang. Dann stoßen Sie auf die Straße, die von Westen nach Osten, von Raven, das das nächste Ziel ist, nach Wetzen verläuft. Da es nicht besonders reizvoll ist, zwei Kilometer an der Straße entlangzulaufen, überqueren Sie nur die Luhe auf einer kleinen Brücke und wenden sich gleich rechts auf einen Weg, der am Fluss entlang, der nun rechter Hand von uns fließt, nach Norden führt. Im Bogen stößt er nach einem Kilometer auf die von Norden nach Süden verlaufende Straße Richtung Oldendorf. Diese gehen Sie ein kurzes Stück nach links – Richtung Süden – entlang, überqueren sie und biegen dann gleich rechts, Richtung Westen, in den nächsten Landwirtschaftsweg ein. Dieser Weg führt ein wenig bergauf und kreuzt einen anderen Arbeitsweg. Nach etwa 500 Metern biegt der Weg scharf nach links, gen Süden, ab. Sie laufen an dieser Abbiegung vorbei und über den Acker. Nach wenigen Metern nach rechts taucht ein kleiner Pfad auf, dem Sie – als wäre er die ein wenig nach Norden versetzte Verlängerung des ursprünglichen Weges – Richtung Westen folgen. Nach wiederum etwa 500 Metern stoßen Sie auf einen der größeren Wirtschaftswege, in den Sie links, also in südlicher Richtung, einbiegen. Er führt auf gleich bleibender Höhe zu den Steingräbern von Raven, das weitere zwei Kilometer westlich unten an der Straße liegt. Da man sich bei dieser Tour fast die gesamte Zeit auf freiem Gelände und in höherer Lage bewegt, kann man sich nicht so leicht verirren, auch wenn die Wegbeschreibung ein wenig kompliziert klingen mag.

Die beiden einkammerigen Steingräber von Raven liegen in einem kleinen Wald. Der Ortsname Raven scheint ein Hinweis auf die Bestattungssitten früherer Zeiten zu sein: Man nimmt an, dass die Toten auf den Hügeln aufgebahrt wurden, damit sich die Raben der sterblichen Überreste annähmen. Nur die »abgepickten« Knochen wurden später in der Steinkammer bestattet. Es gibt weitere Großsteingräber in

In der Oldendorfer Totenstadt

den waldigen Höhen um Raven, die auf diesem Rundgang jedoch nicht besucht werden.

Nach der Rast führt der Waldweg hinunter an die Straße Richtung Raven. Leider gibt es keine andere Möglichkeit, als ihr bis Raven zu folgen und im Ort Richtung Süden in die kleine Gebietsstraße nach Rolfsen einzubiegen. Gleich am Ortseingang von Rolfsen geht man an der Straßengabelung rechts und die nächste Straße wieder rechts, die schnurgerade nach Westen führt. Nach einem Kilometer macht sie eine Linkskurve, führt 100 Meter nach Süden, »knickt« nach rechts ab und läuft weiter nach Süden. Linker Hand stoßen Sie auf eine kleine Steinkammer in einem Steinkreis. Nach etwa einem Kilometer kreuzt diese Straße einen Waldarbeitsweg, der von Nordwesten nach Südosten verläuft. In ihn biegen Sie nach links, Richtung Südosten, ein, halten sich stur geradeaus und wandern, wenn nach ungefähr zwei Kilometern der Asphalt wieder beginnt, 80 Höhenmeter aufwärts auf den Lerchenberg. Oben kreuzen Sie eine Straße und laufen dann in den Ort Soderstorf hinunter. An der Asphaltstraße, die Soderstorf in Richtung Osten verlässt, liegt die berühmte Nekropole von Soderstorf, die Gräber aus der Stein- und der Bronzezeit zeigt. Zwischen dem Großsteingrab und dem bronzezeitlichen Hügelgrab finden sich außerdem die Pflasterungen von 800 früheisenzeitlichen Urnenbestattungen, die meisten davon sind Frauengräber.

Nach der Besichtigung folgen Sie der Asphaltstraße in östlicher Richtung. Sie macht nach weniger als einem Kilometer eine scharfe Kurve nach Norden. In dieser zweigt rechter Hand eine Waldstraße Richtung Osten ab, die, wie die Straße, oberhalb der Luhe entlangführt. Nach etwa anderthalb Kilometern kreuzt der Weg die in Nord-Süd-Richtung verlaufende Straße von Rolfsen nach Wolfenbüttel. Biegen Sie rechts in sie ein, um nach 100 Metern in den Ort Wolfenbüttel zu gelangen. Hier müssen Sie sich ein wenig durchfragen, wenn Sie nicht die große Straße entlang nach Oldendorf hinüberwandern möchten. Im Prinzip halten Sie sich so, dass Sie die Luhe immer zu Ihrer Linken haben. Einen Kilometer östlich von Wolfenbüttel überqueren Sie die große Straße, die von

Sottorf im Süden nach Oldendorf hinaufläuft, und bleiben weiter im Wald. Bald kreuzt der kleine Fluss Lopau und kurz darauf stößt man wieder auf den Parkplatz bei der Oldendorfer Totenstadt.

Diese gesamte Rundwanderung dauert einen guten (Sommer-)Tag, zumal man Zeit braucht, um all die Megalithanlagen am Weg zu bestaunen. Ich habe diese Tour auch mit Kindern erwandert. Da man nur wenige Höhenmeter überwinden muss, ist sie nicht so anstrengend. Auch mit dem Fahrrad lässt sich diese Strecke abfahren. Man braucht dafür allerdings nicht sehr viel weniger Zeit, da man auf den sandigen Waldwirtschaftsstraßen und auch bei den kleinen Anhöhen viel schieben muss. Für gehbehinderte Frauen ist diese Tageswandertour sicher nicht zu bewältigen. Die Anlagen der Oldendorfer Totenstadt liegen jedoch neben einem Parkplatz, von dem aus man sogar mit einem Rollstuhl hineinkommt. Auch an der Nekropole von Soderstorf liegt ein Parkplatz. Die Anlagen von Raven liegen so nah an der Straße, dass auch Gehbehinderte hinauflaufen können.

Die Königinnengräber von Altenmedingen

Nordöstlich von Bad Bevensen liegt der kleine Ort Secklendorf an der Straße nach Altenmedingen. Parken Sie vor dem Gasthof und wenden Sie sich gleich am nördlichen Ortsrand rechts auf den landwirtschaftlichen Fahrweg. Nach zwei Kilometern erreichen Sie die Straße, die von Niendorf nach Altenmedingen führt, geradeaus geht es nach Haaßel. An dieser Kreuzung liegen rechts in einem als Biotop geschützten Wald die Königinnengräber, die in manchen Büchern auch als »Gräber von Haaßel« bezeichnet werden. Man kann sie auch direkt mit dem Auto anfahren. Der Weg an den kleinen Schutzweihern vorbei ist recht schmal. Es sollte von Fall zu Fall entschieden werden, ob er auch mit einem Rollstuhl befahren werden kann. An den Steinanlagen gibt es eine Schutzhütte, in der eine Informationstafel zur ursprünglichen Anzahl der Megalithgräber – 36 im Jahr 1846 – angebracht ist.

Die Königinnengräber oder »Gräber von Haaßel«

Der Totengrund im Herzen der Lüneburger Heide

Von Wilsede aus führt ein gut beschilderter Weg zum Totengrund hinüber, den man umrunden kann, um dann entweder noch zur Megalithanlage »Hannibals Grab« hinüber oder wieder zurück nach Wilsede zu wandern. Der Totengrund ist aus verschiedenen Gründen interessant.

Da ist zunächst die besondere Echosituation, die Sie am besten erfahren können, wenn sich die Gruppe teilt: Eine Hälfte stellt sich an den Rand des Totengrundes und schaut hinunter. Die andere steigt etwa 100 bis 200 Meter rechts den Weg hinab, bis sie an einen großen Findling kommt. Man kann nun durch Rufen oder Klatschen feststellen, dass es über diese Entfernung seltsame akustische Echophänomene gibt. Außerdem ist jedes Wort, das am Rand gesprochen wird, im gesamten Totengrund zu hören.

Der Weg führt nach dem Findling weiter am Rand des Totengrundes entlang. Wo von rechts ein anderer Weg auf den

Rundweg stößt, liegt ein noch größerer Findling, dessen schlangenförmige Ritzungen nur selten in der Literatur erwähnt werden. Der Rundweg um den Totengrund läuft weiter und man kann linker Hand in diesem dreieckigen Tal zwei Hügel erkennen. Aus Naturschutzgründen ist es verboten, den Weg zu verlassen und hinüber durch das Heidekraut zu gehen, um auf diese Hügel zu steigen, die genau in Ost-West-Richtung liegen. Möglicherweise befindet sich auf dem Osthügel ein Steinkreis, der allerdings schon stark in den Boden eingesunken ist. Im Südosten der beiden Hügel liegt der so genannte Quellgrund, in dem der Sellhornbach entspringt. Wer genau hinschaut, kann die mittelalterlichen Drainagegräben noch erkennen, mit deren Hilfe dieser Grund einmal trockengelegt werden sollte. Der Rundweg überquert diese sumpfige Stelle und läuft dann links wieder auf den Rand des Totengrundes hinauf. Kurz vor der Abzweigung zu Hannibals Grab findet sich am Hang noch ein weiterer riesiger Stein, von dem aus einige Peilungen und Messungen über den Totengrund hinweg möglich sind. Wenn Sie die Megalithanlage nicht mehr besuchen möchten, führt Sie der Rundweg nach links zum Ausgangspunkt zurück. Man nimmt an, dass eine Bodenabsenkung für diesen auffälligen Talgrund verantwortlich ist. Sie wurde entweder durch einen nacheiszeitlichen Toteisblock verursacht, der länger liegen geblieben war und sich um einen riesigen Findling unter dem westlichen Hügel gebildet hatte, oder durch das Einbrechen eines unterirdischen Salzstocks, wie es sie auch an anderen Stellen in der norddeutschen Landschaft gibt.

Die beiden Hügel im Totengrund weisen alle Eigenschaften eines »Busenbergs« auf. Die Merkmale dieser Hügelformation wurden besonders in der angelsächsischen Literatur beschrieben: anthropogene Reste auf den Hügeln oder in ihrer unmittelbaren Umgebung, Ost-West-Lage der Hügel, Wasserstelle südlich davon. Wie auch immer man die Überlegungen zu neolithischen Kulturlandschaften und Busenbergen beurteilt, der Totengrund ist ein sehr spezieller, eigenartiger Platz. Eine Freundin von mir nannte dieses Tal und seine Anlagen einmal einen »neolithischen Petersdom«.

Die Sage vom Totengrund

Vor Zeiten, so heißt es, hat einmal eine alte Frau dort im Grunde gewohnt. Sie lebte in einer baufälligen Hütte und war recht wunderlich. So wussten die Menschen von Wilsede oder Haverbek nie genau, ob sie nicht doch eine junge Frau war. Manche behaupteten auch, es seien Mutter und Tochter, die dort im Grunde hausten und die Wanderer vom Wege fortlockten – sei es durch die verführerische Schönheit der Jungen oder durch die Zauberkräfte der Alten. Wie auch immer – Genaueres weiß niemand zu sagen.

Eines Tages machte ich mich auf, diesem Geheimnis auf die Spur zu kommen. Ich war schon eine gute Wegstrecke gewandert und erreichte die Stelle, da der Rand der Schüssel, die dieses Tal bildet, sich nach unten, in den Quellgrund des Sellhornbachs, senkt. Plötzlich sprang ein großes Tier vor mir auf den Weg, und ehe ich auch noch Luft holen konnte, lag dort ein riesiger Wolf quer über den Weg und blinzelte mich träge aus gelben Augen an. Er war ohne Zweifel ein Zauberwolf, ein Werwolf, und die Haare stellten sich mir im Nacken auf, vor allem, weil es bereits zu dämmern begann, die Sonne war schon hinter dem westlichen Rand verschwunden und es wehte ein kühler Hauch aus dem Totengrund herüber.

»Lass mich vorbei«, bat ich das große Tier, doch es richtete sich nur langsam auf und bedeutete mir, ich solle ihm in den Grund hinunter folgen. Als der Wolf stand, sah ich, dass es sich um eine Wölfin handelte, der wie große helle Trauben die Zitzen unter dem Körper baumelten, und es war offensichtlich, dass sie Junge geworfen hatte. Wir kamen an die Stelle zwischen den beiden Hügeln. Tief im Ginster hatte sich das Tier eine Höhle gegraben, aus der die jungen, nur wenige Tage alten Wölfchen taumelten, als sie die Schritte ihrer großen Mutter hörten. Nur das kleinste Tier blieb kläglich abseits sitzen und leckte sich jämmerlich die Pfote.

Die Wölfin bedeutete mir, zu dem Kleinen zu gehen, und als ich mich vor das Junge hockte, sah ich, dass seine Pfote über und über entzündet war und heiß in meiner Hand lag. Ich untersuchte sie und bemerkte, dass sich wahrscheinlich schon vor geraumer Zeit ein großer Dorn so unglücklich zwischen die Krallen des kleinen Tiers gebohrt hatte, dass kein Lecken und Knabbern ihn hätte herausbefördern können. Das Tierchen hatte hohes Fieber, seine

Nase war ganz trocken und es war offensichtlich, dass es über kurz oder lang sterben müsste, wenn niemand ihm helfen würde.
»Es wird wehtun«, sagte ich zu der Wölfin, »bitte beiß mir nicht die Kehle durch, wenn dein Kleines zu jammern anfängt.«
Dann zog ich mein Messer aus der Tasche, erhitzte es mit einem Feuerholz, das ich bei mir führte, und ehe es sich die Wölfin anders überlegen konnte, machte ich einen großen Kreuzschnitt in die Pfote, sodass der Splitter mitsamt einer Menge Blut und Eiter aus der Wunde herausschoss. Das Jungtier war viel zu schwach, um sich zu wehren, und jammerte nur leise vor sich hin. Ich ließ die Wunde noch ein wenig ausbluten und band dann ein Tuch darum, das ich mir vom Hals nahm.
»Ihr dürft in den ersten Tagen auf keinen Fall daran lecken«, erklärte ich der Wölfin, »und die Pfote darf nicht mit dem Boden in Berührung kommen.« Dann stand ich auf, drehte mich um und lief von den Ginsterbüschen fort wieder den Talrand hinauf, ohne mich noch einmal umzusehen, denn ich wollte nicht, dass die Werwölfin es sich noch anders überlegte.
Ein Jahr später wanderte ich abermals allein in den späten Abendstunden um den Totengrund, und als ich in die Senke des Quellgrundes kam, lag abermals die große Wölfin quer über dem Weg. Sie schaute mich ernsthaft an und stieß einen kurzen heulenden Laut aus. Da strich aus dem Ginstergebüsch ein zweites riesiges Tier heran, eine junge, starke Wölfin mit einem Fell rot wie Feuerflammen. Ihre linke Pfote und das halbe Bein jedoch waren weiß und sie hob mir die Pfote grüßend entgegen. Die Mutterwölfin erhob sich mit einem kurzen Knurren und beide Werwölfe entschwanden auf den heimlichen Pfaden durch das Ginstergebüsch.
An der Stelle aber, wo die Wölfin gelegen hatte, fand ich etwas, das in mein Halstuch gewickelt war: sieben mal sieben alte Goldstücke, die ich später einem Museum für viel Geld verkaufen konnte. Und aus der Ferne hörte ich triumphierendes Gelächter – Gelächter einer alten und einer jungen Frau. Oder war es doch nur das Heulen der Werwölfe zwischen den Brüsten des Totengrundes, das Lachen der Ginsterbüsche im Wind?
(Dies ist die freie Nacherzählung einer Geschichte, die mir ein kleinwüchsiges Ehepaar im Herbst 1991 am Peilstein über dem Totengrund erzählte.)

Die Göttin und ihre Steine: Die Wildeshausener Geest bei Bremen

Überblick

Die Autobahn A 1 führt direkt durch das Gebiet der Ahlhorner und der Wildeshausener Heiden. Unterkunftsmöglichkeiten gibt es in Wildeshausen, das auch einen Bahnhof hat. Oldenburg liegt etwa 20 Kilometer nördlich, Osnabrück etwa 65 Kilometer südlich dieses Gebiets.

Von der Visbeker Braut zum Bräutigam an der Engelmannsbäke

Man verlässt die A 1 an der Abfahrt Ahlhorner Heide und fährt die L 870 nach Süden, knapp zwei Kilometer bis Schneidekrug. Hier geht nach links die L 873 nach Visbek ab. In Visbek biegt man relativ rasch nach links, Richtung Postkamp, in die L 880 und erreicht nach rund zwei Kilometern die Streusiedlung Endel. 500 Meter hinter ihr, ehe die L 880 die Autobahn kreuzt, geht es rechts zum Gasthof »Engelmannsbäke«, der sich durch einen wunderschönen Ententeich und manchmal ein wenig »grummelige« Wirtsleute auszeichnet, wenn sie merken, dass man erst wandern und dann rasten will. Gleich hinter dem Rasthof beginnt das Gelände, dessen wichtigste Großsteinanlagen der Brautwagen, der Visbeker Bräutigam und der Heidenopfertisch sind. Dorthin kann man auch gut mit dem Rollstuhl fahren und für Gehbehinderte ist das Laufen zu den Stätten kein Problem.

Das Langbett des Bräutigams hat eine klare West-Ost-Ausrichtung. Bemerkenswert sind auch etwas jüngere Megalithen im Hintergrund des Geländes, näher an der Autobahn. Am östlichen Ende des Geländes führt der Weg an dem Fluss Engelmannsbäke entlang. Nach etwa anderthalb Kilometern folgt ein Hinweisschild zu den Kellersteinen, die eine ähnliche Ausrichtung haben wie der markante Heidenopfertisch. Wenn nicht gerade Flugzeuge des nahen

Militärflughafens am Himmel entlangbrausen, ist der Platz bei den einsamen Kellergräbern ein sehr stimmungsvoller Ort. Nach weiteren zwei Kilometern stößt man auf das Langbett der Visbeker Braut, die besonders durch ihre über zwei Meter hohen Endsteine gekennzeichnet ist, die möglicherweise zur Mondpeilung dienten. Da die Strecke nicht so lang ist, kann man in ungefähr einer Stunde eifrigen Fußmarsches den gleichen Weg zurück bis zum Gasthof Engelmannsbäke gehen – die Wirtsleute werden sich freuen.

Die Sage von der Visbeker Braut

Bei Visbek auf der Heide ragt Stein an Stein empor,
Es weht ein leises Klagen nachts über Heid' und Moor.
Mit fröhlichem Gefolge zog einst im Brautgeschmeid'
Ein blühend Heideröslein nach Visbek durch die Heid'.
Der Jugendlieb' entsagen sollt sie auf immerdar,
Der Vater will's! Ein anderer führt sie zum Traualtar.
Die Heide stand in Blüte, der Himmel war so blau!
Die Sonnenstrahlen blitzten im frischen Morgentau.
Wie hell im Thurm zu Visbek die Hochzeitsglocken gehn!
Doch ach, im Aug' des Mägdleins die hellen Tränen stehn.
»Soll dem verhaßten Mann ich Lieb' und Leben weihn,
O Himmel, so verwandle mich lieber hier in Stein!«
Da steht mit dem Gefolge in Stein sie festgebannt,
Das Blut gerinnt im Herzen, starr werden Fuß und Hand.
Die Kränze und die Bänder, der grüne Myrtenzweig,
Sie werden graue Flechten und Moose, braun und weich.
Jahrhunderte vergingen, doch ewig tönt das Lied,
Die Mär' von treuer Liebe, die fest steht wie Granit.

Volksmundliche Dichtung der Region

An der Glaner Braut

Die Langbetten der Glaner Braut liegen im alten Moor beim Örtchen Glane, das man von Wildeshausen aus Richtung Norden/Huntlosen über die K 242 nach etwa fünf Kilometern erreicht. Die Steingräber liegen auf der rechten Seite, etwa einen Kilometer von der Straße entfernt an der Hunte. Es empfiehlt sich, das Auto in Glane abzustellen und den Spazierweg an der Hunte Richtung Süden zu nehmen. Gehbehinderte benötigen möglicherweise Hilfe. Da der Weg stellenweise recht schmal ist, sollten Rollstuhlfahrerinnen sich genau überlegen, ob sie ihn – mit Hilfe – nehmen können.

Das Langbett der Glaner Braut unterscheidet sich von jenem der Visbeker Braut dadurch, dass die mutmaßlichen Mondmesssteine nicht an der südwestlichen Schmalseite, sondern am Ende der langen Ostseite stehen. Man kann den Wanderweg an der Hunte entlang weiter in beide Himmelsrichtungen laufen und später umkehren, um zum Parkplatz zurückzugelangen.

Vom Pestruper Gräberfeld zu den Steinkammern von Kleinenkneten

Der Parkplatz des Pestruper Gräberfeldes liegt an der südlichen Ausfallstraße von Wildeshausen in Richtung Pestrup, Colnrade und Einen, etwa drei Kilometer hinter dem Ortsende von Wildeshausen auf der linken Straßenseite. Die Grabhügel der Pestruper Heide an der Straßenseite gegenüber stammen zum großen Teil aus der Bronzezeit. Überquert man das Feld diagonal in südwestlicher Richtung, stößt man nach rund einem Kilometer auf die Großsteingräber von Kleinenkneten. Man kann diese Anlagen auch direkt mit dem Auto anfahren, indem man in den ersten landwirtschaftlichen Fahrweg in Pestrup rechts, Richtung Westen, einbiegt und so nach etwa zwei Kilometern rechts an den Parkplatz der Megalithanlagen kommt. Von hier aus sind es nur wenige Meter zu den Megalithanlagen, sodass auch gehbehinderte Frauen oder Rollstuhlfahrerinnen dorthin gelangen können. Die mächtigen Anlagen des zweikammerigen Langbettes und auch die Rekonstruktion des anderen Langhügels mit der mächtigen Steinkammer darin sind beeindruckende Monumente der jungsteinzeitlichen Trichterbecherkultur.

Die Großsteingräber von Kleinenkneten

Archäologie und Geologie der Wildeshausener Geest

Was wir heute als Heidelandschaften erleben, sind die bereits seit der Jungsteinzeit ausgebeuteten und verkarsteten Landstriche ehemals fruchtbarer, späteiszeitlicher Geestböden. Die Großsteingräber wurden gegen 3800 bis 3200 v. u. Z. von den Menschen der neolithischen Trichterbecherkultur errichtet. Ihr Vorkommen reicht von Polen bis Irland. Bevorzugt wurden die Großsteinanlagen auf Höhenzügen oberhalb von Flüssen oder Talauen errichtet. Oft lagen sie auch gruppenweise an den Handelswegen.

Dazu gibt es eine Art Faustregel: Wo man heute drei oder vier Großsteinanlagen findet, gab es einmal mindestens die zehnfache Anzahl. Als die reichen Hansestädte Hamburg, Bremen, Lübeck, Stralsund und auch Amsterdam im Westen ihre Hafenanlagen vergrößerten und befestigten, verschwand so mancher Hünenstein in den Tiefen der See. Erst Adlige in der Zeit der Aufklärung, die annahmen, ihre »Ahnen« seien unter diesen mächtigen Steinen verborgen, stoppten den Raubbau an diesen Kulturdenkmälern zumindest auf ihren eigenen Besitztümern. Die heutige Annahme von Frauen, dass ihre »Ahninnen« früherer Zeiten für den Bau dieser großen Steinanlagen verantwortlich sein könnten, hat einiges für sich. So tragen viele Megalithen in der Bretagne kleine »Brüste« oder das eingeritzte Zeichen, das Archäologen »Dolmengöttin« nennen. Aller Wahrscheinlichkeit nach handelt es sich bei den Megalithen um eine Art überdimensionaler »Schrift«, die uns, könnten wir sie lesen, einiges zur religiösen und sozialen Struktur jungsteinzeitlicher Gruppen von Menschen in Europa sagen könnte. Dabei sind jene »Buchstaben« dieser Schrift, die auf frauenzentrierte Strukturen hindeuten, so überdeutlich, dass eine wie auch immer geartete matriarchale Struktur oder Religion durchaus plausibel zu sein scheint.

Sowohl in der Visbeker Braut als auch im sehr gründlich ergrabenen Steingrab II von Kleinenkneten fanden sich für die Trichterbecherkeramik typische Kragenflaschen sowie ein seltsames Gefäß, das mehrere Ausgusstüllen aufweist.

Daneben fand man die charakteristischen Feuersteinbeile der Trichterbechermenschen. In der Nähe der Kleinenknetener Anlagen wurde auch eine Siedlungsgrabung durchgeführt, die nähere Aufschlüsse über Lebensweisen der Trichterbecherkultur bringen sollte. Wie man bei der Anlage von Karlsminde, aber auch an anderen Orten rekonstruieren konnte, wurden zwischen die großen Steine teilweise bis zu acht Lagen eines so genannten Trocken- oder Zwickelmauerwerks aus Steinen und Lehm gesetzt. Die Großsteine wurden, um alle Elemente passgenau zu formen, mit eiförmigen Steinhämmern zugehauen. Damit die Megalithen, die den Langhügel zusammenhalten mussten, fest stehen konnten, wurden sie durch ein halbkreisförmiges Rollsteinfundament noch zusätzlich leicht nach innen geneigt, und in Richtung des Hügels, fixiert. Die Großsteinkammern und die äußere Hügelummantelung wurden zuerst errichtet, danach wurde darüber das Erde-Geröll-Gemisch des Hügels angelegt.

Interessante Hinweise geben uns auch Sagen, wie die oben zitierte Volksdichtung. Offensichtlich spielt sie auf eine Zeit an, in der Frauen auf ihr Selbstbestimmungsrecht nicht verzichten wollten. Das Wort »Braut« könnte mit der Bedeutung »junge heiratsfähige Frau« gar nichts zu tun haben, sondern auf die angelsächsische Breid (Brigitt) zurückzuführen sein. Oder es könnte in Zusammenhang mit dem Wort »Brut«, wie wir es auch beim Namen »Brutkamp« finden, auf einen Wiedergeburtsglauben anspielen, der sich einst in den Steinanlagen manifestiert haben könnte. Die profanste etymologische Übersetzung lautet »breit«: »Brutkamp« hieße demnach »Breitstein«. Die Wahrheit, so mein weiser Onkel, ist ein kristallener Berg mit vielen spiegelnden Seiten. Alle 1000 Jahre kommt ein kleiner Vogel geflogen und pickt an dem Kristallberg herum, und wenn er den Berg vollkommen »aufgepickt« hat, werden wir wissen, was Wahrheit ist.

Die magischen Stätten zum Leben erwecken

Im Grunde genommen sind diese riesigen Hünenbetten wie große Spielplätze und wir Zwergenfrauen können auf ihnen herumklettern, in ihren Kammern trommeln, singen oder Geräusche machen, wir können mit Zirkel, Kompass, Lineal und Bleistift ihre verschiedenen Landschaftsverbindungen zu anderen Plätzen oder Kirchen herausfinden, wir können mit Kindern in ihnen Versteck spielen, in der Idstedter Räuberhöhle uns bei klirrendem Frost mit vielen Fellen und Kerzen zusammenkuscheln, um einer der schrecklichen Erzählungen über die Riesinnen zu lauschen, die all dies einst gebaut haben, oder wir können mit Freundinnen nächtliche Rituale feiern, weil am Tag selbst im Winter sehr viel Publikum dort ein und aus geht. Wenn die Landschaft menschenfrei genug ist, kann man auch tagsüber feiern – im Hochsommer, in den flirrenden Schatten der alten Bäume auf dem Karlsmindener Langhügel in einem Kreis aus zehn, zwanzig Frauen tanzen und auf die Erde stampfen. Wir können vieles dort tun, wie die Frauen und Männer der Trichterbecherkultur es wohl auch taten, denn das Heilige ist nicht festgelegt. Und wer will sagen, dass das Verzehren der Butterbrote in Kleinenkneten weniger heilig ist als das Meditieren an der einsamen Glaner Braut?

Literatur zu Schleswig-Holstein, der Lüneburger Heide und der Wildeshausener Geest

Assendorp, J.: *Landkreis Soltau-Fallingbostel,* Theiss, Stuttgart 1984

Arnold, V.: *Archäologischer Wanderweg Albersdorf,* Boyens, Heide 1991

Ahrens, C.: *Vorgeschichtliche Wanderziele im Harburger Raum,* Christiansverlag, Hamburg 1976

Eckert, G.: *Kompass-Wanderführer Lüneburger Heide,* Deutscher Wanderverlag, Stuttgart 1978

Engler, M./Ahrens, C.: *Spuren der Geschichte in Schleswig-Holstein,* Wachholtz-Verlag, Neumünster 1993

Fansa, M.: *Vor 7000 Jahren: Die ersten Ackerbauern im Leinetal,* August-Lax-Verlag, Hildesheim 1988

Grupe, H.: *Unser Naturschutzpark in der Lüneburger Heide – Naturschutz und Erziehung,* Verlag des Vereins Naturschutzpark, Stuttgart/Hamburg 1980

Grupe, H.: *Naturschutzgebiet Lüneburger Heide,* Verlag des Vereins Naturschutzpark, Stuttgart/Hamburg 1983

Häßler, H. J.: *Ur- und Frühgeschichte Niedersachsens,* Theiss, Stuttgart 1991
Kehnscherper, G.: *Hünengrab und Bannkreis,* Wachholtzverlag, Neumünster 1983
Körner, G., u. a.: *Ein Königreich an der Luhe,* Museumsverein, Lüneburg 1980
Müller-Wille, H., u. a.: *Der Vergangenheit auf der Spur,* Wachholtz, Neumünster 1992
Schirning, H.: *Großsteingräber in Niedersachsen,* August-Lax-Verlag, Hildesheim 1979
Schlender, T. (Hrg.): *Die Heide in Mythen, Märchen und Erzählungen,* Knaur, München 1987
Schmidt, M.: *Die alten Steine. Reisen zu Megalithkulturen in Mitteleuropa,* Rostock 1998
Tempel, W. D.: *Landkreis Rotenburg,* Theiss, Stuttgart 1984

»Wo Göttinnen das Land beschützten«: Frauen, Feen und Matronen in der Eifel

Überblick

So abgelegen und einsam einstmals dieses Gebirge war, so einfach ist es heute zu erreichen. Die Städte Köln und Bonn im Osten sowie Aachen im Norden und Trier im Süden bilden die vier »Tore« zur Eifel, von denen aus mit den jeweiligen Nahverkehrszügen oder Bussen die kleineren Orte erreicht werden können. Für Autofahrerinnen ist die A 1 von Köln über Blankenheim nach Trier der »Königinnenweg« ins Land der Matronen und Elfen.

Eine Wanderwoche in der Eifel tut nicht nur dem Körper, sondern auch der Seele gut. Es gibt nämlich kaum eine andere Region in Deutschland, die so deutlich sogar in der männlich geprägten Wissenschaftsliteratur als »Göttinnenland« anerkannt ist. Matronentempel, Ortsnamen, Sagen und selbst die alten Volksbräuche weisen auf diese Frauenvergangenheit hin.

Über die Herkunft des Namens »Eifel« allerdings streiten sich die Gelehrten bis heute. Da gibt es die Möglichkeit, das Wort vom lateinischen *aqua* für »Wasser« abzuleiten, weil die größte römische Wasserleitung nördlich der Alpen aus den Kalktiefen hier hinunter in die ehemalige *Colonia Agrippinensis,* das heutige Köln, führte. Auch sonst war das kleine Gebirge von vielen Bachtälern durchzogen, die sich tief in den Fels »eingeschnitten« hatten. Es mag aber auch sein, dass »Eifel« mit Wörtern wie *alp* zu tun hat. »Alpen« sind abgelegene, raue, karstige Gebiete, in denen sich mit Vorliebe – und nun kommt die dritte mögliche Bedeutung – Alpen oder Alfen herumtreiben, die den Menschen eben das berühmte »Alpdrücken« bescheren. Alfen sind im Mundartlichen etwas schwierige Varianten von Elfen, eher auf Bergeshöhen zu finden als in Wäldern oder an Wasserläufen.

Nichtsdestotrotz: Es sind Wesen aus der großen Familie der Elfen. Hier liegt meiner Meinung nach die ursprüngliche Bedeutung des Namens »Eifel«: Elfenland. Dies wird auch durch die Vielzahl an Ortsnamen belegt, die mit »-vey« oder »-fey« enden, Silben, die auf die lateinische Bezeichnung *fechinae*, »Feen«, zurückgeht, gute weibliche Ortsgeister, und eine noch tiefere Wurzel in dem keltischen *bacinae* hat, der »Eilenden«. Die ein wenig exzentrischen Alfen und die lieblichen Feen sind Tagesgeschöpfe. Neben ihnen gibt es die Nachtschwärmer, die Uhlen, die es vorziehen, im Dunkeln ihre Tanzplätze aufzusuchen. Wie die Eulen bewegen sie sich lautlos und sorgen ebenfalls dafür, dass nicht jeder Dahergelaufene ihre Täler oder ihre heiligen Haine (germanisch: *alah*) betritt. *Matronis Ulauhinehis* waren Matronen, die heilige Stätten behüteten, wie beispielsweise in Gaich bei Zülpich.

Als Standquartier ist das Städtchen Bad Münstereifel zu empfehlen, in dem es eine Menge hübscher kleiner Hotels und Gaststätten gibt und das sowohl mit der Bahn von Bonn und Köln aus als auch über die A 1 mit dem Auto gut zu erreichen ist. Der mittelalterliche Stadtkern, reich an Fachwerkhäusern, ist verkehrsberuhigt, weshalb man unbedingt ein Domizil in diesem Bereich auswählen sollte. Die Adressen und weitere Informationen – unter anderen zu der Frage, welches Haus behindertengerecht ausgestattet ist – sind bei der Stadt- oder der Kurverwaltung erhältlich. Im Mittelalter war die Infrastruktur von Städten wie Bad Münstereifel noch nicht sehr behindertengerecht. Deshalb muss man auch heute mit dem Rollstuhl leider über ein Kopfsteinpflaster klappern. Da Bad Münstereifel eine Kurstadt ist, fahren dort jedoch täglich viele Rollstuhlfahrer durch seine Straßen, die Nettigkeit des Ortes mildert diese Unbehaglichkeit.

Die Katzensteine von Satzvey

Satzvey, der Ausgangs- und Endpunkt der Wanderung, ist mit dem Zug von Köln über Euskirchen und Mechernich gut zu erreichen. Mit dem Auto parkt man entweder in Satzvey oder direkt an den Katzensteinen. Letzteres ist für Gehbehinderte zu empfehlen, denn von diesem Parkplatz an der L 61 geht ein kurzer, etwa 500 Meter langer Weg hinüber zu den Steinen, der je nach eigener Einschätzung mit Hilfe oder auch allein zu bewältigen ist. Eine nicht ganz legale Variante gibt es für Rollstuhlfahrerinnen: Man kann die Straße von Satzvey her einige hundert Meter weiter in Richtung Mechernich fahren. Dann öffnet sich der Platz der Katzensteine direkt an einem breiten Weg, der von der Straße dorthin hochführt.

Der hier beschriebene Rundweg ist ungefähr neun Kilometer lang und hat kaum Steigungen. Bei Ihrer Wanderung folgen Sie vom Bahnhof aus dem Wanderweg 2 und biegen über die Straße »An der Burg« zur Wasserburg Satzvey ein. Danach geht es an der Kirche vorbei über den Friedhof, entlang am Burggraben bis zu einem großen Tor aus Eisenstäben. Nachdem Sie ein kurzes Stück rechts aufwärts gegangen sind, biegen Sie links in die Straße »Am Mühlenberg« ein und abermals links in die Straße »Am Wasserfall« in den Wald. Oberhalb des Veybachtals und der Eisenbahnlinie laufen Sie am kleinen Ort Katzvey weiter Richtung Hochwildpark. Dort kann man die einheimische Fauna bewundern. Danach kreuzen Sie die Straße im Veybachtal und erreichen den Parkplatz an den Katzensteinen.

Die roten Buntsandsteine wurden von den Römern eine Zeit lang abgebaut. Wenn man den rechten Felsen emporklettert, kann man noch die Rinnen dieser Bearbeitungen sehen. Außerdem befand sich in der Nähe, in nordöstlicher Richtung, ein kleiner Dianatempel. Der Wanderweg entlang der römischen Wasserleitung führt nun über die Tafeln 21 bis 24 Richtung Satzvey. Hinter der Tafel 24 biegen Sie aber nicht zur Autobahn, sondern nehmen den Weg Nummer 3 nach Satzvey.

Das Märchen von den wilden Katzen

Jede Göttin seit alters her, die etwas auf sich hielt, beschäftigte sich mit Katzen – lange vor der Thronenden Mächtigen von Çatal Hüyük, die ihr Pantherjunges an die mächtigen Brüste drückt, lange vor den Löwinnen der Altsteinzeit: die Statuette aus dem Lonetal, die Hüterinnen an den Eingängen der französischen Höhlen, die Löwinnen in Ur und am Portal von Mykene, die geflü-

gelten Löwenbändigerinnen auf den Krateren der Spartaner, Freya, Pjatnitza und Diana auf ihren Katzenwagen. Möglicherweise ist die wilde Katze, die Löwin, die streitwagenziehende Pantherin einer Art weißer jugendlicher Jagdgöttin zuzuordnen (wenn man die Göttinnen unbedingt in schwarz-weiß-rote Schubladen einordnen möchte).
Wahrscheinlich gab es einmal eine Zeit, da waren das Wilde und das Sanfte in einer Gestalt vereint, das Schnelle und das Faule, das Schützende und das Gebärende. All diese Eigenschaften waren der Frau zugeordnet: das Wilde, die heulenden Frühlingsfahrten über alle Himmel und das Behüten der stillsten Plätze in den tiefsten Höhlen der Geburt. Alles in einer Hand, denn die Göttinnen fahren in Wagen, die stets von zwei Katzentieren gezogen werden. Da waren es die wilden Schreie der Banchees in der Nacht, die in keltischer Zeit die Menschen von einsamen blutroten Felsen abhielten und sie warnten, durch die heiligen Täler zu wandern, wenn sie dort nichts zu suchen hatten. Aber wer den Mut hatte, mitten hindurch zu gehen, wer sich zwischen die Häupter der beiden Sphinxe wagte … Wir wissen nicht, was mit jenen geschah. Wenn ihr es herausfinden wollt, wandert zu den Katzenfelsen, die zwei Köpfe haben, und wer weiß, was euch zwischen den Felswänden widerfährt.

Wo die Rentierjägerinnen hausten: Die Kartsteinhöhle bei Weyer

Um die Kartsteinhöhle, im Volksmund auch Kakushöhle genannt, gibt es viele schöne Rundwanderwege. Außerdem befindet sich in der Kirche des benachbarten Dorfes Weyer ein bekannter Matronenstein. Der kleine Spazierweg dort hinüber lohnt durchaus. Die Kirche ist nur zu bestimmten Zeiten geöffnet und man muss sich eventuell um den Schlüssel bemühen. Das gesamte Ensemble aus Höhle, Kirche, dem Dorf Urfey im Tal und dem dahinter liegenden Eulenberg ist ein altes frauenheiliges Gebiet.*

Der Parkplatz zur Kartsteinhöhle liegt direkt hinter einer ansteigenden Kurve rechter Hand an der B 477 von Mecher-

* Siehe dazu Sophie Lange, [3]1997, S. 143 ff.

nich über Breitenbenden und Vussem Richtung Weyer. Die B 477 findet man, wenn man auf der A 1 die Abfahrt Bad Münstereifel-Mechernich nimmt und dann Richtung Mechernich fährt. Etwa einen Kilometer vor Mechernich zweigt scharf nach links die B 477 ab. Die Kartsteinhöhle ist für jedermann und jede Frau gut zu erreichen. Rollstuhlfahrerinnen können wahrscheinlich nicht die zweite, kleinere Höhle, das so genannte »Kalte Loch«, erreichen, aber sicher die große Höhle und die Travertinkalkwände. Mechernich hat einen Bahnhof und verfügt über eine Busverbindung nach Breitenbenden, von wo aus der Wanderweg über den Scheveringsberg an Vussem und dem römischen Aquädukt nach Eiserfey und zur Kartsteinhöhle hinüberführt.

Das Märchen vom Riesen Kakus, der Hollegöttin und dem Kartenspieler

Es heißt, dass von der Kartsteinhöhle ein unterirdischer Gang zum Herkelstein bei Weiler führt. Dies ist die südöstliche Richtung und man mag sich fragen, was dies zu bedeuten hat.

(Der Herkelstein ist ein Teil der Landschaft, die ich auf Seite 74/75 beschreibe.)

Der Riese Kakus pflegte Frau Härke durch diesen Gang auf dem kürzesten Weg zu besuchen – und sie ihn. Eines Tages, besser spätabends saßen sie wieder lustig zusammen in ihrer Höhle, als Kakus plötzlich unruhig den Kopf hob: »So geht das nun schon eine ganze Weile!«, murrte er seine mythische Freundin an. »Man behauptet inzwischen, mein Kartstein hieße so, wie er heißt, weil immer wieder Leute hierher kämen, um Karten zu spielen. Sie hocken da oben, an dem alten Römeraltar, und dreschen ihre Pappfetzen auf die Steine, lachen, saufen, brüllen und randalieren in der Gegend herum! Unsere Kleinen können kaum noch schlafen … und überhaupt, was macht das für einen Eindruck? Wir sind ein ernsthaftes Unternehmen, Härke, wir bringen den Menschen die kleinen Kinder und schützen die, die in den rauen Eifelwintern krank werden, weil die armen Leute oben auf den Kalktriften nicht genug zu essen haben. Keine Kneipe, Gnädigste, sind wir, sondern ein Kinderheim!«

Frau Härke schüttelte weise den Kopf, lauschte aber auch besorgt in die Tiefen des Berges hinab, ob die sieben mal sieben mal sieben klei-

nen Kinderseelen ihre Ruhe hatten. »Mein Freund, das Problem ist: Es gibt eine neue Religion dort oben – schon seit ein paar Jahren. Fünfhundert oder so, noch nicht lange, aber trotzdem ist sie nicht ohne Wirkung. Die Priester dieser Religion verbieten den Menschen das Kartenspielen – frag mich nicht warum –, aber sie tun es. Sie nennen Karten ›Des Teufels Gebetbuch‹, und wenn ein Bäuerlein damit erwischt wird, drohen sie ihm, dass er nach seinem Tod nicht in ihre obere Anderswelt komme, die sie ›Paradies‹ nennen, sondern in die untere, die sie« – hier seufzte Härke, die in manchen Gegenden auch Holle genannt wird – »immerhin noch ›Hölle‹ nennen.«

Kakus lachte: »Ausgerechnet nach meinem bocksbeinigen Bruder müssen sie das Kartenspiel benennen, der hat doch bisher jedes Spiel verloren!«

»Man darf halt nicht so viel denken und zweifeln und fragen, Kakus, sondern muss täuschen und ausspielen und angreifen. Alles Dinge, die ihm nicht so liegen. Er ist ein Zweifler und wird, solange die Erde sich dreht, ein dem Zweifel ergebenes Wesen bleiben. Was glaubst du, warum er wohl den Namen Twüffel hat, ›Der Zweifler‹?«

»Egal – aber die Kartenspieler stören mich und dich vielleicht auch, vor allem aber die Kleinen. Was sollen wir tun?«

»Wir müssen sie an einen anderen Ort bringen, an den sich die Priester der neuen Religion nicht wagen.« Frau Härke stützte ihren mächtigen eisgrauen Kopf in die Hände, runzelte die Stirn, dass leise ein paar Travertinbröckchen von der Decke rieselten, und dachte nach. So ein Denken dauert bei Göttinnen und Riesen nicht allzu lange – nur den Moment von zwei- bis dreihundert Jahren, vielleicht ein wenig mehr, wenn es sich um ein schwerwiegenderes Problem handelt. Immerhin dachte sie so lange, dass ihr Ergebnis nicht mehr in die Märchen gelangen konnte, die – wie alle gebildeten Leute wissen – in unserem Land während der Romantik gesammelt wurden. Doch irgendwann nach dem Redaktionsschluss von Grimm und Konsorten war es wohl so weit: Härke und Kakus haben eine Lösung gefunden, welcher Art auch immer, denn heute spielen sie wieder: die Herren und Damen, Skatclubs, Jassleute, Kinder auf den Schulhöfen mit ihren Autoquartetten, Familien spielen Rommee und die alten Damen im Kurhaus von Bad Münstereifel Bridge. Und an manch einem lauen Sommerabend ist wohl

auch Kakus wieder da, Härke sitzt mit ihm am alten Römeraltar und gemeinsam ziehen sie dem armen Teufel, wie schon in alten Zeiten, das Fell über die Ohren, weil er alles kann bis auf eines: Kartenspielen.

Eschweiler bei Bad Münstereifel: Eine Talwanderung zum Lampertsberg

Sowohl mit dem Auto als auch mit Bahn oder Bus fährt man am besten bis zum Bahnhof Bad Münstereifel, bleibt auf dem Bahnsteig stehen und wartet, bis die kleine Bahn wieder abgefahren ist. Dann sieht man auf der anderen Seite der Gleise einen asphaltierten Weg, der an einigen Gärten vorbeiführt. Diesen Weg geht man rechts, von der Stadt fort an den Bahngleisen entlang, bis man auf eine Straße stößt, die von links aus den Stadtteilen am Berghang herunterkommt und die Bahnlinie kreuzt. Gerade über diese Straße hinweg führt der Weg weiter in die Straße »Am Uhlenberg«. Dieser folgt man – zur Linken einen bewaldeten Hang, zur Rechten Villen. Diese Straße ist eine Sackgasse, die am Ende durch einen Pfosten »verschlossen« ist, weshalb man auch nur mit einem Fahrrad oder Kinderwagen oder mit einem Rollstuhl hindurchkäme. Hinter dem Pfosten kommt abermals links eine Straße herunter, der Sie nun immer geradeaus bis zu einer kleinen, weiß verkalkten Fabrik folgen.

Hinter der Fabrik geht es über den Eschweiler Bach. Gleich hinter der kleinen Brücke links beginnt das Eschweiler Tal, das wir nun durchwandern. Nach etwa anderthalb Kilometern ragen rechts die Felswände des alten Kalksteinbruchs Ohlesley auf und Wege führen hinauf in das Dorf Eschweiler, doch wir bleiben weiter in diesem lieblichen Tal. Es lohnt sich, gelegentlich stehen zu bleiben und dem Geräusch des Wassers zu lauschen. Nach etwa 300 Metern taucht auf der rechten Seite die Försterei mit einem Wohnhaus und dem Überlauf einer Quelle auf, an der die Eschweiler Frauen bis heute ihr Kaffeewasser holen, da es viel besser sein soll als jenes aus der Leitung. Weiter das Tal hinab erkennen Sie links eine Anlage zur Wassergewinnung und das Tal weitet sich zu einem Kreuzweg namens »Teufelsloch«. Links kann man nach Nöthen wandern, rechts den Stockert hinauf nach Eschweiler oder zum Radioteleskop.

Sie biegen aber rechts ab und nach 50 Metern gleich wieder links ins Lampertstal ein. Nach weiteren 300 Metern geht das Strauchwerk zurück und es eröffnet sich der Blick auf einen der charakteristischen Kalkhänge, auf denen im Frühsommer die Orchideen blühen. Man kann am Naturschutzschild den Hang hochkraxeln – aber bitte nur vorsichtig hintereinander im Gänsemarsch, denn es handelt sich um ein Naturschutzgebiet. Oben wendet man sich links und folgt der Waldkante, bis man auf den ersten großen aufgerichteten Stein stößt. 50 Meter dahinter liegt die dreieckige Steinplatte im Boden – der Schoß des Lampertsbergs – mit ihren beiden Näpfchen, die sich im Winkel des Sonnenauf- und -untergangs an den Wintersolstizien öffnet. Im Osten, von der Steinplatte aus gesehen, liegt der Stockert, weit hinten im Westen sieht man den Hermesberg, hinter dem die Sonne am 21. März beziehungsweise September versinkt. Hermes ist nicht nur der Gott der Händler und Diebe, sondern auch der Führer durch die Unterwelt. Weit hinten in östlicher Richtung sind an klaren Tagen die Brüste des Michelsbergs zu sehen, auf die auch einige geritzte Linien der Steinplatte zulaufen. Die Verlängerungen der Außenkanten der kleinen Schalen weisen auf die Horizontpunkte von Sonnenauf- und -untergang am 21. Dezember.

Der Weg führt an der Waldkante weiter, möglicherweise gibt es dort noch eine kleinere Steinreihe, dann muss man an der Ackerkante entlang hinunter zu einem Bauernhof steigen, von dem aus rechts ein asphaltierter Wirtschaftsweg durch die Felder führt. Folgen Sie dem Asphaltweg in Richtung der Hügel. An der nächsten T- Kreuzung halten Sie sich rechts und gehen den Weg immer am Hang entlang. Hier öffnet sich abermals eine weite Senke, in deren Hintergrund die Kirche von Eschweiler aufragt. An klaren Tagen schweift der Blick bis hinüber zum Siebengebirge. Man kann sich nun entweder linker Hand den Pfad über die Äcker und Wiesen zum Herkelstein hinauf suchen oder einen der vielen Wege Richtung Eschweiler benutzen. Das Tal wird teilweise durch die kurz geschorenen Wiesen eines Golfplatzes belegt, sodass es einfach ist, querbeet zu gehen – vorausgesetzt, man passt auf, dass man nicht von einem dieser kleinen harten Bälle »erschossen« wird.

Der Herkelstein

Zum Schluss finden Sie sich im Dorf vor der Kirche wieder. Wenn Sie mit dem Rücken zur Kirche und zum Kriegerdenkmal an der Schulbushaltestelle stehen, sehen Sie rechts eine abschüssige Straße, die dann in einen Weg übergeht. Ihr folgend landen Sie wieder im Eschweiler Tal, das Sie nun links herunter nach Bad Münstereifel zurückführt. Wenn Sie noch Lust und Energie haben, können Sie das Tal auch, statt es längs zu durchwandern, queren und hinter einer kleinen Brücke hochsteigen. Oben wenden Sie sich links und folgen dem asphaltierten Weg sowie einem Wanderzeichen. Es führt Sie am Galgenberg vorbei ebenfalls wieder hinunter nach Bad Münstereifel.

Die geschilderte Route von etwa zwölf Kilometern ist mit Sicherheit eine Ganztagestour. Ich habe sie auch deshalb so ausführlich skizziert, weil es keine Wanderwegmarkierungen gibt. Der Lampertsberg ist wahrlich ein Geheimtipp einheimischer Frauen. Für einige ist er gewissermaßen die »Hauskapelle«, was man nicht vergessen sollte, wenn man dort herumsteigt.

Das gesamte Gebiet am Stockert und um Eschweiler herum ist wahrscheinlich Teil einer großen Kulturlandschaft. Die Eschweiler Kirche ist der heiligen Margarethe (rätoromanisch: Magliatha) gewidmet, deren Bedeutung auf Seite 154 ff. ausführlich dargestellt wird. Die Margarethe ist grün gekleidet und trägt den Drachen im Arm und einen Sonnenreif hinter dem Haupt. Von Eschweiler aus gesehen geht die Sonne am 21. Juni genau in einer der gut sichtbaren Senken des Siebengebirges auf und beschreibt ihren großen Himmelsbogen, ehe sie hinter dem Herkelstein wieder untergeht: Die Sonne hält die Erde im Arm.

Auf der anderen Seite des Stockerts befindet sich der Lampertsbergstein: Die Erde hält die Sonne im Schoß, so wie Lampert die Kohlen herbeitrug (s. S. 77 f.). Heilige mit der Endung »-pert« oder »-brecht« gehen unmittelbar auf Percht, die Wintergöttin, zurück, die in den zwölf heiligen Nächten mit Gebrause und Geheul über den Himmel fährt – nicht mit Katzen, sondern mit schwarzen Pferden, deren Nüstern rot glühen und deren weißer Nebelatem über den verschneiten

Ebenen weht. Gehbehinderte Frauen oder Rollstuhlfahrerinnen bräuchten auch solch ein Zaubergefährt, wenn sie die Tour unternehmen möchten. Da sie aber normalerweise keine Pferdekarren haben, müssen Frauen mit eingeschränkten körperlichen Möglichkeiten andere Mittel und Wege finden, die Plätze zu erreichen. Man kann zum Beispiel mit dem Auto durch Eschweiler hindurchfahren und in die Asphaltstraße beim Golfplatz einbiegen. Fahren Sie aber nicht direkt zum Golfrestaurant, sondern die Straße hoch bis zum Waldrand, um dort anzuhalten und sich umzuschauen: Bei klarem Wetter ist das Siebengebirge zu sehen und die gesamte Landschaft, die im Sommer von der Sonne »im Arm gehalten« wird.

Wenn man wieder zur Straße Richtung Weiler am Berg hinunter- und durch den Wald fährt, stößt man hinter dem Wald etwa einen Kilometer vor Weiler linker Hand auf einen Feldweg Richtung Herkelstein. Auf den Stein kann man mit dem Rollstuhl nicht gelangen, gehbehinderte Frauen können mit Hilfe versuchen, den Thron der Frau Härke zu erreichen, um sich einmal auf ihn zu setzen, denn er ist nicht weit ab vom Weg gelegen. An den Lampertsberg kann man entweder über den Bauernhof oder durch das Eschweiler Tal heranfahren, sodass nur noch der kleine Aufstieg über die Kalktrift oder vom Hof her bleibt. Versuchen sollten Sie es auf jeden Fall, denn die Steinplatte ist ein sehr spezieller Platz.

Die Legende vom heiligen Lampert

Lampert war ein wichtiger christlicher Missionar in der Eifel, der sehr gütig zu den Menschen war. Eines kalten Wintertages traf er auf arme Leute, die in einer ungeheizten Hütte hausten, weil sie sich nicht einmal Holz oder Kohlen für das Herdfeuer leisten konnten. Er sah, dass er sich mit seiner Hilfe beeilen musste, da sie beinahe vor Hunger und Kälte umkamen. Doch er hatte kein Gefäß, um Glut und Kohlen in die arme Hütte herüberzutragen. Da hob er seine Schürze und füllte sie bis zum Rand mit Kohlenglut und trug sie zu den armen Menschen in ihre kalte Hütte, ohne dass der Stoff durchbrannte oder er sich auch nur ein wenig verletzte.

Die Brüste der Göttin: Der Michelsberg bei Bad Münstereifel

»Busenberge« spielen an mehreren Stellen in diesem Buch eine Rolle. Hin und wieder in der geologischen Erdgeschichte türmten sich zwei Berge oder Hügel ausgerechnet so auf, dass sie in Ost-West-Richtung liegen und wie weibliche Brüste aussehen. Außerdem haben sie südlich einen dritten Hügel, den »Bauch«, vor sich. Rein zufällig entspringt am Hang dieses »Bauches« eine Quelle, schmiegt sich ein kleiner See oder Sumpf an, mäandert ein Fluss.

Diese Berge liegen frei und weithin sichtbar. Dies scheint den Menschen schon in frühen Zeiten aufgefallen zu sein. Also »heiligten« sie den Platz, ritzten ihre Zeichen und kleinen Näpfe in die Felskuppen, bauten ihre Megalithanlagen an den Hängen und umgaben solche Berge noch für Jahrhunderte mit merkwürdigen Sagen, in denen Göttinnen ihre Geliebten suchen oder sich einsame Mägde im Wald verirren und einer Wölfin begegnen. Die Hügel müssen zu bestimmten Zeiten heiß umkämpft gewesen sein, die Drachin musste erwürgt, die Schlange vertrieben werden. Ein gewisser Ritter Georg, unterstützt vom Engel Michael, tat sich dabei besonders hervor, weshalb heute jeder dritte Busenberg durch eine Michaels- oder Georgskapelle »markiert« ist. So gehört auch zum Ensemble des Michelsbergs noch der »Bauch«, auf dem heute das Dorf Mahlberg liegt, und der »Schoß« im Tal der Erft, in dem das Dörfchen Schönau mit einer Georgskirche, St. Goar, zu finden ist. Von dort aus führt ein weiterer Wanderweg wieder aus dem Tal heraus zum Holleberg und zum Weißen Stein hinüber.

Rollstuhlfahrerinnen können mit dem Auto auf den Michelsberg fahren. Manchmal ist allerdings leider unten die Schranke verschlossen, sodass es gut ist, sich vorher kundig zu machen. Ich bin auch schon mit einem kleinen Bus durch Schönau hindurch Richtung Holleberg über die Wege gefahren, doch das ist eher etwas für Fahrerinnen mit starken Nerven und Geländewagen. Die Wandertour, die das gesamte Gebiet umfasst, ist eine ganztägige Streckenwanderung und es empfiehlt sich, ein zweites Auto unten in Schönau zu deponieren. Mit öffentlichen Verkehrsmitteln ist Mahlberg der Ausgangspunkt der Wanderungen, das man mit dem Bus von Bad Münstereifel aus erreichen kann. Ich beginne die Tour immer am Parkplatz Bleielsnück, der hinter Mahlberg an der Straße Richtung Houverath/Scheuren liegt. Man kann aber auch von Mahlberg oder anderen Stellen aus hinauflaufen. Auf die Brust mit der Kapelle führt ein spiralförmiger Kalvarienweg, den man unbedingt in aller Ruhe beschreiten sollte.

Am Parkplatz Bleielsnück gibt es einen alten Baumkreis und man sieht den langen Prozessionsweg vom »Decke Tönnes« her verlaufen. Diese Kapelle liegt etwa zwei Kilometer nördlich im Wald, an der Straße von Bad Münstereifel zum Effelsberg: ein Antoniusheiligtum und alter Dianenplatz, der heute entweder für verloren gegangene Sachen oder für Kinderwünsche »zuständig« ist. Hinunter nach Schönau kommt man, indem man durch das Dorf Mahlberg läuft und sich an der kleinen Kapelle auf dem linken Weg hält. Der Hang heißt Wichertsberg, eine mundartliche Verballhornung des Wortes »Weiher« (Teich) oder des Wortes »Wiever« (Weiber). Fast am Ende des »Bauches« liegt heute eine christliche Gedenkstätte. Man kann nun auf allen Wegen nach Schönau in den »Schoß« hinabsteigen. Dort ist die Kirche leicht zu finden. Michael war der Engel, der dem Ritter Georg im Kampf gegen den Drachen beistand. Diese Konstellation deutet auf vorchristliche, heidnische Strukturen mit »Resten« matriarchaler Elemente hin, unter anderem dem so genannten Doppelkönigtum. Kinder einer Mutter regierten, wobei der/die eine für das Weltliche und die/der andere für das Spirituelle zuständig war. Der mythische Kampf gegen den Drachen steht für alle Kämpfe gegen erdverehrende Kulte. Besonders wichtige Orte tragen heute Namen von Drachenheiligen, wie Michael, Georg oder Margarethe. Entweder steigen Sie nun noch den Holleberg hinauf oder Sie kehren zu Ihrem Parkplatz zurück. Wenn Sie mit öffentlichen Verkehrsmitteln unterwegs sind, können Sie eventuell auch ein Taxi zurück nach Mahlberg nehmen – es ist nicht zu teuer. Wie auch immer Sie sich in diesem Gebiet bewegen: Nehmen Sie den Michelsberg bewusst wahr, denn seine Form ist es, die ihn für Frauen so wichtig macht.

Der Thron der Göttin: Wanderung um den Maubachsee bei Nideggen

Diese Wandertour führt in das geologisch von Buntsandstein bestimmte Gebiet der Rur-Eifel, nordwestlich von Zülpich bei Nideggen. Mit der Bahn erreicht man Obermaubach von Düren, Düsseldorf oder Aachen aus. Mit dem Auto fährt man nach Nideggen, von dort aus ins Tal hinab und über die Rur nach Zerkall. Hinter Zerkall geht es auf der L 11 wieder steil hinauf durch die Dörfer Bergstein und Brandenberg. Hinter Brandenberg biegt man in die kleinere K 21 ein, die nach Obermaubach hinunterführt. In Obermaubach darf man den Staudamm mit dem Auto überqueren und parkt dann am Gasthof, wo der Wanderweg beginnt.

Sie lassen den Stausee links hinter sich und treten in den Waldweg ein, der Sie in gemütlichen Kehren nach oben führt. Folgen Sie den Wanderwegnummern 1, 2 und 9. Sie stoßen auf einen noch breiteren Weg, den nach Josef Schramm benannten Hauptwanderweg, den Sie nur ein kleines Stück nach links entlanggehen, ehe Sie wieder nach rechts und aufwärts abbiegen. An den ersten großen Felsen geht es nun rechts hinauf zum Rastplatz Engelsblick, unterhalb großer ehemaliger Tagebauaufschüttungen aus dem Mittelalter. Von dort gehen Sie in südlicher Richtung auf Nideggen zu, was allerdings im Wald nicht zu sehen ist. Die wichtigen Wegenummern beziehungsweise -buchstaben lauten nun 6, 9 und S. Am Engelsblick und danach im Wald finden sich weitere große Felsengebilde und thronartige Steine. Tief unten liegen rechter Hand im Tal Obermaubach und der Stausee, hin und wieder klingt fernes Hundegebell oder Musik durch den Wald herauf. Durch Eichenwälder kommend, verlassen Sie an einer kleinen Bank in scharfer Kehre nach links hinauf diesen Weg. Nach wenigen Metern stoßen Sie wieder auf eine große Wegkreuzung im Wald, an der Sie rechts abbiegen auf den Weg Nummer 8, von dem nach etwa 200 Metern ein kleiner Trampelpfad links hoch abzweigt zum Gespaltenen Stein, einem Schalenstein.

Wenn Sie lange genug auf den Steinen herumgeklettert

sind, können Sie diesem Pfad weiter nach Süden folgen und nach wenigen hundert Metern noch einmal rechts vor zu den Felsen an eine Schutzhütte gehen, von der aus sich ein schöner Rundblick über das Tal bietet. Zurück auf der Hauptstrecke stoßen Sie nach etwa 800 Metern auf eine große Waldkreuzung mit Schutzhütte. An dieser Schutzhütte führt ein Pfad (Nummer 7) durch den Wald hinab zum Eugenienstein, geradeaus geht der Weg (Nummer 7 und Buchstabe S) weiter und gleich rechts an der Kickley vorbei Richtung Nideggen. Nach etwa einem Kilometer stößt man dann wieder auf einen breiten Fahrweg, Wanderweg Nummer 2, der unterhalb großer roter Sandsteinfelsen – an denen sich manchmal tapfere junge Leute im »Freeclimbing« üben – wieder in nördlicher Richtung nach Obermaubach zurückführt. Man kann verschiedene Möglichkeiten oberhalb des Stausees auswählen, ich halte mich gewöhnlich an folgende Nummern: 2, dann 2 und 9 bis zu einer Schutzhütte. Etwa 200 Meter hinter der Schutzhütte geht es einen steilen Weg links hinunter und man erreicht 200 Meter vor dem Gasthof die Asphaltstraße, die am Stausee entlangführt. Auf diese Weise hat man den wenigsten Asphalt unter den Füßen. Man braucht für die gesamte Wandertour von etwa zwölf Kilometern durchaus einen Tag, und da es keine Rasthäuser im Wald gibt, sollte man sich Proviant mitnehmen. An den verschiedenen Felspunkten öffnen sich immer wieder Aussichtspunkte ins Maubachtal hinein und auf die verschiedenen Felstürme und -throne, die auch zum Rasten einladen.

Wo ein Fluss eine so starke Biegung macht, dass er gewissermaßen »rückwärts« weiterfließt, erhält die Landschaft oft einen mythischen Charakter. Vom Eugenienstein aus ist dieses Phänomen unten im Tal besonders gut zu sehen. Der Burgberg bei Bergstein, der auf der anderen Seite des Tals liegt, birgt vermutlich die Überreste einer Burg aus dem 12. Jahrhundert. Es spinnt sich eine seltsame Hunde-Spion-Sage um diesen Ort, die deutliche Elemente von Anderswelt-sagen enthält. Allerdings ist sie historisch so spät angesiedelt, dass ich mir trotz der in ihr liegenden Ikonografie über ihr Alter nicht sicher bin. Die Felsen oberhalb der Rur peilen in ihrer Gesamtheit Punkte am Horizont, von Südwesten über Westen bis Nordwesten, an. Welchen Sinn diese überdimensionale, gen Sonnenuntergang gerichtete »Kultuhr« genau gehabt haben könnte, ist schwer zu sagen. Möglicherweise ging es um Themen wie den Tod, den Übergang in eine andere Welt und die Anderswelt. Zwischen Bergstein und Obermaubach, also gegenüber, auf der anderen Seite des Tales im Wald, finden sich das Teufelssief und der Bovenberg (Ochsenberg).

Die Sage von den drei Jungfrauen oder auch den zweien mit dem Rind dazwischen

In den Felsen beim Dorf Untermaubach befinden sich die so genannten Henzenskeller, die Keller der Heinzelmännchen. Doch nicht nur diese lebten dort in geheimnisvollen Gängen, Stollen und alten Bergwerken. Immer um Mitternacht tauchen drei feine Gestalten in seidenen Gewändern aus diesen Höhlen auf. Nun heißt es in manchen Sagen, es handle sich dabei um zwei Jungfrauen und ein Rind und in den allerjüngsten Geschichten erzählen die Leute sich sogar, es seien zwei Jungfrauen und ein Ochse. Dies mag sein, ist aber von minderer Bedeutung, denn wichtig sind nur die Hörner, die eine der Frauen, das Rind oder eben der Ochse auf seinem Haupt trägt. Zwischen diesen Hörnern ist ein feines Band gespannt, an dem ein Schlüsselbund hängt – und auf den kommt es an. Die Schlüssel öffnen nämlich die geheimen Schatzkammern der Hochkoppel, des Teufelslochs und auch das Langenbroicher Bergwerk – Kammern voller Gold und Silber, Edelsteine und anderer wertvoller Metalle. Die Sagen erzählen nicht, wie man es anstellen kann, an diesen Schlüsselbund zu gelangen. Nur eines ist sicher: Wer die Jungfrauen berührt, den oder die schleudert das Rind hinab in die Rur.

Der Matronentempel bei Nettersheim

Die Görresburg bei Nettersheim mit ihrem berühmtesten Matronentempel der Eifel ist leicht zu finden. Für Rollstuhlfahrerinnen ist sie gut zu erreichen: Lassen Sie den Parkplatz unterhalb der Tempelanlage links liegen und fahren eine weitere Kehre die Asphaltstraße den Berg hinauf. Dort befin-

So thronen sie:
Die Matronen von
Nettersheim

det sich gewissermaßen der Hintereingang zur Anlage mit einem Wiesenweg von etwa 20 Metern Länge. Wenn man mit dem Auto von der A 1 kommt und die Ausfahrt Bad Münstereifel-Mechernich nimmt, folgt man erst der Straße Richtung Bad Münstereifel, biegt dann aber vor Nöthen rechts ein Richtung Marmagen und fährt an Gilsdorf vorbei durch das Tal und unter der hohen Autobahnbrücke hindurch. An einem Kreisverkehr geht es geradeaus weiter nach Nettersheim. Wenn man will, kann man vorher dort auch links, nach Zingsheim, zu einem weiteren Matronentempel abbiegen. Die Abfahrt zum Matronentempel von Nettersheim ist direkt hinter Nettersheim bei einem Neubaugebiet. Nach dem Linkseinbiegen fährt man geradeaus weiter, einen asphaltierten, für den normalen Durchgangsverkehr gesperrten Weg hinab ins Urfttal. Vor sich sieht man die kleine Treppe, die zum Tempel hinaufführt. Linker Hand geht es zum Wanderparkplatz. Eine detaillierte Beschreibung der Tempelanlage und ihrer Lage in der Landschaft findet sich bei Sophie Lange (1995, S. 36 ff.). Ebenso wie die oben beschriebene Kartsteinhöhle gehört die Görresburg bei Nettersheim zu den »Highlights« der nördlichen Kalkeifel.

Im Untergrund: Die römischen Tempelanlagen von Pesch

Mit dem Auto nimmt man von der A 1 die Ausfahrt Bad Münstereifel-Mechernich und folgt zunächst der Straße Richtung Bad Münstereifel. Dann biegt man vor Nöthen rechts ein Richtung Marmagen, fährt an Gilsdorf vorbei und erreicht nach etwa anderthalb Kilometern einen Touristenparkplatz vor einem Bauernhof, von dem aus der Weg durch das Hornbachtal zum »Heidentempel« führt. Man läuft etwa 20 Minuten, der Weg ist eben und stellt auch für Gehbehinderte – mit oder auch ohne Unterstützung – kein Problem dar.

In dieser römischen Tempelanlage kann man außer dem Matronentempel ein Jupiterheiligtum, einen Brunnen und – ganz hinten, in der Apsis des Jupitertempels – ein in die Erde eingelassenes Kybele-Heiligtum bewundern. Auch zu dieser Anlage

Der Matronentempel bei Pesch

hat Sophie Lange genaue Beschreibungen vorgelegt (siehe Literatur). Für Rollstuhlfahrerinnen ist die Anlage zu erreichen, wenn jemand auf den letzten 50 Metern über den nicht mehr so breiten Zugang zum Tempelbezirk schieben hilft.

Archäologie und Geologie der Eifel

Die Eifel ist für Geologen aus aller Welt eines der interessantesten Gebiete. Der Boden besteht hauptsächlich aus verschiedenen Kalken, wobei die Travertinkalke an der Kartsteinhöhle die jüngsten sind und die meisten anderen aus den verschiedenen Ablagerungszeiten des Devons stammen, wie man an den vielen Versteinerungen von Muscheln, Korallen, Trilobiten usw. sehen kann. Mehr im Norden und Westen bestimmt der Buntsandstein, wie wir ihn in Nideggen und an den Katzensteinen vorfanden, das geologische Bild der Eifel. Die schwarzen, vulkanischen Gesteine der Vulkaneifel, die aus dem Tertiär und dem Quartär stammen, haben sich mehr im Süden abgelagert.

Die letzte Vulkaneruption in der Eifel war jene des Laacher-See-Vulkans vor ungefähr 11 000 Jahren. Nordwestwinde trugen die Asche bis zu den Alpen. Die Ascheschicht ist bis heute eine wichtige Datierungshilfe für Geologen und Archäologen. Dieser Ausbruch, der seine Lavamassen ins Rheinland hinunterschob, deckte beispielsweise die Magdalénien-Stätten bei Neuwied und andernorts zu, die inzwischen für ihre Frauendarstellungen auf unzähligen gefundenen Schiefertafeln bekannt geworden sind. Bereits die Neandertaler siedelten an den geschützten Hängen der Vulkane, die heute leider dem Bimsabbau zum Opfer gefallen sind.

Die Eifel wird seit beinahe 3000 Jahren für den Bergbau genutzt, der seine zahllosen Spuren – so genannte Pingen und Pütze – überall in der Landschaft hinterlassen hat. Bereits die Römer bauten Kalk und Eisenerze ab und verwendeten die verschiedenen Sandsteine und Schiefer für ihre Bauten, wie die römische Wasserleitung nach Köln hinunter. Auch aus dem Mittelalter finden sich Spuren der Eisenindustrie. So beispielsweise bei Eiserfey an der Kartsteinhöhle. Blei wurde bis in die Gegenwart hinein im Raum Mechernich abgebaut, die Eisenhämmer in der Eifel schwiegen erst, als in der Mitte des vorigen Jahrhunderts die reichen Vorkommen des Ruhrgebiets auf der anderen Rheinseite entdeckt wurden. Wer mehr Interesse an den geologischen Formationen der Eifel hat, für den lohnt es sich, die geologischen Lehrpfade der Gemeinde Hillesheim zu besuchen.

Die Eifel, die nördlich angrenzende Kölner Bucht und das Rheintal zwischen Düsseldorf und Koblenz sind ein an archäologischen Funden reiches Gebiet. So häufen sich im Bereich der Bimstagebauten bei Koblenz und in der Vulkaneifel die paläolithischen Fundplätze aus der Zeit der Neandertaler bis ans Ende der jüngeren Altsteinzeit, dem Magdalénien. Bei einem längeren Ferienaufenthalt in der Eifel empfiehlt es sich, das prähistorische Museum Monrepos bei Neuwied zu besuchen, in dem auch die Schiefertafeln mit den tanzenden Frauen ausgestellt sind. Im Norden der Eifel, in der Kölner Bucht und bis hinauf nach Aachen und Mönchengladbach findet sich eines der bekanntesten Ausgrabungsgebiete für die jungsteinzeitlichen (neolithischen) Kulturen der Bandkeramik. Aldenhovener Platte ist ein Begriff, den Studierende der Ur- und- Frühgeschichte schon im ersten Semester im Schlaf erklären können. So nimmt es nicht wunder, dass man an der Kölner Universität eines der größten Institute für Ur- und Frühgeschichte mit mehreren naturwissenschaftlichen Laboren für Dendrochronologie, physikalische Bestimmungen, Pollenanalyse usw. findet, sowie eine spezielle Forschungsstelle »Altsteinzeit«. Eine halbe Zugstunde entfernt, an der Bonner Universität, hat man sich auf die vorrömischen und römischen Metallzeiten konzentriert.

Auch die Kelten und Römer trafen in der Eifel aufeinander. Linksrheinisch, im Gebiet der Matronen, leisteten die keltischen Stämme den Römern so lange erbitterten Widerstand, bis Cäsar die Geduld verlor und er, ganz nach Art moderner ethnischer Säuberungen, diesen renitenten, matronenverehrenden Stamm der Eburonen ausrottete, um an ihrer statt die bereits »gezähmten« Germanen vom rechtsrheinischen Stamm der Ubier im heiligen »Elfengebiet« anzusiedeln. Doch ein Rest dieser alten Renitenz gegenüber Herrschenden hat sich in der Eifel bis heute erhalten.

Spiritualität im Frauenland

Die Eifel ist seit frühen Zeiten Frauenland. Bis heute legen einheimische Frauen an den Matronenplätzen Blumen und andere kleine Gaben nieder, wenn sie möchten, dass ihnen Wünsche erfüllt werden, die ein christlicher »Männergott« möglicherweise nicht billigen würde. Zum Decken Tönnes bei Bad Münstereifel sind Frauen gepilgert, die sich lange vergeblich Kinder wünschten, und ich kenne mindestens eine Frau, bei der es danach »geklappt« hat.

Der Michelsberg soll ein guter Platz für Wohnungswünsche sein und der Lampertsberg ist ein Liebesheiligtum. Die Eifel ist ein besonderes, ein heiliges Land. Voller Geschichten und Erfahrungen. Es ist das Land, in dem ich lange gelebt, geliebt und meine Geschichten geschrieben habe, das Land, das die Göttinnen beschützen – zu aller Zeit.

Seit fast 20 Jahren gibt es in Zülpich-Lövenich ein Frauenbildungs- und Ferienhaus (Prälat-Franken-Straße 13, 53909 Zülpich), von dem ausgehend viele Seminare und Frauenwandertouren in die Eifel stattfinden. Außerdem gibt es dort eine lange Tradition feministischer Gruppen zur Spiritualität, die von verschiedenen Referentinnen geleitet werden.

Literatur

Bodsch, K.: *Nideggen – Burg und Stadt,* Rheinland-Verlag, Köln 1989

Eifelverein und Stadt Zülpich: *Zülpich – Wander- und Kulturführer,* Zülpich 1992

Eschghi, I., u. a.: *Begleitbuch zum Geo-Pfad Hillesheim,* Verbandsgemeinde Hillesheim o. J.

Fleischmann, K.: *Das Eifel-Wanderbuch,* BLV, München/Wien/Zürich 1990

Gädtke, M.: *Die Flurnamen im Gebiet der Stadt Bad Münstereifel,* Selbstverlag, Bad Münstereifel 1993

Guthausen, K.: *Sagen und Legenden aus der Eifel,* 3 Bde., Meyer-Meyer, Aachen 1993

Hoffmann, H.: *Volkskunde des Jülicher Landes,* Joseph Dostall, Eschweiler 1911

Hodder I.: *The Domestication of Europe,* Cambridge 1990

Knackstedt, G. U.: *Neandertaler, Römer … Siedlungsgeschichte des Landkreises Euskirchen,* Euskirchen 1991

Landwirtschaftskammer und Landschaftsverband Rheinland: *Archäologische Denkmäler in den Wäldern des Rheinlandes,* Rheinland-Verlag, Köln 1995

Lange, S.: *Küche, Kinder, Kirche … Frauenleben in der Eifel,* Helios, Aachen 1992

Lange, S.: *Wo Göttinnen das Land beschützten,* edition nebenan, Bad Münstereifel 1995

Lange, S.: *Steht die Sonne auf Stippen. Eifeler Bauernregeln,* Helios, Aachen 1997

Lange, S.: *Weiberdorf 2000. Hundert Jahre Frauenleben in der Eifel,* Rhein-Mosel-Verlag, Briedel 1998

Viebig, C.: *Kinder der Eifel,* Moewig-Ullstein, Rastatt 1994

Wrede, A.: *Eifeler Volkskunde,* W. Weidlich, Würzburg 1983

Zender, M.: *Sagen und Geschichten der Westeifel,* Bonn 1986

Keltenberge, Teufelssteine und Hexenweiher: Frauenplätze in der Rhön

Überblick

Der östliche Teil Hessens, die Mittelgebirge, Westthüringen und das nördliche Franken sind zu allen Zeiten Durchgangsgebiete gewesen, deren wechselhafte Geschichte sich in einem reichen Sagenschatz und auch im archäologischen Fundgut niederschlägt. Die meisten der hier vorgeschlagenen Touren liegen in der Nähe von Fulda, aber auch die anderen beiden Orte Oberweißenbrunn und Kaltennordheim sind gut zu erreichen. Buchstäblich »mittendrin« wohnt man im Gasthaus des Rhönclubs, im »Fuldaer Haus«, das an der Maulkuppe liegt. Von außen sieht es trutzig aus, als habe der Riese Mils noch einmal einen Turm zur Verteidigung seiner Träume gebaut. Das Essen ist reichhaltig, die Unterkunft nicht teuer und die Wirtsleute sind sehr zuvorkommend. Die schönsten Zimmer liegen im Obergeschoss des Turmes (also leider nicht behindertengerecht). Es gibt jedoch noch ein Nebengebäude. Behinderte Menschen sollten sich im Haus erkundigen, ob man dort ihren jeweiligen Bedürfnissen gerecht werden kann. Man sollte sich mindestens eine Woche Zeit nehmen, um dieses geschichtsträchtige Gebirge zu erwandern. Auch ein Tag in Fulda ist zu empfehlen, wenn man Freude am barocken Baustil hat. Im Schloss werden ausgezeichnete Konzerte aufgeführt.

Milseburg und Hexentanzplatz bei Poppenhausen

Ausgangspunkt dieser Wanderung ist der Parkplatz Grabenhöfchen in der Nähe des Teufelssteins. Der Weg geht an den Bubenbader Steinen und dem Weiher vorbei. Kurz nach dem Weiher tritt man aus dem Wald und sieht die imposanten Felsen der Milseburg vor sich liegen. Der Weg geht durch die Wiesen und stößt auf den archäologischen Lehrpfad, der einmal rund um das Felsengelände führt. Diesen Pfad sollte man unbedingt begehen und sich die dazugehörigen Schautafeln ansehen. Gehbehinderte können leider nicht auf den Berg steigen, aber mit Unterstützung den fast durchweg eben verlaufenden archäologischen Lehrpfad ausprobieren. Insbesondere ist hier auf die häufigen Hinweise auf das Leben von Frauen in der Geschichte zu achten und auf den eigenartigen Grundriss der Hütte, in der angeblich kontinuierlich bis ins vorige Jahrhundert ein »Hannes« lebte, um das alte Keltenheiligtum zu beschützen. In der keltischen La-Tène-Zeit muss dies allerdings nicht unbedingt ein »Häuptling« gewesen sein, wie die Beschriftung behauptet.

Nach diesem Rundweg gilt es, die Höhe über einen steilen Hang zu erklimmen. Man kann sich allerdings nicht darauf verlassen, dass die Schutzhütte geöffnet und bewirtschaftet ist. Je nach Wetter ist der Rundblick von den Felsen beeindruckend. Eine Tafel an der Hütte klärt die Wanderin über die Umgebung auf. Natürlich gibt es auch ein Bild des heiligen Gangolf, wie er das Wasser in einer zugedeckten Holzbütte auf den Berg schleppt. Auf der Südseite der Milseburg, nicht weit von der Stelle, wo der doppelte Ringwall und die Quelle lagen, führt der Weg wieder hinunter und durch den Wald hinüber zum Fuldaer Haus. Von dort geht es über Vordereselsbrunn und Hintereselsbrunn zum Parkplatz und den Gasthof »Grabenhöfchen« zurück.

Die Sage von der Milseburg

In der Zeit, als die Priester des gekreuzigten Gottes beinahe schon das ganze Land besetzt hielten, lebten in unzugänglichen Felsgebieten, auf kargen Höhen oder tief in den dunklen Mooren und schwarzen Wäldern noch immer jene Menschen, die nicht verstehen konnten, warum das Martern eines Menschen ein anbetungswürdiger Vorgang sein sollte. Sie brachen in lautes Gelächter aus, wenn ihnen jemand erzählen wollte, da habe sich einer hinrichten lassen und auf diese Weise die Schuld aller Menschen – wohlgemerkt aller, der schon Gestorbenen, der Lebenden und auch der noch gar nicht Geborenen – abgetragen.

»Was für Schulden?«, fragte Mils, einer von denen in den rauen Gebirgen, »Spielschulden, Schulden bei der Frau Wirtin, das geklaute Schaf beim Nachbarn?«

»Deine Sünden«, murmelte der kleine Missionar, der sich in Mils' Felseinöde gewagt hatte.
Doch Mils grinste: »Was für Sünden denn? Gut, ich habe mich geprügelt, aber auch Dresche bezogen, ich habe gestohlen und bin bestohlen worden, ich habe getötet, denn ich wurde angegriffen. Meinst du das, kleiner Mann?«
Der Missionar schüttelte den Kopf. »Nein – die äh … die Unzucht zum Beispiel.«
»Die was?« Mils riss seine kugelrunden Augen auf. »Kleiner Mann, was ist denn das?«
»Nun ja, also wenn du … also wenn du mit einer Frau …«
Mils lachte abermals dröhnend auf, dass die Tannenspitzen sich bogen. »Ach ihr kleinen Scheißer, ich weiß schon! Euer Gott verbietet euch, bei den Weibern zu liegen. Aber da bist du bei mir fehl am Platze, ich ziehe es vor, bei den Männern zu liegen.« Und er lachte vergnügt und rieb sich die Hände, weil er dem kleinen Kerlchen ein Schnippchen geschlagen hatte.
Doch da richtete sich der kleine Missionar auf. »Genau, genau, Mils, das meine ich, das ist Sünde!«
»Um Himmels willen«, rief Mils, »bist du denn verrückt? Wenn zwei Leute Spaß miteinander haben, keiner dem anderen Gewalt antut – schließlich gehe ich nicht mit kleinen Buben und auch nicht mit meinen Knechten zu Bett, sondern mit jenen, die mir ebenbürtig sind. Weißt du, kleiner Mann, da unterscheidet sich die Liebe nicht sehr vom Kampf. Solange zwei gleich stark sind, ist alles drin!« Sie konnten sich nicht verstehen und sie wollten es vielleicht auch gar nicht, und das ist schlimm, denn die kleinen Diener des Gekreuzigten waren nur die Vorhut und es folgten ihnen immer jene nach, die im Namen ihres schuldenbefreienden Gottes die Ländereien stahlen, die Burgen und Schlösser, die Frauen und Mädchen, das Vieh und alle Habe dazu.
Ist ja auch kein Wunder, dachte Mils und schielte besorgt ins Land hinaus, wo sich die Kreise der Keristen immer enger um seine freie Burg zusammenzogen, wie der Strick um den Hals des Gehängten. Denen ist ja alles im Vorhinein vergeben und deshalb können sie sich alles leisten: Raub, Mord und Vergewaltigung. Schon war die Burg vom Habelstein diesen kleinen Leuten zum Opfer gefallen und auch der Stallberg lag in Schutt und Asche. Von allen Seiten rückten sie vor, um seine Burg einzunehmen.

Nun war der Felsen, in dem Mils mit seinen Leuten hauste, ein besonderer, denn es war ein heiliger Ort, der heiligste Ort der Gegend überhaupt, geschützt von einem Ringwall und hohen, unzugänglichen Felswänden. Im Schatten der Felsen lagen die Hütten der Priesterinnen, die heilige Quelle und das Haus des Priesters, denn die Menschen zu Mils' Zeiten verehrten viele Kräfte, denen sie menschliche Gesichter und Namen gegeben hatten. Das machte sie stark, sodass sie den kleinen Keristen tatsächlich riesig erschienen, und Mils musste im Stillen zugeben, dass ihm diese geduckten, schuldbeladenen Missionare tatsächlich immer ein wenig wie feige Zwerge vorkamen. Aber sie mussten auch nicht stark sein, denn sie konnten ihre ängstlichen Gemüter hinter den breiten Schilden und metallenen Helmen Bewaffneter verstecken. Einer dieser Helden, ein gewisser Gangolf, rückte seit einigen Tagen unaufhaltsam auf das Heiligtum vor und bedrohte all die Menschen, die sich in seinen Schutz geflüchtet hatten. Man traf sich im Rat der Ältesten, im Haus des Jan, des Priesters, das ein wenig abseits von den Häusern und rasch errichteten Laubhütten der ängstlichen Menschen lag, oberhalb der Wiese mit dem durstig blökenden Vieh. Auch die älteste Priesterin war gekommen, Mils' Schwertknechte, Milena, seine jüngste Tochter, die die Bogenschützinnen anführte, und Karm, sein Geliebter, der sich im letzten Moment von der Nachbarburg, die längst in Rauch und Flammen aufgegangen war, hierher gerettet hatte.

»Es geht euch wie uns«, begann Karm, »auch ihr habt hier oben nicht genug Wasser für all das Vieh und die armen Menschen. Das Heiligtum ist nicht dafür eingerichtet, belagert zu werden. Wer hätte auch je gedacht, dass ein Heiligtum angegriffen wird?«

»Wären wir allein, könnten wir es schon noch eine Weile aushalten.« Jan schaute traurig in die Runde. »Du, Mils, und dein Haus, die Priesterinnen und wir. Aber mit all den Menschen?«

»Willst du sie davonjagen?« Milena schaute den Priester böse an. Doch die alte Priesterin fasste sie ruhig am Arm. »Das will er sicher nicht und wir wüssten auch gar nicht, wohin, denn sie halten alles Land um uns herum besetzt.«

Mils stützte den Kopf in die Hände. »Sie schütten den Menschen Wasser über den Kopf oder treiben sie wie Vieh durch die Flüsse, »taufen« nennen sie das. Sauberkeit scheint ihnen eine sehr wichti-

ge Sache zu sein – aber wer sich weigert …« Er verstand diese seltsamen kleinen Leute nicht. Wusch er sich nicht morgens und abends am Überlauf der Quelle? Karm schüttete sich das kalte Wasser morgens eimerweise über den Schädel. Die Priesterinnen und Priester, die nicht so hart arbeiteten oder kämpften, rieben sich noch dazu mit süßen Ölen ein, ein Duft, der jetzt, selbst in diesem Augenblick, aus den langen grauen Haaren der Priesterin aufstieg wie eine Mischung aus Waldboden, Kastanien und Milch. Dagegen hatte der kleine Missionar gestunken wie ein geschlachtetes Schwein. Mils rümpfte die Nase. Es fragte sich, wer sauberer war. Doch all das half nun nichts. Es galt aus dieser Lage herauszukommen, das Leben zu retten, nicht nur das eigene und das seiner Leute, nein, auch das der verzagten Flüchtlinge, der plärrenden Kinder und der brüllenden Kühe. Wie sollte er das nur anstellen?

»Wir müssen sie überlisten …«, meinte die Priesterin in die Stille des Ältestenrats hinein.

»… sie an ihren schwächsten Punkten packen«, stimmte der Priester ihr zu.

»Sie ablenken«, rief Milena, »damit wir heimlich fliehen können.«

Und so geschah es. Die Quelle, die am Rand des Felsgeländes lag, war durch eine doppelte Wallanlage geschützt, unter der ein hölzernes kleines Rohr nach außen führte, um das überschüssige Wasser in die Tiefe abzuleiten. So kam es, dass die Belagerer Wasser aus der gleichen Quelle gebrauchten wie die Belagerten, doch bald sollte Mils ihnen einen Strich durch die Rechnung machen. Er ließ das Wasser der Quelle aufstauen, indem er den Durchlass mit ein wenig geteerter Schafwolle verstopfte, das Ganze außen und innen mit Lehm verstrich und noch ein paar Kiesel davor aufhäufte. Das war rasch geschehen. Langsam floss die Quelle über, stieg über den Beckenrand, verwandelte erst die Fläche vor ihr in eine matschigsumpfige Lache, die sich in eine immer größer werdende Pfütze und langsam in einen kleinen Teich verwandelte, der bald zu einem Weiher wurde und einzig durch die doppelten Wände des Schutzwalls gestaut gehalten wurde.

Den Belagerern ging das Wasser aus, was Gangolf gehörig ärgerte, denn nun brauchten sie viele Männer, um das Wasser von weit her zu besorgen. Da es auch draußen im Land immer noch viele Menschen mehr mit den alten Göttinnen und Göttern hielten als mit dem Gemarterten, war dies keine einfache Sache. Die Bauern wagten zwar keinen offenen Widerstand, doch dem einen Bauern war – welch Zufall – ausgerechnet jetzt ein Ferkel in den Brunnen gefallen, und weil er es zu spät gemerkt hatte, war das Brunnenwasser nun leider nicht mehr so gut. Aber wenn die Herren Soldaten dennoch …? Auch im nahen Bubenweiher schwamm an jenem Morgen, als Gangolf die Soldaten ausgeschickt hatte, nach Wasser zu suchen, ein totes, schon verwestes Wildschwein blasig auf der Wasseroberfläche. Einem anderen Bauern war das Brunnenhaus abgebrannt und dem dritten der Strick gerissen, an dem der Brunneneimer hing, sodass Gangolf gezwungen war, das Wasser aus der Stadt Fulda, die fest in Keristenhand war, herbeizuschaffen. Das forderte eine Menge Kraft: Soldaten, die Fässer und schwere Wagen bauten, den befriedeten Bauern die Ochsen vom Hof stahlen und sie vor ihre Karren spannten.

Derweil war man nicht müßig im Schatten der Felsen auf der Milseburg. Man schlachtete einen Teil des Viehs, räucherte und dörrte das Fleisch und schnitt die Häute in lange Streifen, die zu Strickleitern und festen Seilen zusammengedreht wurden. Man packte das Nötigste zusammen und braute einen Schlafsud für die weinenden Kinder, bastelte Tragen für die Alten und Kranken und Hängegestelle für die heiligen Gerätschaften aus dem kleinen Tempel oben an der Bergspitze. Gangolf und seine Krieger belagerten hauptsächlich den flachen, östlichen Bogen der Milseburg, der durch den großen Wall geschützt war. Auf den Nordwesten, wo die Felsen schroff und steil ins Tal hinabstürzten, verwendete er nicht viel Aufmerksamkeit, denn dort, so dachte er, konnte keine lebende Seele hinauf oder hinab, nicht einmal eine Katze.

Doch da hatte er sich getäuscht. Zuerst ließen sich in einer Neumondnacht die Bogenschützinnen Milenas an den gedrehten Stricken die Felswand hinab, und als sie am Grund alles gesichert hatten, folgten die schlafenden Kinder in ihren Hängewiegen, die Alten, die Habe, die heiligen Geräte und zum Schluss kletterten die Priesterinnen, Priester und Schwertknechte über die Strickleitern hinunter. Das Ganze dauerte die lange Nacht hindurch und im Morgendämmern machte sich der Tross verstohlen auf den Weg in ein freieres Land. Das war der gefährlichste Augenblick, weshalb Karm und Mils auf der Burg noch ausharrten. Auf ein Zeichen Mi-

lenas hin schlichen die beiden Männer an den Weiher, der sich hinter dem doppelten Schutzwall seit Tagen aufgestaut hatte. Mit zwei großen Eisenstangen hebelten Mils und Harm die Wälle auseinander und in einer großen Flutwelle ergossen sich die Wasser der heiligen Quelle hinunter auf das ausgedörrte Lager der Keristenkrieger. Ihre Zelte wurde fortgeschwemmt, ihre Pferde rissen sich los und galoppierten wiehernd in Panik davon, die Ochsen zerrten an den Balken, an denen sie festgebunden waren, und rissen sie aus ihren Verankerungen. Wer nicht schon auf seiner Lagerstatt im Schlaf ertrank, den erstickten die feuchten, schweren Lederplanen oder trampelten die Pferde nieder. Wenn es tatsächlich einer geschafft hatte, sich schlaftrunken aufzurappeln, erschlugen ihn die Balken, die an den Ochsen hingen, oder walzten die schweren Tiere selbst ihn nieder.

Gangolf hatte keine Zeit, die über die andere Seite der Milseburg fliehenden Menschen zu verfolgen. Mit Müh und Not rettete er sich und ein paar seiner Krieger sowie einen kleinen Missionar. Erst zwei Tage später, als Verstärkung aus Fulda angerückt war, wagte er es, die verwaiste Milseburg zu stürmen. Doch da war nichts mehr zu erobern, denn alle Vögel waren ausgeflogen und selbst die kostbaren Kühe hatte man über die Felswände hinunterschaffen können.

Gangolf schäumte vor Wut, er ließ eine Kapelle errichten und streute mithilfe der kleinen Missionare das Gerücht, er selbst habe durch die Gnade des Gekreuzigten das Wasser aus dem Boden gestampft. Doch darüber lachen bis heute alle Frauen und Kinder der Gegend, die es besser wissen, und auch jene Männer, die wie Mils und Karm bis heute der Meinung sind, dass jegliche Liebe Schutz verdient und dass das Maß der Sauberkeit allein etwas mit der Wassermenge zu tun hat, die ein Mann am Morgen über sich gießt.

Von Poppenhausen zum Teufelsstein

Poppenhausen in der Hochrhön erreicht man von Fulda aus mit öffentlichen Verkehrsmitteln oder mit dem Auto. Am besten parkt man in der Mitte des Dorfes vor der Verkehrsinformation, in der es auch ein geologisches Museum gibt, das als Einstieg in die Landschaftsgeschichte der Rhön und ihre Ver-

Der Teufelsstein

steinerungen sehr zu empfehlen ist. In der Verkehrsinformation sind Wanderkarten und weiteres Informationsmaterial erhältlich. Die gesamte Gegend ist fremdenverkehrsmäßig gut erschlossen. Die Wanderung umfasst etwa zwölf Kilometer, also etwa eine Tageswanderung.

Man verlässt Poppenhausen Richtung Norden an der L 3330, Richtung Kleinsassen. Der Weg führt erst eine Weile rechts an der Straße entlang und zweigt dann, durch ein schwarzes Dreieck gekennzeichnet, nach rechts ab. Er führt eine Weile durch ein Tal, dann leicht aufwärts bis zum Mittelberger Hof. Hinter dem Mittelberger Hof läuft der Wanderweg ein kurzes Stück parallel zur Straße, kreuzt diese dann und geht durch Wiesen zum Teufelsstein hinüber. Der Teufelsstein liegt auf einer Kuppe im Wald verborgen. Bei Nebel ist es ein wenig unheimlich dort oben und die Felsen sehen aus wie eine schlafende Drachin.

Gehen Sie nun am Teufelsstein westlich vorbei bis zur Wegkreuzung von Hintereselsbrunn. Dort verlassen Sie den mit dem schwarzen Dreieck gekennzeichneten Wanderweg und biegen rechts, nach Westen, in den Weg Richtung Maulkuppe und Fuldaer Haus ein. Über die Maulkuppe und die Steinwand hinweg folgen Sie dem Wanderweg mit dem schwarzen Dreieck durch den Wald Richtung Poppenhausen zurück.

Der Teufelsstein

Wütend hatte Tüffel, einer von Mils' Freunden, die Eroberung der Milseburg verfolgt und die flüchtende Bevölkerung so weit möglich mit Rat und Tat unterstützt. Nun aber saß Gangolf mit seinen kleinen Missionaren auf dem heiligsten Heiligtum der Umgebung und tat das, was Männer immer tun, wenn sie irgendwo gelandet sind und meinen, deshalb gehöre das Land ihnen: Er »hisste seine Fahne«, sprich: Er begann eine Kapelle zu bauen.

Gut, dachte Tüffel, was du kannst, kann ich auch, und begann ebenfalls zu bauen. Er wollte ein Wirtshaus errichten, eine Kneipe, einen Zufluchtsort für Menschen, die vor den Kriegern und Missionaren des neuen Gottes flüchten mussten. Er hatte auch einen konspirativen Treff im Keller geplant, ein kleines Göttinnenheiligtum hinter der Küche, und er dachte daran, an der nächsten Eiche eine Göttertafel aufzustellen. Er baute schnell, und da ihm viele Menschen heimlich halfen, gedieh seine Wirtschaft viel schneller als die karge Kapelle oben auf den steilen Felsen der Milseburg. Zumal es auch immer wieder vorkam, dass mutige Frauen und Männer nachts heimlich über die Felswände hinaufkletterten und Gangolfs Werk zerstörten, indem sie die behauenen Quader ins Tal stürzten.

Eines Tages war es dann so weit, die Trommeln dröhnten, die Flöten klangen, die Menschen sangen laut die alten Lieder durch den Wald, Tüffel eröffnete mit großem Brimborium und großem Gelage sein Wirtshaus – und damit könnte die Geschichte ihr Ende haben. Hat sie aber nicht, wie wir wissen. Denn wenn man nun dort oben auf dem Teufelsstein steht, so ist keine Spur mehr von einem Wirtshaus zu finden. Der neue Gott hatte befohlen, dass man sich nur in seinen Häusern treffen dürfe, dass Weiber darin zu schweigen hätten, und Tanz, Trinken und Kartenspiel verboten, eben des Teufels, seien!

Keinen Balken ließen sie auf dem anderen stehen von dem Wirtshaus, niemand weiß, wo der kleine Göttinnentempel lag, und die alte Eiche wurde abgebrannt, wie man es damals mit alten Eichen zu tun pflegte. Keine Spur gäbe es mehr vom Widerstand, lägen nicht die herabgeworfenen Steine der Kapelle wie eine große Wand bis heute am Fuß der Milseburg und hätte sich die Erinnerung an Liebe, Lust und Kartenspiel in Tüffels Haus nicht zumindest in den Märchen und Sagen bis heute erhalten.

Vom Busenberg zum Kreuzberg bei Oberweißenbrunn

Die Asen waren germanische Göttinnen und Götter. Ein Berg, auf dem sie lebten, hieß also »Asenberg«. Nach der Christianisierung konnte dies nicht so bleiben und er bekam den etwas harmloseren Namen »Eschenberg«, wobei alle sagenerfahrenen Leute wissen, dass die Weltenesche im germanischen Mythos Oberwelt, Mittelwelt und Unterwelt verbindet und dass besonders begabte Menschen oder auch Narren an ihr auf- und abklettern können. 1681 brachte ein Stadthauptmann der Gegend von einer Pilgerreise nach Jerusalem eine kostbare Reliquie mit in die Rhön, einen Holzspan vom Kreuz, an das die Römer Jesus geschlagen hatten, und schenkte sie dem Kloster. Seitdem heißt der Berg »Kreuzberg«. Dieser kleine historische Abriss mag verdeutlichen, wie wichtig dieser Berg den Menschen einst gewesen sein muss.

Oberweißenbrunn ist ein Ortsteil von Bischofsheim in der südlichen Hochrhön und mit öffentlichen Verkehrsmitteln zu erreichen. Nachdem Sie die beiden Hügelkuppen am Westrand des Dorfes, die im Volksmund »Rhön-Busen« genannt werden, überquert haben, geht es erst über die Geigensteinstraße und dann hinter der Kirche auf den Mühlenrundweg, der südlich aus dem Dorf hinausführt. Der Weg Richtung Kreuzberg ist gut gekennzeichnet. An einem Brunnen vorbei geht es durch zwei Waldstücke am Ziegelberg vorbei über baumfreie Wiesen, am Hang des Arnsbergs entlang, der sich rechts erhebt. An einem Feriendorf kreuzen Sie die Straße, die rechts von Oberwildflecken herführt, und folgen ein kleines Stück der Zufahrtsstraße zum Kloster Kreuzberg. Ein parallel laufender Wiesenweg läuft rechts hoch in den Wald hinein: Schon ist man auf dem alten Klosterweg, der zum Kreuzberg hinaufführt.

Man kann dann den gleichen Weg zurückgehen oder einen kleinen Abstecher nach Osten hin, zum Gasthof »Haflinger Alm«, einlegen. Von ihm aus führt ein Schotterweg wieder zur Zufahrtsstraße, die man kreuzen muss, um wieder auf den ursprünglichen, ausgezeichneten Weg zu kommen. Hin und zurück sind es ungefähr 16 Kilometer.

Windberg und Hexenlinde von Kaltennordheim

Die Hexenlinde liegt in der Nähe von Kaltennordheim am nordöstlichen Rand der Hochrhön bereits auf Thüringer Gebiet. Am besten läuft man von Kaltennordheim aus, das an der B 285 liegt. Man nimmt den Wanderweg mit dem roten Dreieck, der ein Stück die Bundesstraße entlang nördlich aus dem Dorf hinausführt. An der Einödsmühle verlässt der Weg die Straße und führt aufwärts zum Windberg, dann wieder hinab und weiter auf dem markierten Weg bis zum Dorf Klings. Achtung: Der Aufstieg zum Windberg und der Abstieg sind nicht durch ein Dreieck gekennzeichnet. Man kann auch dem roten Dreieck folgen und am Windberg vorbeigehen. Der Weg führt nun, nicht durch Dreiecke markiert, an der Westseite von Klings an einem Wegweiser vorbei zur Hexenlinde und zum Rastplatz hinauf. Ab diesem Wegweiser hat die Wanderwegmarkierung die Form eines roten Tropfens. Von der Hochfläche mit der Hexenlinde geht es hinunter ins Lottetal und dann über Feldwege nach Kaltenwestheim, an dessen nördlichem Rand (beim Schwimmbad) der Weg auch gleich wieder hinüber Richtung Kaltennordheim führt.

Ohne große Aufenthalte und wenn man über ein wenig Kondition verfügt, dauert die gesamte Wanderung etwa vier Stunden. Man sollte sie also als gute Tagestour angehen. Für Behinderte ist die gesamte Tour auf einmal wahrscheinlich zu viel. Möglicherweise kann man kleinere Teilstücke mit Hilfestellung bewältigen.

Archäologie und Geologie der Rhön

Das Mesozoikum, die hohe Zeit der Dinosaurier, wird uns noch in anderen Zusammenhängen, zum Beispiel bei der Schwäbischen Alb, begegnen. Auch die Rhön entstand in diesem Zeitalter, allerdings beinahe 100 Millionen Jahre vor der Schwäbischen Alb, während der Triaszeit. Trias, Jura und Kreide bilden das Mesozoikum. Auch in dieser Region sah es damals vollkommen anders aus als heute. Der Plateosaurus, ein früher Vertreter der Saurier aus der Triaszeit, würde staunen, wenn er die heutige Landschaft sehen könnte: Die Sümpfe, in denen er lebte, sind verschwunden, stattdessen ragen Berge, gebildet aus Buntsandstein, Muschelkalk und vulkanischen Ablagerungen – die Rhön –, vor ihm auf. Zur Zeit der frühen Saurier gab es hier eine Art Tieflandbecken, das durch einen Festlandrücken, der sich vom heutigen Tschechien bis hinunter ins Schweizer Jura zog, im Süden vom großen Tethysweltmeer getrennt war. Auch im Osten und Westen war es von Gebirgszügen umgeben, deren Flüsse ihre Sedimente in der Ebene ablagerten. Das flache Tieflandbecken lag auf Meereshöhe und zog sich von Schleswig-Holstein bis zur Schweiz. Die Alpen existierten noch nicht.

Vor ungefähr 240 Millionen Jahren öffnete sich im Südosten ein Durchgang zur Tethys, die so genannte »Oberschlesische Pforte«, und das eindringende Meerwasser lagerte Muschelkalk und Kalkschlamm in der Tiefebene ab. Das Klima war trocken und heiß, das Wasser verdunstete rasch und es bildeten sich Gips und Steinsalze aus den Kalkablagerungen. 20 Millionen Jahre später geschah das Gleiche noch einmal. Abermals drang Meerwasser ein, nun durch die »Burgundische Pforte« aus dem Tethysmeer in das »Germanische Becken«, und brachte Kalkgestein mit sich. Dieses verflachte im Laufe der nächsten zehn Millionen Jahre weiter. Zunehmend wurden Tone und andere feinsandige Sedimente von Skandinavien her von den trägen Flüssen in breiten Deltas abgelagert.

Noch einmal 100 Millionen Jahre später – die Zeit der Saurier war längst vorüber und die ersten Säugetiere huschten schon während der frühen Phase des Tertiärs, dem Eozän, auf der Erde herum – kam es zu einer Phase starker Vulkanausbrüche, deren Ausstöße die oberste Schicht der Gebirgsstöcke bildeten. So hat man in der Rhön drei gut voneinander zu unterscheidende Schichten: Im Westen und Osten findet sich das Rhönvorland mit den Buntsandsteinschichten der Triaszeit, im Norden und Nordwesten schließt sich die kuppige Rhön an, ein flachwelliges Hügelland mit einzelnen kuppenförmigen Bergen, den Vulkanen. Im Zentrum dieses etwa 50 Kilometer langen Ovals, das sich von Süden nach Norden erstreckt, liegt die Hochrhön, der Mittelpunkt der tertiären Vulkanausbrüche, ein zerbrochenes Hochplateau mit steilen Felswänden.

Aus der Zeit des Homo erectus bis in die Metallzeiten hinein gibt es ein reiches Fundmaterial im Gebiet der Rhön oder in den sie umgebenden Landschaften. Archäologische Funde zeigen, dass die spätneolithischen Schnurkeramiker großes Interesse an der leicht zu verteidigenden, unzugänglichen Milseburg hatten. Nicht nur das so genannte »Guckloch« am Bonifatiusfelsen, auch andere natürliche Felsbastionen erwecken den Eindruck vorgeschichtlicher Peillinien, die auf die wichtigsten Sonnenaufgänge des Jahreszeitenzyklus hin ausgerichtet sind. In der Rhön sind die Wallanlagen aus der Zeit der keltischen *oppidae* als die wichtigsten zu nennen. Für die Archäologinnen und Archäologen ist diese Region auch deshalb interessant, weil man hier gut den Übergang von der keltischen zur germanischen Tradition der Chatten studieren kann. Seit der Römerzeit war die Geschichte Osthessens eine sehr bewegte, wie es auch deutlich in den Sagen zum Vorschein kommt. Schließlich verlief nicht weit entfernt im Westen der römische Limes, der Grenzwall, der die Welt in römische Zivilisation und – je nachdem, von welcher Seite der Grenze man es betrachtete – Barbarentum oder *Germania Libera* teilte.

Der bedeutende Naturkundler Rudolf Virchow beschrieb den Wall der Milseburg bereits im Jahr 1870. Anfang dieses Jahrhunderts wurde dort gegraben. Die Funde kann man der keltischen La-Tène-Zeit zuordnen. Die Wallanlage umzieht fast den gesamten Berg in einem großen Halbkreis, im Süden wurde außerdem eine etwa zwei Hektar große Weide für Vieh hinter einen vorgesetzten zweiten Wall genommen. Die Anlage hatte drei Tore, das größte im Osten mit einer 25 Meter langen Torgasse und mit überlappenden Mauerenden. Die Quelle befand sich im Nordwesten und war durch zwei kleine zusätzliche Abschnittswälle geschützt. Weiterhin gab es einen zweiten, inneren Mauerring auf halber Höhe des Berges. Man fand zahlreiche Siedlungsreste, ein einzeln stehendes massives Haus sowie Reste einer möglichen Kultanlage auf der Bergspitze. Einen ähnlichen eisenzeitlichen Ringwall, dazu Scherben und Mahlsteinbruchstücke hat man am Stallberg bei Hünfeld ergraben, und ein Schwert aus der späten La-Tène-Zeit mit verzierter Scheide, gefunden in der Wallanlage des Habelbergs bei Tann, ist heute im Vonderau-Museum in Fulda zu besichtigen.

Den alten Stimmen lauschen

An der Milseburg gibt es einen Hüttengrundriss, ein viereckiges, halbhohes Gemäuer mitten im Wald, das von den Archäologen einem »Häuptling« zugeschrieben wurde. Es ist nichts Besonderes an dieser Hütte. Wüsste man nicht um ihr hohes Alter, könnte sie genauso gut eine halb zerfallene Alphütte sein am Rande der bewohnten Welt in den Bergen oder ein zerfallenes Fischerhaus am Meer zwischen Ebbe und Flut. Doch sie ist so alt und es soll in ihr von frühen bis zu Virchows Zeiten nur einer gehaust haben, die ganze Zeit. Er sei ein wenig wunderlich gewesen und habe Hannes geheißen, der schwarze Hannes.

Ich stehe vor dieser Hütte und mir stellen sich die Nackenhaare auf, wenn ich an den Hüter der Milseburg denke. Wer war er und was hat er den Menschen in dieser Gegend bedeutet? War er ein Heilkundiger, ein Verrückter? Wie hat solch ein Mensch den Dreißigjährigen Krieg oder die Hexenverfolgung überstanden? Er ging ja niemals fort, er war immer da. War es wirklich die gesamte Zeit über derselbe Mann? Waren es immer Menschen aus derselben Familie, die diese Tradition wahrten und die der Einfachheit halber immer den gleichen Namen trugen: Johannes? Beinahe 2000 Jahre lang?

Im Slawischen kennt man die Gestalt des heiligen Narren. Es gibt zahlreiche Anlagen in Europa, die durch derlei Narren gehütet werden. Wendet euch nicht arrogant beiseite, wenn ihr sie trefft, und hört ihrem Stammeln, ihren Worten gut zu. Immer sprechen sie von der *déesse,* der *baginja,* den alten Geistern zwischen den Steinen. Lauscht ihren Worten und vergesst das Trinkgeld nicht.

Literatur

Der geologische Wanderpfad an der Wasserkuppe, Parzeller, Fulda 1987
Herrmann, F.-R., u. a.: *Die Vorgeschichte Hessens,* Theiss, Stuttgart 1990
Rehm, G.: *Hexentanz auf den Danzwiesen – Rhöner Sagen,* Rhön, Fulda 1996
Reinhardt, J., u. a.: *Bergwanderungen in der Rhön,* Bergverlag Rudolf Rother, München 1995

Von Löwinnen, Bärinnen, wollhaarigen Nashörnern und Mammutfrauen: Die Höhlen der Schwäbischen Alb

Überblick

Die wichtigsten Höhlen der Schwäbischen Alb liegen im Lonetal, im Landkreis Heidenheim und etwa 30 Kilometer südwestlich im Blaubeurener Tal. Sowohl Heidenheim als auch Blaubeuren haben Bahnanschluss und sind über die Autobahnen A 7 und A 8 gut zu erreichen. Man sollte ein wenig Zeit für die Höhlen und Täler mitbringen, am besten vier oder gar fünf Tage, denn die Höhlen eigneten sich nicht nur für die Menschen der Vergangenheit für Rast und Schutz. Auch für die Töchter unserer lauthalsen Gegenwart können sie ruhige Orte der Besinnung und der Regeneration sein. Die fünf Wandertouren lassen sich entweder von einem Standort in Heidenheim oder von Blaubeuren aus unternehmen. In Heidenheim gibt es ein gutes preiswertes Naturfreundehaus mit gutbürgerlicher Küche, das oberhalb der Stadt ruhig in einer parkartigen Anlage liegt. Behinderte Frauen sollten sich vorher erkundigen, ob man ihren besonderen Bedürfnissen dort gerecht werden kann. Ich habe die »Herbergseltern« sehr offen erlebt und fürsorglich zum Beispiel gegenüber den Wünschen älterer Frauen. Man kann seine Touren auch von der südlichen Seite der Landschaft, von Blaubeuren aus, starten.

Blaubeuren ist ein freundlicher Ort mit Fachwerkhäusern und einigen sehr guten Lokalen, die Touristen intensiv in die Geheimnisse der schwäbischen Küche einführen. Ich pflege mit meinen Gruppen den ersten Teil der Woche von Heidenheim aus zu erwandern und für den zweiten Teil Blaubeuren als festes Standquartier zu nehmen. Bis auf die tropfsteinreiche Charlottenhöhle, die man nur mit Führung betreten darf, sind alle beschriebenen Höhlen frei begehbar. Unter der Woche oder am Abend sind dort auch wenige Besucher zu finden. Die Kuppe um die Vogelherdhöhle herum ist eine schöne, freie Wiese mit Vespertischen und einer Feuerstelle, sodass man dort auch ganz offiziell spirituelle Würstchen braten kann. In den Hohlenstein-Stadel und in die Bärenhöhle darf man, einerseits wegen der Fledermäuse, aber auch wegen des noch nicht vollständig geborgenen Fundgutes, nicht hinein.

Wie alle Höhlen haben auch diese eine schützende Ausstrahlung und geben trotz ihrer Kühle eine besondere Art von Wärme.

Im Eselsburger Tal von Herbrechtingen

Am besten startet man in Herbrechtingen am Heimatmuseum, das am südlichen Ortsausgang von Herbrechtingen liegt und gut zu finden ist, wenn man auf der A 19 von Ulm kommt. Dies hat den Vorteil, zuerst die Steinernen Jungfrauen und die anderen Felsformationen zu passieren. Die Brenz bildet um den Berg Buigen eine enge, etwa sechs Kilometer lange Flussschlaufe, an deren oberem Ende die Eselsburg liegt. Entweder geht man die kleine Asphaltstraße am Fluss entlang bis kurz vor den Ort Eselsburg, überquert auf einer kleinen Brücke die Brenz und wandert auf der anderen Seite durch den Wald nach Herbrechtingen zurück. Oder man durchwandert die gesamte Flussschlaufe und erreicht Herbrechtingen wieder von Norden her. Da die kleine Straße vom Heimatmuseum bis Eselsburg asphaltiert ist, kann man hier auch gut mit dem Rollstuhl fahren oder, wie ich es auf einer Tour mit älteren Frauen machte, ein Begleitfahrzeug mitnehmen, falls jemand schnell ermüdet. Bänke zum Ausruhen und Möglichkeiten zum Einkehren gibt es zahlreiche. Die Wanderungen im Eselsburger Tal eignen sich vorzüglich zur Einstimmung und zum allgemeinen Einstieg in eine Höhlenwoche.

Die Sage von den Steinernen Jungfrauen im Eselsburger Tal

Es lebten einmal drei Jungfrauen – das sind in der Sprache unserer Urmütter freie, keinem Manne untertane Frauen – im Eselsburger Tal. Sie waren stolz und schön und der Zauberei mächtig. Manchmal fuhren sie in ihren, von wilden roten Katzen gezogenen Wagen mit lautem Hallo durch die nahe liegenden Täler, von denen eines bis heute aus diesem Grund Katzental heißt. Manchmal galoppierten die Jungfrauen auch auf wilden schwarzen Eseln durch die Nacht. Kein Wunder, dass Tal und Burg danach benannt wurden. Manchmal schwangen sie sich auch wie weiße Falken durch die Luft und so mancher Ort heißt deshalb bis heute Falkenstein, denn hin und wieder mussten sich selbst diese drei wilden und schönen Zauberinnen ausruhen. Doch sie lebten in rauen Zeiten und man neidete den drei Frauen ihre Freiheit, man gönnte ihnen nicht das lustige, männerfreie Leben, das sie führten, denn wozu – so sagte die Älteste von ihnen – brauchen wir Frauen einen Mann? Außer zum Kindermachen taugen sie nicht viel, essen uns die Küche leer und schreien nach gewaschenen Kleidern.

Eines Tages fuhr ein Fischer über den Fluss. Es war ein junger Fischer und er war schön, wie sie nur sind, wenn sie jung sterben, diese Männer, und noch keine Lebenszeit hatten, Frauen zu schänden, Kinder zu prügeln und Kriege zu führen. Und er sang, dieser junge Fischer, schön, wie nur eine reine Seele singt, die noch an die Liebe glaubt, an die Macht der Poesie und die Schönheit aller Frauen auf dieser Welt. Und weil er davon sang, bezauberte er sogar die Herzen der drei Zauberinnen, und jeden Abend, wenn sie von ihrer Burg zum Fluss hinabstiegen, um Wasser zu holen, lauschten sie in ihrem Versteck hinter den überhängenden Weiden verzückt seinen Liedern, die durch die Abenddämmerung schallten.

Als der Winter kam mit Eis und Schnee und der junge Mann nicht zum Fischen ausfuhr, vermissten sie ihn sehr und beschlossen, einen allgemeinen Ruf ins Land ergehen zu lassen, dass sie nun doch gewillt seien, Männer zu sich auf ihre Burg und in ihre Betten zu lassen. Vorausgesetzt, sie seien so schön wie dieser Fischer und sie sängen so wohlklingend …

Nun werdet ihr glauben, denn ihr kennt viele Märchen, in denen wackere Prinzen und tapfere Knaben um die Hand schöner Jungfrauen werben, im Frühling hätten die Jünglinge Schlange gestanden im Wettkampf mit dem Fischer und seiner schönen Stimme. Weit gefehlt. Kein einziger ließ sich blicken, um mit seiner Stimme und seinem Aussehen gegen den Fischer anzutreten, der bereits im Vorhinein vergeben war, denn er galt den Zauberinnen als Maß aller Dinge. Er sang allein in den Abenddämmerungen des Früh-

lings, des Sommers und auch des Herbstes, und sosehr die drei Zauberinnen ihn auch liebten, sie wünschten sich mehr von seiner Sorte, da sie klug genug waren, sich nicht zu dritt auf einen Jüngling zu stürzen. Doch wie gesagt, es kam keiner und der Winter ging vorüber und der Frühling kam, gefolgt vom hohen Sommer und hehren Herbst, doch der Fischer blieb allein und sang den drei Jungfrauen seine Lieder, und seine Schönheit verklärte das Tal, wie selten ein Mensch zuvor es vermocht hatte.
Warum kein Mann zu diesem Wettstreit erschienen ist? Waren sie zu feige, die Drachentöter und Schwerteschwinger, Jungfrauenretter und Prinzessinnenlieblinge? Die Königssöhne und Heldenmänner? Zu feige zum Singen gar? Oder zu feige, einer Zauberin ins Liebesnest zu folgen? Hinderte man die Poeten an den Grenzen des Reiches, an der Kante der Alb, am Eingang des Tales, sich um die drei Jungfrauen zu bewerben, weil man ihnen nach einer glücklichen männerfreien Zeit nun keine glückliche männerreiche Zeit gönnte? Schlimmer gar und hoffnungsloser war es um die Welt bestellt, denn es gab sie nicht, die Poeten und Sänger, die wunderschönen Liebhaber und bedingungslosen Verehrer der Schönheit aller Frauen. Es gab sie nicht, nicht weit und nicht breit, nicht

Die Steinernen Jungfrauen im Eselsburger Tal

überm Meer und nicht hinter den Bergen, nicht in den tiefen Höhlen und auch nicht im nächsten Tal. Das erfuhren die drei Zauberinnen, als sie eines Abends gegen ihre Gewohnheit hinter den Weiden hervortraten, den wunderlieben Fischer anriefen und ihm erzählten, worauf sie nun schon so viele Jahre sehnlichst warteten. Da nickte der schöne junge Mann weise, denn jene, die Frauen verehren, ohne etwas zu wollen, sind immer weise, und die Schönheit derer, die sie verehren, verklärt ihr eigenes Angesicht. Das habe er immer gewusst, seine Mutter habe es ihm erzählt und auch seine Großmutter habe bereits so etwas gemunkelt, als sei er der Letzte, ein Relikt vom anderen Stern.

»Warum hast du das nicht gleich gesagt?«, fragten die drei Jungfrauen. »Dann hätten wir …« Ja, was hätten sie dann getan?

»Ich wollte euch die Sehnsucht nicht nehmen«, meinte er leise, »die Hoffnung, denn ohne sie wäre eure Zauberkraft verloren gegangen.« Dann schwiegen die vier jungen Leute und schauten nachdenklich das Tal hinab, folgten mit ihren Blicken dem untergehenden Sonnengold, wie es langsam um die Biegung davonging.

»Also wollen wir warten«, beschloss abermals die Älteste, die immer alle wichtigen Entschlüsse aussprach, weil sie eben die Älteste war. Was nicht heißt, dass nicht auch die anderen beiden längst davon gewusst hatten.

»Und damit uns in dieser langen Zeit die Körper nicht von Würmern zerfressen werden, wollen wir zu Stein werden, zu lebendigem, ewigem, tanzendem Stein. Du aber, Schöner, Einziger deiner Art, du wirst uns singen, solange wir warten, damit wir die Hoffnung nicht aufgeben, denn nur wer hofft, da hast du Recht, lebt. Halte unsere Seelen lebendig mit deinem Gesang.«

So stehen die drei steinernen Zauberinnen bis auf den heutigen Tag und warten auf all jene Männer, die so schön singen können wie der junge Fischer, so hübsch sind und die Frauen ehren wie er. Und wenn eine freie Frau des Nachts durch dieses Tal geht oder auch in der Mittagshitze, morgens zum Sonnenaufgang oder wenn der Mond sich leise davonschleicht, kann sie alle miteinander hören: den Fischer, die Zauberinnen, sie hört die Katzen jagen, die Esel schreien und das Rauschen der Vogelfedern im Wind.

Von der Charlottenhöhle bei Hürben zur Bocksteinhöhle

Die Charlottenhöhle liegt etwa zwei Kilometer südlich von Hürben, oberhalb der Straße in Richtung Burgberg. Sie ist eine wunderbare Tropfsteinhöhle, die man unbedingt vor der Wandertour besichtigen sollte (Öffnungszeiten: werktags 8.30 bis 11.30 Uhr, 13.30 – 16.30 Uhr, sonntags durchgehend 8.30 – 16.30 Uhr). Es werden interessante Führungen angeboten.

Gehbehinderte können diese Höhlenführung mit Begleitung bewältigen. Für Rollstuhlfahrerinnen eignet sie sich leider nicht.

Der Einstieg ins Lonetal ist für Auswärtige ein wenig schwierig zu finden, da der Wanderweg durch die Burgruine Kaltenburg führt. Bei dieser Talwanderung kann man entweder hin und zurück den gleichen Weg nehmen oder man stellt ein zweites Auto an das andere Ende der Strecke an den Bockstein. Die Strecke lässt sich auch mit dem Fahrrad abfah-

Die Bocksteinhöhle

Der Hohlenstein-Stadel

Die Vogelherdhöhle

ren, denn es führt eine kleine Asphaltstraße durch das Tal. So ist es auch möglich, mit dem Rollstuhl durchzufahren, wobei Personen, die ihren Stuhl selbst fahren, eine gute Kondition brauchen. Jede der Höhlen hat jedoch auch einen Parkplatz, sodass man sie direkt mit dem Auto anfahren kann. Die Vogelherdhöhle und die Bocksteinhöhle sind allerdings leider nur über kleinere Trampelpfade zu ersteigen. Nach meiner Einschätzung könnte eine gehbehinderte Frau mit Hilfestellung die Vogelherdhöhle erreichen, die Bocksteinhöhle nicht.

Der Hohlenstein-Stadel liegt ebenerdig im Tal an einem Waldweg, etwa 200 Meter von der Asphaltstraße entfernt, und ist mit Hilfestellung auf jeden Fall für Gehbehinderte erreichbar, für Rollstuhlfahrerinnen nur mit Unterstützung.

Zu Fuß geht man von der Charlottenhöhle aus ungefähr 100 Meter weiter, bis man den Wanderwegweiser erreicht und Richtung Kaltenburg weitergeht. Man geht durch die Burg, dann ins Tal hinab und auf der rechten Seite der Lone weiter über St. Ulrich, bis die Straße die Lone kreuzt. Nun geht es linksseitig weiter bis zum Aufstieg an der Vogelherdhöhle, etwa drei Kilometer. Nach der Besichtigung der Vogelherdhöhle muss man wieder die Lone überqueren, und zwar über die Brücke der Straße in Richtungen Bissingen. Kurz hinter der Brücke geht der nicht asphaltierte breite Fahrweg links ab und man erreicht nach ungefähr anderthalb Kilometern die kleine Brücke, über die der Weg zur Höhle Hohlenstein-Stadel führt. Sie ist nicht zu verfehlen, da rechts am Waldrand ein Wanderzeichen den Weg weist.

Danach kehrt man auf den Fahrweg zurück und gelangt durch das Tal weiter an den Parkplatz, der oben bereits als möglicher Endpunkt zum Abstellen eines Autos erwähnt wurde. Wieder kreuzt man die Lone, indem man die Straßenbrücke benutzt, und steigt durch den Wald hinauf zur Bocksteinhöhle. Die gesamte Wanderstrecke beträgt ungefähr acht Kilometer und verläuft außer den Aufstiegen zu den Höhlen Vogelherd und Bockstein ebenerdig.

Von Urspring zum Fohlenhaus

Urspring ist ein liebenswürdiges Dorf, in dem, wie der Name schon sagt, die Lone entspringt. Man kann vom Quelltopf der Lone das Tal entlang über Lonsee und Westerstetten die etwa neun Kilometer bis zur Fohlenhaushöhle wandern. Oder man fährt gleich zum Parkplatz Salzbühel, von dem aus die Fohlenhaushöhle zu Fuß und auch mit dem Rollstuhl in wenigen Minuten zu erreichen ist. Die Quelle im Dorf kann ebenfalls gut mit dem Auto angefahren werden. Rollstuhlfahrer können meist ohne Hilfe über den Kiesweg dorthin fahren. Den Parkplatz Salzbühel findet man folgendermaßen: Im Ort Bernstadt folgt man den Hinweisschildern Richtung Kirchdorf, biegt aber gleich hinter dem letzten gelben Schild am Ortsausgang von Bernstadt rechts auf eine kleine Asphaltstraße ab, die durch einen Fahrradwanderweg-Hinweis gekennzeichnet ist. Man folgt ihr ins Tal hinunter, bis linker Hand der Parkplatz zu sehen ist und 50 Meter weiter unten auf der rechten Seite der Weg zur Fohlenhaushöhle beginnt.

Das urgeschichtliche Museum in Blaubeuren und der Blautopf

Wenn man sich eingehender über die Vorgeschichte und Geologie der Schwäbischen Alb und ihre Höhlen informieren will, empfiehlt sich ein Besuch im gut ausgestatteten urgeschichtlichen Museum in Blaubeuren. Die Ausstellungsräume befinden sich alle auf einer Ebene. Der Blautopf, eine Karstquelle, ist ebenfalls gut im Ort ausgeschildert. Er ist auch für Gehbehinderte erreichbar.

Die Sage von der Schönen Lau

Die bekannteste Nacherzählung der Geschichte um die Wassernixe Schöne Lau ist jene, die Eduard Mörike in seine Novelle »Das Stuttgarter Hutzelmännlein« einfügte. Danach verbannte der Gatte der Nixe, ein königlicher Oberwassernix vom Schwarzen Meer, sie in die Schwäbische Ferne, weil sie nur tote Kinder zur Welt gebracht hatte. Er befahl, dass sie nur nach Hause zurückkehren dürfe, wenn sie das Lachen gelernt und fünfmal von Herzen gelacht habe. Anscheinend sah er zwischen beidem einen Zusammenhang. Zum Lachen verhalf ihr eindeutig die Freundschaft mit einer Wirtstochter. Der Wirtshof, dem diese angehörte, war in den Gebäuden des ehemaligen Nonnenklosters untergebracht. Selbstverständlich gab es starke Spannungen zwischen der Kirche und den Menschen des Städtchens, die der wundersamen Nixe in der Quelle opferten. Auch die Wirtsleute waren in besonderer Weise der Quelle und ihrer Nixe zugetan, hatte doch der Brunnen im Keller einen direkten Zugang zum Blautopf. So dauerte es nicht lange, bis die Nixe, die sich irgendwann langweilte, neugierig darin auftauchte. Dabei wurde sie von Jutta, der Wirtstochter, gesehen und die beiden freundeten sich rasch an. Beide müssen noch sehr jung gewesen sein, vielleicht sogar noch in jenem schauderbaren Kicheralter junger Mädchen, denn das erste Lachen ließ nicht lange auf sich warten. Die Schöne Lau musste bereits lachen, als ihr Jutta die nassen Füße abtrocknete.

Das zweite Mal lachte die Lau, als sie den kleinen pummeligen Bruder ihrer neuen Freundin, der noch dazu einen dicken roten Apfel in der Hand hielt, erblickte. Amor lässt grüßen. Der dritte Lacher geschah ihr im Traum, denn dort küsste der dicke Klosterabt die Frau Wirtin, die selbst wie eine Nixe im Wasser saß, wobei seine Kappe ins Wasser plumpste. Die Ausrede, eine Wildsau habe ihm so Angst gemacht und ihn ins Schwitzen gebracht, ließ die Schöne Lau selbst im Schlaf so sehr lachen, dass sich das Wasser auf der Oberfläche des Quellwassers kräuselte. Der vierte Lacher entfloh ihrem Mund, als sie den Klosterkoch beobachtete, der in der Küche einen Fehler gemacht hatte. Um davon abzulenken, hatte er die Bettpfanne der Herrschaft stibitzt, sie im Freien auf dem Rasen aufgestellt und sich schier verrückt gebärdet, als wollte diese gleich aus dem Bett stürzen. Das fünfte Mal lachte sie, als sie sich einem Schnellsprechtest der schwäbischen Sprache unterziehen musste: »'s leit a Klötzle Blei glei bei Blaubeura, glei bei Blaubeura leit a Klötzle Blei …« Da rauschte und brauste das Wasser, der königliche Nix erschien, seine endlich lachende Gattin wieder heimzuholen. Der Klosterkoch, anscheinend ein Mann mit Humor, half der in Ohnmacht gefallenen Nixe ins Wasser zurück, nicht ohne sich vorher einen Kuss stibitzt zu haben, was ihm mit unendlich vielen Maulschellen, die von überall her zu kommen schienen, gelohnt wurde. Selbst in ihrer Ohmacht musste die Lau ein sechstes Mal lachen und sie versprach, wiederzukehren, mit dem lebendigen Beweis auf dem Arm, dass es ihr nun wieder wohl ginge.

Hört man sich heute in den Gassen um, glaubt dem Geflüster und Geraune der alten Marktweiblein, der freundlichen Buchhändlerinnen, der lustigen Kellnerinnen, der netten Museumsdame, den Leuten von der Straße, so kehrt sie manchmal zurück, die Schöne Lau. Viele haben sie seither gesehen und die Heiterkeit einer Freundschaft zwischen den Welten liegt bis heute auf den verwinkelten Dächern dieser liebenswürdigen alten Stadt.

Von Blaubeuren zur Brillenhöhle und zum Geißenklösterle

Die Brillenhöhle

Diese Wanderung lässt sich als Rundweg absolvieren, der von der Karlstraße rechts am Hang hinauf zur Brillenhöhle und weiter durch die Felsen an der »Küssenden Sau« vorbei zur Ruine Günzelsburg führt. Dort hält man sich Richtung Weiler, geht die Straße am westlichen Ortsrand entlang bis zum Schneckenfels, überquert die B 492 und steigt die Bruckfelsstraße zum Geißenklösterle hinauf. Danach führt der Weg in östlicher Richtung wieder nach Blaubeuren hinunter. Wer will, macht noch einen Abstecher zur Großen Grotte und geht über den Waldlehrpfad östlich in einem großen Bogen um Blaubeuren herum und erreicht den Ort wieder von Norden.

Es gibt noch weitere Höhlen im Blaubeurener Tal zu besichtigen, und wenn man Zeit für ihre Besichtigung hat, sollte man ruhig noch einen Tag anhängen. Gute Wegerklärungen und Merkblätter zu allen Wegen sind im Museum erhältlich oder in den verschiedenen Buchhandlungen der kleinen Stadt.

Archäologie und Geologie der Schwäbischen Alb

Vor rund 130 Millionen Jahren, während der geologischen Epoche des Jura – im Dinosaurierzeitalter –, sah die Region der Schwäbischen Alb vollkommen anders aus als heute. Falls die

Riesenechsen so weit hätten sehen können wie wir Menschen bei klarem Wetter, hätten sie zum Beispiel im Süden in der Ferne mitnichten auf die majestätischen Gipfel der Alpen blicken können. Ein großes Meer, nach der Göttin Thetis benannt, trennte die Urkontinente voneinander und das süddeutsche Jurameer war gewissermaßen eine Bucht, ein Randmeer, davon.

Es herrschten tropische Temperaturen, was den großen Echsen sicher gefiel. In den Buchten, Sümpfen und Tiefen dieser warmen Meere fanden sie eine Menge pflanzlicher und tierischer Nahrungsstoffe, je nachdem, ob sie eher vegetarisch veranlagt waren, wie der sumpfliebende Brachiosaurus, oder Fleisch in Form von Insekten vorzogen, wie der Archäopteryx, der über den schwülen Lagunen kreiste. Ein »abgestürztes« Exemplar dieser Spezies wurde viele Millionen Jahre später, nämlich 1861, in einem süddeutschen Steinbruch in Form eines Abdrucks auf einer Kalksteinplatte gefunden. Korallenriffe voller Schwämme, Korallen und Algen, so genannte Riffgemeinschaften, wuchsen in dem warmen, lichtdurchfluteten Jurameer. Ihre versteinerten Abdrücke sind bis heute zu finden, ihre kalkhaltigen Skelette und Panzerstrukturen bildeten die Platten- und Mergelkalke der Schwäbischen Alb. Mergelkalk ist ein mit Ton vermischter Kalk, noch stärker gepresst und mit Kieselsäure versetzt bildet sich seine härteste Form aus, der Dolomit. Die Kalke weisen verschiedene Festigkeitsgrade auf, sodass sie vom Wasser in verschiedensten Graden ausgewaschen werden. Kohlendioxid, das durch die Atmung der Tiere und Pflanzen oder durch Verwesung in die Luft entweicht, verbindet sich mit Wasser zur kalklösenden Kohlensäure. So entstanden die vielen Höhlen, nicht nur auf der Schwäbischen Alb, sondern überall dort, wo sich durch das Absinken von Lebewesen Kalkschichten bildeten.

Ursprünglich war die Urlone wesentlich größer und breiter. Gegen Ende der Jurazeit wölbte sich die Erdscholle Süddeutschlands auf und bildete eine nach Südosten geneigte Fläche, von der alle Flüsse in Richtung Süden flossen. Das obere Ende dieser Scholle befand sich dort, wo heute das Rheintal ist. Auch die Donau gab es, wie bereits erwähnt, noch nicht, die Flüsse mündeten vielmehr in das Urmeer der

Thetys. Doch vor 40 Millionen Jahren änderte sich das geologische Bild dramatisch. Ein kilometerlanger Riss tat sich von Afrika bis nach Europa auf und bildete an seinem Anfang den ostafrikanischen Grabenbruch. In ihm liegen die archäologisch berühmten Fundstellen der Australopithecinen, der ersten Menschen, der Nilgraben und in Europa der oberrheinische Grabenbruch. Den Flüssen, die bisher in die Thetys mündeten, wurden die Quellgebiete gewissermaßen abgebrochen, die nun zu Nebenflüssen des Rheins wurden. So entstand die »Europäische Wasserscheide« zwischen den Flüssen Rhein und Donau, die immer noch um die unterirdischen Quellgewässer ihrer Nebenflüsse streiten, denn die ungeheure Bewegung der Erdplatten, die durch die Auffaltung der Alpen geschah, ist bis heute nicht abgeschlossen.

Höhlen haben die Menschen zu allen Zeiten angezogen, denn sie boten Schutz vor Hitze, Kälte und Wind, ihre Wände hüllten die urzeitlichen Sammler und Jäger – Frauen wie Männer – ein wie ein lebendiger Körper, ihre Farbe und Oberflächenstruktur regte die Fantasie an. Es schien, als sei die Erde selbst lebendig und böte allen ihren Kindern, gleich, wie viele Beine oder Flügel sie hatten, liebevollen Schutz. Die Höhlen waren Kulturplätze in dem Sinn, dass die Menschen in ihnen taten, was ihnen zum Leben nötig schien und es ihnen angenehm und erträglich machte.

Schon die Neandertaler wurden vor ungefähr 80 000 Jahren vom Lonetal und seinen Höhlen angezogen. Die meisten Spuren hinterließen sie an und in der Bocksteinhöhle, wo im 20. Jahrhundert von Archäologen mehrmals gegraben wurde. Die Neandertaler besaßen fein ausgearbeitete Werkzeuge. Insbesondere die wunderschönen Blattspitzen zeigen, dass die Neandertaler bereits über die nötige Feinmotorik und eine hoch entwickelte Gerätetechnik verfügten. Vor und gleichzeitig mit ihnen bevölkerten Bären einige der Höhlen, worauf auch noch der Name der Bärenhöhle, der Nachbarhöhle vom Hohlenstein-Stadel, hinweist. In der Charlottenhöhle, von der angenommen wird, dass sich niemals Menschen in ihr aufgehalten haben, rieben die Bären sich ihr Fell sauber, in einigen Höhlen fand man die Reste ihrer Knochen neben denen anderer eiszeitlicher Tiere, wie Wolf, Eisfuchs, Mammut und Wollnashorn. In der Vogelherdhöhle benutzten die Menschen Bärenzähne, um die Steinklingen zu retuschieren.

Nach den Menschen aus dem Mittelpaläolithikum besiedelten die Menschen des Aurignacien, der ersten der Art Homo sapiens sapiens, diese Gegend und hinterließen jene Kunstgegenstände, die die Höhlen auf der ganzen Welt berühmt machen sollten: kleine Tierstatuetten und Frauenidole. Die berühmteste von ihnen ist die 30 Zentimeter hohe Löwinfrau aus dem Hohlenstein-Stadel. Dass die Menschen begannen, sich über das Maß der reinen Lebenssicherung hinaus Gedanken und ein Bild von ihrer Umwelt zu machen, zeigen die Funde aus der Vogelherdhöhle. Die Zeitgenossen der berühmten Höhlengemälde aus der französischen Grotte Chauvet stellten feine Klingen und schmale Knochenwerkzeuge her, sie bohrten Perlen aus Elfenbeinlamellen und schmückten ihre Kleider reich, wie eine auch in diese Zeit zu datierende Kinderbestattung aus Sungir in Russland bezeugt. In der Vogelherdhöhle deponierten sie vermutlich zwei Menschenschädel und gaben ihr auch durch das Hinterlassen ihrer Kunstwerke eine besondere Bedeutung. So fand man einen kleinen Löwenkopf mit kreuzförmigen Ritzungen auf dem Hals, das Halbrelief einer Raubkatze auf einem Stück Elfenbein, ein wunderschönes, in der Bewegung festgehaltenes kleines Pferd sowie eine Bärendarstellung und ein massiges Wisent. Es gibt auch eine Menschenfigur und die Zeichen, die teilweise auf die Figuren geritzt wurden, ähneln jenen, die man in Sungir auf den Grabbeigaben gefunden hat.

Das absolute »Highlight« des Lonetals ist jedoch die Löwenfigur, die von Joachim Hahn in den 60er-Jahren aus Knochensplittern, die bereits 30 Jahre zuvor aus dem Schutt des rückwärtigen Teils der Höhle geborgen worden waren, zusammengesetzt wurde. Zu Beginn zweifelte keiner der Herren Wissenschaftler daran, dass es sich um eine männliche Figur handelte, denn für was sonst könnte die Stärke und mächtige Ausstrahlung dieses Tiers stehen? Erst als die Figur in den 80er-Jahren mit modernen wissenschaftlichen Methoden und Röntgenaufnahmen noch einmal analysiert und neu zusammengesetzt wurde, stellte es sich heraus, dass es sich um eine Löwinnenstatuette handelte. Elisabeth Schmid konnte aufzeigen, dass das dreieckige Plättchen zwischen den Beinen eben nicht den Penis, sondern, wie sonst auch in den bildlichen Darstellungen des Jungpaläolithikums, das weibliche Lustdreieck bezeichnete. Ihrer Auffassung nach leitet die Löwinfrau die Tradition jener Frauenfigurinen ein, die typisch für die darauf folgende Kulturepoche des Gravettien sind. Auch im Geißenklösterle, der Höhle bei Blaubeuren, fand man Figuren aus Mammutelfenbein: einen Höhlenbären und ein Mammut, das Halbrelief eines Bisons und einer aufrecht stehenden Figur mit nach oben gerichteten Armen.

Die Stimme aus der Anderswelt

Am Hohlenstein ist sie zu vernehmen, die Stimme aus der Anderswelt: »Ihr streitet euch, ihr Menschlein, ob ich Weib oder Mann, Löwe oder Bär bin? Ihr gebraucht Worte wie Kraft, Macht und Power und wisst im Grunde nicht, was Kraft ist. Ihr kleinen Mäuse spielt mit spirituellen Kräften und mythischen Bildern. Doch ich habe die Erde gehoben, die Alpen aus dem Schlaf geweckt, die Schluchten auseinander gerissen und die Flüsse umgelenkt. Lasst all das bleiben oder tut es weiter, wenn es euch gut tut. Ich bin die, die schon immer da war, und meine Schleier hat noch keine gelüftet.«

Literatur

Berger, E.: *Eselsburger Tal,* Herbrechtingen 1992

Berger, E.: *Lonetal – Lohnendes Tal,* Herbrechtingen 1996

Hahn, J., u. a.: *Eiszeithöhlen im Lonetal,* Theiss, Stuttgart 1985

Keefer, E.: *Steinzeit,* Theiss, Stuttgart 1993

Klee, M.: *Archäologieführer Baden-Württemberg,* Theiss, Stuttgart 1986

Meier-Seethaler, C.: *Von der göttlichen Löwin zum Wahrzeichen männlicher Macht,* Kreuz, Zürich 1993

Müller-Beck, H.: *Urgeschichte in Baden-Württemberg,* Theiss, Stuttgart 1983

Planck, D., u. a.: *Unterirdisches Baden-Württemberg,* Theiss, Stuttgart 1994

Ulmer Museum: *Der Löwenmensch,*Thorbecke, Sigmaringen 1994

Wagner, E.: *Eiszeitjäger im Blaubeurener Tal,* Theiss, Stuttgart 1979

Hexen, Fräulein, alte Weiber: Bayerischer und Böhmerwald

Überblick

Der Nationalpark Bayerischer Wald ist der erste und älteste Nationalpark Deutschlands. Er wurde bereits früh mit dem tschechischen Teil der Schumava, des Böhmerwaldes, zu einem großen Naturschutzgebiet zusammengelegt. Heute ist es kein Problem, während der Wanderungen die Grenzen zu wechseln. Zwar sind die Schlagbäume immer noch blau-weiß, in den meisten Fällen sind sie aber hochgezogen und die Zollwärterhäuschen sind unbesetzt. Die beiden »Einfallstore« in den Bayerischen Wald sind die Städte Regensburg im Norden und Passau im Süden sowie sämtliche Autobahnabfahrten der A 3 und der E 56 dazwischen. Auch mit der Bundesbahn und den öffentlichen Verkehrsmitteln sind die einzelnen Wanderorte des Bayerischen Waldes gut zu erreichen. Ein Teil der Touren nach Tschechien kann gut von der deutschen Seite aus durchgeführt werden. Die Erkundung des Grenzgebiets auf der tschechischen Seite kann allerdings sehr deprimierend ausfallen, insbesondere durch den kilometerlangen Straßenstrich, sodass es sich bis auf weiteres empfiehlt, auf der deutschen Seite zu nächtigen.

Das gesamte Gebiet auf tschechischer und auf deutscher Seite ist so gut mit Wanderweghinweisen und -markierungen versehen, dass ich hier nur an den notwendigen Stellen ins Detail gehe. Neben der ungeheuren Dichte von Plätzen, die für alle Teufelsgroßmütter, Hexen, Weisen Alten und »Jungfräuleins« interessant sind und von denen ich nur eine Auswahl vorstellen kann, ist das Gebiet der Schumava und des Bayerischen Waldes, wie alle anderen Randgebirge Tschechiens, auch für seine alte Bergbautradition berühmt. Hinzu kommen die Klausen, kleine Stauwehre, die der Holzabfahrt in die Täler dienten, zu sehen beispielsweise auf dem waldgeschichtlichen Lehrpfad der Reschbachklausen am Siebensteinfelsen. Nicht zu vergessen die alte böhmische Glasbläsertradition, die sich ebenfalls in vielen geheimnisvollen Sagen niedergeschlagen hat.

Vom Steinernen Kirchlein zum Wackelstein bei Entschenreuth

Es gibt verschiedene Möglichkeiten, in dieses Waldgebiet zu wandern. Ich empfehle folgende Route: Im Dorf Entschenreuth folgt man dem weißen Schild »Zum Wackelstein« und kann dann sein Auto 500 Meter westlich von Entschenreuth abstellen, gegenüber der Abzweigung nach Haundorf. Dort folgt man dem rot markierten Wanderweg Nummer 5, bis man über eine Wiese zum Waldrand am Fuß des Berges kommt. An dieser Stelle kann man entweder zum Steinernen Kirchlein oder zum Wackelstein wandern. Es ist ein gut markierter, schöner Rundweg. Falls sich die Wegmarkierungen einmal ändern sollten, was schneller passieren kann, als man denkt, nimmt man von Entschenreuth aus die Schotterstraße in den Wald hinauf bis zur ersten Abzweigung links, dann über die Höhe des Lerchenberges an großen Granitbrocken vorbei bis zu einer Waldwiese. An deren unterem Ende nehmen Sie die rechte Abzweigung der Weggabelung und gehen nun aufwärts, bis Sie abermals auf eine Schotterstraße stoßen, in die Sie nach rechts einbiegen, bis Sie einen Parkplatz erreichen. Dort zweigt nach links der ausgeschilderte Pfad zum Wackelstein hinüber ab, der sich schon durch viele faszinierende Felsformationen auf dem Weg ankündigt. Man kann den gleichen Weg wie-

Runder Stein am Wegesrand zum Wackelstein

Der Wackelstein

der zurückgehen oder kurz vor dem Wackelstein nach links abbiegen. Dieser Weg stößt am Waldrand auf einen Schotterweg, dem Sie nach links bis zum Ausgangspunkt zurück folgen können.

Der gesamte Weg hat ungefähr sechs Kilometer Länge, ist also eine schöne Halbtageswanderung. Von dem beschriebenen zweiten Parkplatz aus, den man gut findet, wenn man die Tour einmal abgelaufen ist, bin ich auch schon einmal mit einer Rollstuhlfahrerin bis zum Wackelstein vorgedrungen.

Die erste Sage von der Lusenhexe

Drüben, in der Schumava, in den rauschenden Wäldern des Böhmerwaldes, lebten einmal riesenhafte Leute, die waren des Zauberns mächtig und hatten eine sehr ungebärdige Tochter, die nicht nur riesengroß, sondern auch eine wundersame, leicht wütende, mächtige Hexe war. Wenn sie durch ihre Wälder wanderte, stolperte sie häufig über große Steine, die das Eis liegen gelassen hatte, was sie gewaltig ärgerte.

Also begann die Riesenhexe eines Tages all die Steine, die ihr die

Zehen blau stießen, aufzusammeln. Sie packte sie in ihre Schürze und beschloss, sie in Nachbars Garten abzuladen, was bei Riesen heißt: im Nachbargebirge, also im Bayerwald. Sie eilte mit ihrer schweren Last in wenigen riesigen Schritten über das Gebirge und stand schon auf dem Strich durch die Landschaft, den wir modernen Menschen Grenze nennen, da rissen ihre Schürzenbänder und der ganze Kladderadatsch an Steinen purzelte auf einen Haufen heraus.
»Auch gut!«, brummte sie. »Dann habe ich hier wenigstens einen schönen Aussichtspunkt, ein bequemes Bett.« Deshalb heißt diese Stelle heute »Lusen«, womit man auf der einen Seite dieses Striches durch die Landschaft »Bett« meint und auf der anderen Seite einen Platz zum »Lusen«, zum Schauen und zum Lauschen der Winde. Den Riesinnen und Hexen ist das natürlich egal, sie kennen keine Striche in der Landschaft und sind mit einem Satz mal bei dir – und mal bei mir.

Der Rachel bei Spiegelau

Man fährt bis Spiegelau und nimmt dort den Bus zum Parkplatz Gfäll, denn die Straße ist für den privaten Pkw-Verkehr gesperrt. Hier folgt man dem Wanderweg, der mit einem Auerhahn gekennzeichnet ist, und erreicht nach einem steilen Anstieg den 1453 Meter hohen Gipfel des Großen Rachel. Er ist der höchste Berg des Bayerischen Nationalparks. Bei klarer Sicht sind im Nordwesten der Arber, im Südwesten die Alpen und nach Osten hin Lusen und Dreisessel zu erkennen. Der Rachel sieht von einigen Orten in der Schumava und auch von Süden her übrigens aus wie eine Frauenbrust. Über Steinstufen gelangt man an den Rachelsee, an dem es einen »Urwaldlehrpfad« gibt. Diesen entlang und über den Aussichtspunkt »Bankl« führt der Weg zum Parkplatz Gfäll zurück.

Dieser Rundweg umfasst zehn Kilometer und hat verschiedene recht steile Anstiege. Wer es sich zutraut, kann am Rachelsee auch den Abstieg zur Racheldiensthütte machen und dort den mit einem Specht markierten Eiszeitlehrpfad benutzen. Ein wenig umständlich, aber sehr lehrreich, weil man dadurch die beiden Lehrpfade kombinieren kann, ist es, ein

Auto in Gfäll und eines am Parkplatz der Racheldiensthütte abzustellen. So verbinden sich die beiden Wege zu einer interessanten Streckenwanderung.

Die zweite Sage von der Riesenhexe: Wie die Hexe geboren wurde

Es wird immer darüber berichtet, was die Hexen so alles anstellen, wie sie zaubern und heilen, Steine werfen und Brezeln verschenken. Dies gibt jedoch ein vollkommen falsches Bild von ihnen. Entweder hält man sie für alt oder für schrecklich verantwortungsbewusste Kreuzungen zwischen Apothekerin und Hebamme. Wenn sie keinen Buckel haben, tragen sie zumindest feuerrote Haare auf ihrem hakennasigen Schädel. Sie waren niemals jung, geschweige denn Kinder. Aber auch Hexen werden geboren. Doch woran erkennt man sie als solche? Ein wichtiges Merkmal einer zukünftigen Hexe ist die »Hexen-« oder »Glückshaube«, die ein solches Kind bei der Geburt auf dem Kopf trägt.

Die Rieseneltern im Böhmischen rechneten fest damit, dass ihre dritte Tochter ebenfalls als Hexe zur Welt käme. Aber als es dann so weit war, flutschte die Kleine so rasch aus dem Leib ihrer Mutter und plumpste in die bereitgestellte Badewanne – ein See von der Größe eines Marktplatzes –, dass die Haube verloren ging oder zumindest niemand Zeit hatte, genau nachzusehen, ob eine solche überhaupt auf dem kälbergroßen Kopf des kleinen Mädchens saß. Darüber war besonders die Mutter sehr unglücklich, der Vater nahm es etwas gelassener und meinte nur, die Zeit werde es schon zeigen. Doch es ließ der Riesenmutter keine Ruhe und sie machte drei große Schritte nach Süden, zur steinernen Wiege, die heute als Wackelstein bezeichnet wird. Dort legte sie das neugeborene Riesenmädchen auf den Felsen und versetzte es, nur mit ihrem Atem, in eine sanfte schaukelnde Bewegung. Der Kleinen gefiel das gut, sie krähte und gluckste, reckte ihren Kopf in die Höhe und sah hinüber in die Heimat ihrer Riesenmutter im Norden. Dabei drückten sich ihre Schulterblätter, ihre Pobacken und ihre Fersen in den weichen Stein, sodass man noch heute oben auf dem Wackelstein die sechs Näpfe sehen kann – wenn man es schafft hinaufzuklettern. Möglicherweise hat die Riesenmutter daran erkannt, welcher Art ihre Tochter war, vielleicht hat dieser Besuch aber auch gar nichts genutzt und die wahren Eigenschaften der Kleinen stellten sich erst im Laufe ihrer Kindheit, nach zwei, drei Jahrhunderten, heraus. Seitdem jedenfalls heißt der See, in den hinein diese rasche Geburt ging, Rachelsee und die Geburtskanzel daneben, auf der die Riesin hockte, Großer Rachel, der Platz ihrer Hebamme davor aber Kleiner Rachel.

Wer diese Geschichte nicht glaubt und meint, das Wort Rachel stamme vom Slawischen »raschni«, was soviel wie »korpulent« bedeutet, oder von »rasskatt«, was »dröhnende Rutschbahn« heißt, oder gar von jenem Wort mit der Bedeutung »Gerichtsstätte«, ist selbst schuld.

Zum Thron dreier Mädel: Der Dreisessel

Den Dreisessel im Osten des Bayerischen Waldes erreicht man über Neureichenau, Branntweinhäuser und Frauenberg. Man kann weit hinauf fahren: Am Dreisessel befindet sich auch ein Gasthof und weiter hinten im Wald eine Kapelle, daher führt die Fahrstraße ganz hinauf. Ich bin mit gehbehinderten Frauen bereits »bis vor die Haustür« der Throne oder des Gasthauses gefahren. Es ist allerdings sicherer und erspart Ärger, wenn Sie sich vorher telefonisch kundig machen. Auf die Steinkanzeln selbst können Gehbehinderte nur schwer klettern (es gibt aber Stufen). Hinter dem Gasthof eröffnet sich eine wunderbare Fernsicht. Die Felsen selbst sind von überall her markante Punkte in der Landschaft. An der gesamten Felsenanlage, die sich in den Wald hinein weiterzieht, läuft zu ebener Erde ein etwa 800 Meter langer Fußpfad entlang, an ihrem anderen Ende befindet sich ebenfalls eine Aussichtskanzel hinüber zur Schumava.

Die dritte Sage von der Hexenfrau und ihren beiden Schwestern

Die Riesentochter war nicht das einzige Kind ihrer Eltern aus der Schumava. Sie hatte noch zwei Schwestern und eines Tages kam es den Eltern in den Sinn, dass die drei Mädel nun reif genug seien, zu heiraten und sich Kameraden auszusuchen, mit denen sie über ihre Anteile an dem riesigen Waldgebiet regieren könnten. Die eine soll-

te einen Tschechen, die andere einen Österreicher und die dritte in der Göttin Namen einen Bayern zum Manne nehmen. Besonders unsere wundersame und eigensinnige Riesentochterhexe – sie war für den Bayern bestimmt – fand das keine gute Idee.
Rasch schaffte sie es, ihre beiden Schwestern aufzuhetzen, was nicht sehr schwer gewesen sein mag. Sie trafen sich aus den drei Himmelsrichtungen und setzten sich auf ihre Throne am Dreisessel, wo sie immer zu sitzen pflegten, wenn sie regierten.
»Wir könnten es so machen wie unsere Schwestern in Irland oder auf Rügen«, schlug die Älteste vor. »Wir sagen, nur wer hier die schroffen Felsen zu uns herauf zu erklimmen vermag, den finden wir gut genug, unsere Betten und unsere Reiche mit uns zu teilen.«
»Oder«, ergänzte die zweite Schwester, »wir machen es wie die auf der Schwäbischen Alb: Wir stellen unerfüllbare Forderungen. Nur wer singt oder dichtet wie ein Gott und uns so schöne Geschichten zu erzählen vermag, dass wir tausendundeine Nacht an seinen Lippen hängen, soll mit uns unter die Decken oder unter die goldenen Kronen schlüpfen.«
»Nun ja«, meinte die Jüngste und Wundersamste, »diesen Vorschlag hast du wohl irgendwo aufgeschnappt. Ich schlage vor, wir schicken alle, die sich um uns bewerben, auf Heldentaten in die wilden Welten hinein. Dann sind wir sie auf jeden Fall wieder los! Lasst sie den Gral oder andere heilige Kochtöpfe suchen, lasst sie unschuldige Drachen erwürgen und alte Schätze aus einsturzgefährdeten Höhlen kratzen. Es kann sich ewig hinziehen, bis da mal einer Erfolg hat. Unsere Eltern aber sind zufrieden und wir haben unsere Ruhe.« Letzteres war ihr immer besonders wichtig, wie wir bereits wissen.
Aber die Ruhe war erst einmal dahin, denn jede der drei Riesentöchter meinte, dass ihr Vorschlag wohl der beste sei. So debattierten sie von Sonnenaufgang bis Sonnenuntergang, welchen sie in die Tat umsetzen sollten. Sie stritten sich sieben mal sieben Nächte und noch einmal sieben mal sieben mal sieben Monde herum, konnten aber zu keinem gemeinsamen Ergebnis kommen. Weil sie so lange stritten und kein Mann derweil um sie, ihre Betten und Reichskronen anhalten konnte, verbreitete sich das Gerücht durch die Welt, sie hätten etwas gegen Männer und seien nur drei zickige Ziegen, die keine Verantwortung übernehmen wollten. Aber

wir wissen es besser, denn in der Tat: Weiß eine von euch, welches die würdigste Form ist, einen Heiratskandidaten zu prüfen? Tatsache ist: Sie streiten sich bis auf den heutigen Tag und wenn sie nicht doch irgendwann gestorben sind, bis in alle Ewigkeit hinein.
Die Sage sagt, am Dreikönigstag – dem Tag der heiligen Katharina, Margaretha und Barbara – könne man sie hören, wie sie dort oben auf ihren drei Thronsesseln sitzen und miteinander diskutieren und streiten. Es ist ein böses Gerücht, das behauptet, sie seien ob ihrer Zickigkeit so traurig, dass sie jammern und wehklagen müssten. Ach was, sie kichern, sie lachen, sie lachen sich scheckig darüber, bis heute mit keinem Mann Bett, Reich oder Krone teilen zu müssen!

Am Großen Arber bei Bodenmais

Der Große Arber ist 1456 Meter hoch. Der angenehmste und auch schönste Aufstieg führt über die Rieslochwasserfälle bei Bodenmais. Wenn man an die Abzweigung zur Mittagswiese kommt, sollte man dort hinübersteigen, denn auch der Arber ist eine Art Doppelberg. Auf der Mittagswiese gibt es einen interessanten Abris. Man kann sie sich gut als Hexentanzplatz vorstellen, obwohl drüben, auf dem eigentlichen Arberplateau, große Antennen und andere störende neumoderne Bauwerke errichtet wurden. Trotzdem lässt sich auch dort gut erkennen, dass mehrere markante Felsformationen genau an den Haupthimmelsrichtungen orientiert liegen. An der Felsseite unterhalb der Felsen, die aussehen wie ein Hexenprofil, aber als »Wagnerkopf« tituliert werden, findet man auch immer noch ein ruhiges Plätzchen. Über die Seewand steigt man zum Arbersee herab, der insbesondere in den Abendstunden eine zauberhafte Stimmung ausstrahlt. Wenn möglich sollten Sie sich ein Ruderboot mieten oder um den See spazieren. Der Arbersee ist jedoch auch mit dem Auto zu erreichen und bietet allemal stimmungsvolle Atmosphäre.

Die Wanderung umfasst eine Tagestour. Besonders das letzte Stück von der Mittagswiesenkreuzung zum Arber hoch ist recht steil. Wem also der Aufstieg zu mühselig ist, kann sich auch mit dem Sessellift nach oben schaukeln lassen.

Der Lusen in der Nähe von Grafenau

Der Lusen ist 1373 Meter hoch. Sein Name könnte auch – was immer uns die Sagen erzählen – mit der Tierbezeichnung Luchs zusammenhängen, der früher im Bayerischen Wald heimisch war und seit den Grenzöffnungen von Zeit zu Zeit auf der deutschen Seite gesehen wurde. Den Aufstieg zum Lusen kann man entweder über den Goldenen Steig, den Böhmerweg und dann die steile Himmelsleiter hinauf beginnen oder andersherum vom Lusenparkplatz über den mit einem Luchs gekennzeichneten Pfad. Im Sommer wird oben ein Gasthaus durchgehend bewirtschaftet.

Den Lusenparkplatz erreichen Sie über Grafenau, dann von Spiegelau oder Neuschönau aus. Auf- und Abstieg umfassen nicht ganz fünf Kilometer, aber weil es an vielen Stellen recht steil hinauf- beziehungsweise hinabgeht, könnten sie sich über etwa drei Stunden hinziehen. Sorgen Sie für gutes Schuhwerk und eventuell Wanderstöcke.

Die vierte Sage von der Lusenhexe

Als die Riesenhexe ein wenig älter – sagen wir an die dreitausend Jahre – und auch ein wenig ruhiger und weiser geworden war, beschloss sie, ein Geschäft zu eröffnen, denn auch ihre Rieseneltern waren mittlerweile gestorben. Und es ist doch schwierig für eine junge Frau, so allein in der Welt zu stehen, auch für eine wundersame Hexe.

Sie hatte also beobachtet, dass die Säumer und Schmuggler, die Jäger und Hirten oft über ihren Stammplatz am Lusen liefen, hinüber und herüber vom Böhmischen ins Bayerische und zurück. Der Weg war jedoch so weit, dass sie oft nicht genug zu essen bei sich hatten, und er war auch so beschwerlich, dass sie nur wenig Proviant auf ihren Rücken über die Berge zu schleppen vermochten. Hier gab es also eine Marktlücke und deshalb eröffnete die Riesenhexe flugs eine Brothütte dort oben, wo die erschöpften Wanderer sich mit neuem Proviant eindecken konnten.

Nun war sie natürlich ein wenig faul, unsere Riesenhexe, und da sie eben gern durchs Land streifte, fand sie es recht langweilig, den lieben langen Tag dort oben auf ihrem Bett zu hocken und auf

Kundschaft zu warten. Also trug sie nur alle sieben Tage die Brote hinauf und legte sie in die Hütte. Dort konnten sich die Hungrigen das Brot nehmen und ihr Geld dafür in einen Kasten legen, über dem die Liste mit den Brotpreisen hing. Na, werdet ihr sagen, da haben aber sicher viele die Hexe betrogen und sind ohne zu bezahlen mit den Broten davongewandert? O nein – das war gar nicht so einfach: Sie hatte nämlich einen Zauber in ihre Brote hineingebacken, und jeder, der meinte, er könne sich ohne Bezahlung mit den unbewachten Broten unter dem Arm davonschleichen, wurde in dem Moment zu Stein verwandelt, in dem er die Schwelle der Brothütte überschritten hatte.
Einige Wanderer scheinen sich dies wahrhaftig im Laufe der Jahre getraut zu haben, denn das alte Steinbett der Hexe ist mittlerweile riesengroß geworden und ich habe mir sagen lassen, noch bis auf den heutigen Tag wagen es leichtsinnige Touristen, kein Geld für ihr Brot zu hinterlassen. Nun ja – tragisch für die Daheimgebliebenen, aber gerecht für die Riesenhexe und ihr Geschäft.

Grenzwanderung von Finsterau zur Moldauquelle

Von der Moldauquelle (Pramen Vlatavy) geht das Gerücht, dass sie die eigentliche Elbquelle sei. Man startet am besten beim Parkplatz Wistlberg, am nördlichen Ortsausgang von Finsterau. Wenn man will, kann man sich auch die zwei Kilometer Wegstrecke bis zum Grenzübergang sparen und mit dem Bus, der auf dieser Strecke verkehrt, zum Grenzposten fahren. Das Gebiet links dieser Straße ist waldgeschichtlich sehr interessant: Der Pfad, der mit der Markierung »Wasseramsel« bezeichnet ist, führt, dem Reschbach folgend, zur Reschbachklause, der größten Triftklause des Bayerischen Waldes: über den Siebensteinfelsen und die Teufelsklause zum Hochmoor vom Finsterauer Fils und wieder zurück zum Parkplatz am Wistlberg. Dieser Lehrpfad ist neun Kilometer lang und ausgesprochen interessant. Ich habe ihn einmal mit der Wanderung zur Moldauquelle kombiniert, was aber nur möglich ist, wenn man über eine ausreichende Wandererfahrung verfügt. Geruhsamer und weniger stressig ist es sicher, diese Touren an zwei Tagen durchzuführen.

Etwa einen Kilometer hinter dem tschechischen Grenzposten zweigt links der rot markierte Weg zur Quelle hinauf ab. Direkt am Grenzhäuschen führen der rote, der grüne und der blaue noch zusammen über ein kurzes Wegstück, sie teilen sich dann aber an einer baumfreien Stelle. Der grüne Weg folgt dem Hauptweg nach Norden, Richtung Kvilda hinunter, der blaue biegt südlich ab, Richtung Horni Vlatavice. Folgen Sie, wie gesagt, links hinauf, in westlicher Richtung der roten Markierung, die von Süden, an der Grenze entlang, heraufkommt. Der Weg führt unterhalb des Holý vel Stráž entlang, bis Sie auf die blaue Markierung stoßen, die von Modrava nach Kvilda führt. Ihr folgen Sie eine kurze Zeit und werden bequem zur Moldauquelle geführt, die an den Osthängen des Černá Hora, des Schwarzen Berges, entspringt. Die Quelle liegt mitten im Wald, einige Stufen vom Weg herunter, sie ist mit einem Holzgeländer umgeben. Ein sehr friedvoller Ort, an dem hinter jeder Wurzel eine Geschichte lauert, auf jedem goldenen Blattschiffchen, das auf der Quelle schwimmt. Man läuft den gleichen Weg wieder zurück zur Grenzstation und kann nun – wie oben erwähnt – den waldgeschichtlichen Lehrpfad noch anhängen. Der Weg vom tschechischen Grenzhäuschen zur Quelle beträgt hin und zurück etwa acht Kilometer.

Der Boubinberg bei Volary

Um nach Volary, dem Ausgangsort der Wanderung auf den 1362 Meter hohen Boubin, zu gelangen, fährt man zunächst bei Philippsreut über die Grenze, Richtung Lenora. Dort zweigt die Straße nach Volary ab. Von der Grenze bis Volary sind es ungefähr 18 Kilometer. In Volary führt eine kleinere Straße fast genau Richtung Norden. Man kann an den Bäumen am Straßenrand bereits die Wandermarkierungen erkennen. Wem es ein wenig unheimlich ist, das Auto am Stadtrand zu parken, sollte es im Ortsinneren abstellen. Dann läuft man etwa einen Kilometer stadtauswärts, bis links der rot markierte Weg in Richtung Boubin abzweigt. Er ist überall gut ausgezeichnet, man kann ihm leicht aufwärtssteigend folgen. Der Weg führt Richtung Vimperk, den Boubin erreicht man nach rund 15 Kilometern.

Es gibt auch die Möglichkeit, bereits nach acht Kilometern abzubiegen und, einer grünen Markierung folgend, auf den Bobik zu steigen. Der Name dieses Berges bedeutet so viel wie »Boppelchen«. Die Wanderung von Volary zum Bobik ist eine gute Tagestour. Für die Tour Volary–Boubin, einfache Strecke ungefähr 15 Kilometer, braucht es hin und zurück zumindest einen langen Sommertag und eine gute Kondition, zumal es zwischendurch keinerlei Einkehrmöglichkeiten gibt.

Eine kürzere Wanderung auf den Berg der Alten, den Boubin, kann man von Horni Vlatavice, einem Ort im Oberen Moldautal, aus starten. Horni Vlatavice liegt etwa zehn Kilometer nördlich der Grenze bei Philippsreut. Man kann auch noch vier Kilometer weiter nach Kubova Hut fahren und von dort aus auf dem blau markierten Weg Richtung Boubin wandern. Am Johnův Kámen, einem Denkmal im Wald, vorbei folgt man dann der blauen Markierung wieder ins Tal nach Zaton hinunter. Hier zweigt mitten im Dorf nach rechts, grün markiert, der Weg nach Horni Vlatavice ab, der entlang der Straße etwa drei Kilometer zum Ausgangspunkt zurückführt. Steht Ihr Auto in Kubova Hut, folgen Sie in Horni Vlatavice an der Kirche rechts der blauen Markierung zwei Kilometer durch den Wald dorthin.

Die fünfte Sage von der alten Hexe

Irgendwann, lange nach der Geschichte mit den Brotdieben, war die Riesenhexe so alt und weise geworden, dass sie nur noch gütig über alles hinwegblickte und ihre Ruhe haben wollte. Weil sie so uralt war, wurde sie nun auch »des Teufels Großmutter« genannt oder man hielt sie gar für diesen Burschen selbst, weil ihr die Weisheit in großen Höckern zur Stirne herauskam. Zumindest sah es von weitem so aus! Im Laufe der Jahre hatte sich viel Volk an ihrem Lieblingsplatz, dem Lusen, versammelt – wie wir ja schon gehört haben. Neben den Schmugglern und Jägern zogen Goldwäscher durch die stillen Täler und ihr Rappeln und Rütteln, das Tri-

umphgeschrei, wenn sie denn etwas gefunden hatten, und das Gejammer, wenn sie wieder kein Nugget aus den Bächen fischen konnten, um ihre Schulden unten in den Kneipen zahlen zu können, tönten tagein, tagaus zum Ruhebett der Hexe hinauf. Sie konnte noch so viel lauschen und lusen – der Lärm war unerträglich. Da beschloss die alte Hexe, wieder in ihre Heimat auf der anderen Seite des Striches durch die Landschaft zurückzukehren. Noch einmal erwachte in ihr der alte Wagemut, der jugendliche Zorn, und sie zerschlug in einer Nacht ihre Ruhestatt, das Schloss drumherum und wahrscheinlich auch die Brothütte. Zurück blieb nur ein riesiger Haufen von Steinen. (Was aus den armen, in Stein verwandelten Brotbetrügern geworden ist, weiß ich auch nicht.) Dann aber machte sie jeweils einen großen Schritt mit dem linken Fuß über den Bärenberg (Medvědi Hora) und mit dem rechten Fuß über den Schwarzen Berg (Černá Hora) und erreichte so den Boubin, ihre neue Wohnstatt. Und wenn sie immer noch nicht gestorben ist, könnt ihr sie dort oben besuchen. Aber vorsichtig, solch eine Riesenhexe ist nie alt genug, um von Zeit zu Zeit mit Steinen zu werfen, und sie bleibt ihr Leben lang jung – so jung und wagemutig wie die Felsen um sie herum.

Archäologie und Geologie des Bayerischen und des Böhmerwaldes

Geologisch sind Bayerischer und Böhmerwald, die Randgebirge Tschechiens, mit die ältesten Gebirge in Mitteleuropa. Sie falteten sich im Karbon aus Tiefengesteinen, Gneis, Glimmer und Granit auf, als die ersten Libellen den Haifischen auf der Nase herumtanzten, vor etwa 300 Millionen Jahren. Unser früher Plateosaurus aus der Trias hob seinen Kopf vor 200 Millionen Jahren wahrscheinlich noch zu recht hohen und zackigen Felsrücken empor. Seine Nachfahren im Mesozoikum, Brachiosaurus während der Jurazeit und Tyrannosaurus Rex in der Kreidezeit, konnten mit ihren kurzsichtigen Saurieraugen dann beobachten, wie dieses Gebirge nach und nach abgetragen wurde. Über den Meeren, die sich zwischenzeitlich dort ausbreiteten und ihre Kreideschichten ablagerten, kreiste der Pterosaurus. Der Plesiosaurus paddelte eher in ihnen herum. Darauf folgte die dramatische Phase der Alpen- und Himalajaauffaltung vor etwa 40 Millionen Jahren, im Tertiär, während derer die Erde von Äthiopien bis zum Schwarzwald hin aufgerissen wurde und die zur Entstehung der heutigen Schwäbischen Alb führte. Dieser Prozess ging auch an den mitteleuropäischen Mittelgebirgen nicht spurlos vorüber. Sie zerbrachen unter den gewaltigen tektonischen Kräften und hoben sich mit den Alpen zusammen an. Das Klima war tropisch warm, was die Verwitterung der Gesteine beschleunigte. Durch sie entstanden die charakteristischen Granittürme und Felsnasen, die sich im Bayerischen und im Böhmerwald über die Baumspitzen erheben. Die unserer Zeit vorausgegangenen Millionen Jahre Europas zeichneten sich durch wechselnde Eiszeiten aus. Die Gletschermassen auf den Höhen der Schumava und der anderen tschechischen Randgebirge hobelten diese zu ihren heutigen Formen ab. Ihre abschmelzenden Gletscher schliffen die tiefen Täler aus, in denen sich eiskalte Seen bildeten.

Die menschliche Besiedlung dieses Raums, insbesondere des Donautals, weist bis in früheste archäologische Datierungsperioden zurück. Die bekanntesten Funde aus dem Donaugebiet sind die gravettienzeitlichen Frauenstatuetten aus der letzten Eiszeit (um 35 000 v. u. Z.). Um 6000 v. u. Z. siedelten die Ackerbäuerinnen der frühesten Jungsteinzeit, der Linearbandkeramik, dort und errichteten im 5. Jahrtausend v. u. Z. ein Kreisgrabenrondell bei Künzing, auf der linken Donauseite zwischen Passau und Deggendorf. Ab welchem Zeitpunkt die Menschen auch auf die Höhen des Bayerischen Waldes und der Schumava stiegen, ist schwer nachzuweisen. Kurze Aufenthalte zum Jagen oder Sammeln hinterlassen selten archäologische Spuren, und inwiefern die Felsmassive, zum Beispiel vom Steinernen Kirchlein oder gar dem Lusen, die Menschen auch aus rituellen und geistigen Beweggründen dort hinauflockten, wissen wir nicht. Viele archäologische Befunde wurden im Rahmen von Notgrabungen, beispielsweise beim Bau der Autobahn A 3, erstellt. Selbst wenn die Vermutung berechtigt ist, dass es irgendwo in der Waldeinsamkeit etwas zu entdecken gibt, belässt man es lieber unter der Erde. Das wenige Geld, das ein Staat für so »unnütze« Dinge wie Kultur ausgibt, muss in die oft unter hohem Zeitdruck stehenden Notgrabungen fließen. Einer solchen verdankt zum Beispiel auch die Entdeckung einer Silexabbaustelle bei Deggendorf ihre Offenlegung. Insofern kann es gut sein, dass die Menschen auf der Suche nach Rohmaterialien bereits im Neolithikum in die Gebirge stiegen. Man fand Steinbeile der Chamer Kultur auf dem Gipfel des Riesensprungs bei Regenstauf, der von bayerischen Archäologinnen und Archäologen für einen spätneolithischen Kultplatz gehalten wird.

Die Chamer Kultur von 3200 bis 2300 v. u. Z. ist die älteste archäologisch nachgewiesene Kultur im Bayerischen Wald, die nach ihrem ersten Fundort Cham benannt wurde. Weitere Fundstellen waren Viechtach, Pösing, Knöbling und Kötzting. Die Chamer Kultur war eine Kupfer führende, spätneolithische Kultur, die Menschen waren Zeitgenossen der Schnurkeramiker, die manche Forscher als erste Indoeuropäer ansehen und manche Forscherinnen als frühe Patriarchen. Möglicherweise unterbanden die Schnurkeramiker auch den frei flottierenden Handel zwischen den Gruppen der Chamer Kultur und den weiter westwärts lebenden spätneolithischen Uferrandsiedlungen vom Bodensee, sodass die Chamer sich durch sehr ärmliche Kupferfunde auszeichnen. Berühmter sind sie für ihre teilweise mit besonderen Zeichen versehenen Spinnwirteln. Sabiene Rieckhoff geht davon aus, dass die linearbandkeramischen Kulturen frauenzentriert waren, während die Chamer Kultur und die verwandte tschechische Rivnac-Kultur bereits unter dem Einfluss der eher patriarchalisierten Becherkulturen standen. Mit der Bronzezeit gehen die Funde in den Randgebirgen wieder zurück. Doch aus der Zeit danach haben sich zahlreiche Zeugnisse erhalten, insbesondere aus der keltischen Eisenzeit und aus den römischen Epochen. Um 500 u. Z. besuchten auch slawische Gruppen diese Gebirge und gaben bis hinunter zur Donau vielen Orten ihre Namen.

Ein anderer wichtiger kultureller Einfluss entstand durch die Christianisierung Bayerns im Rahmen der iroschottischen Mission, von der die Schottenkirche in Regensburg kündet, sowie einige Brigittenkirchen, beispielsweise in Preying, und der heiligen »Breid« geweihte Schalensteine. Saint Bridgit ist die große Heilige Irlands, die historisch direkt auf die keltische Göttin der Dichter und Schmiede zurückzuführen ist. Auch in den bayerischen Sagen finden sich zahlreiche Brigittenmythen, die zum Teil an alten, möglicherweise den Frauen heiligen Plätzen spielen.

Auf dem Rücken der Schildkröte

Da ich fünf Jahre auf einem von Frauen bewirtschafteten Bauernhof auf halbem Weg zwischen Deggendorf und Vilshofen zubrachte, hatte ich oft Gelegenheit, Rituale und Jahreszeitenfeste im Bayerischen Wald zu feiern. Eindrücklich ist mir eine Walpurgisnacht an der »Schildkröte«, dem Felsmassiv des Steinernen Kirchleins, in Erinnerung geblieben. Wir gedachten der gefolterten und verbrannten Frauen aus den schrecklichen Jahrhunderten der Hexenverfolgung, die in Wahrheit eine Verfolgung der Frauen und vieler mit ihnen verbundener Männer war. Außerdem nannten wir Frauen aus unserem eigenen sozialen Umfeld, denen Ungerechtigkeiten oder auch tieferes Leid widerfahren war. Plötzlich flog eine Eule auf – keine erschrak in diesem Moment ob des lautlosen Fluges, des lauten Schreis.

Auf dem Rücken der Schildkröte befindet sich ein alter Rätselplatz. Wer seine Geschichte genauer kennen lernen will, lese den Roman *Die Tafeln der Maeve* von Magliane Samasow, dessen Anfang auf diesem Stein spielt. Ein ganz eigenes Gefühl ist es, auf den Wackelstein zu klettern und sich schaukeln zu lassen. Es fühlt sich an wie ein schweres Schiff, das in den Himmelsozean fährt, wie eine riesige Wiege, die seekrank machen kann.

Rituale und Jahreszeitenfeste habe ich am kontinuierlichsten im Bayerischen Wald gefeiert. Das war schön und schrecklich zugleich, wie alle Spiritualität schön und schrecklich ist. Schließlich verhandeln wir Frauen der Gegenwart mit Riesinnen, Hexen, Erdkräften und Himmelsmächten. Gefährlich jedoch kann ausgeübte Spiritualität nur durch das werden, was wir Menschen einander dabei antun, wenn wir sie für individuelle Machtbestrebungen missbrauchen. Und deshalb sollten wir niemals die schlauen Regeln der alten Hexe vergessen: Eine Frau muss jederzeit und überall »Nein« schreien und wann immer sie will mit Steinen werfen dürfen.

Literatur

Brasch, O.: *Das unterirdische Bayern,* Theiss, Stuttgart 1982

Gäubodenmuseum: *Bauern in Bayern. Von den Anfängen bis zur Römerzeit,* Straubing 1992

Rieckhoff, S.: *Faszination Archäologie,* Pustet, Regensburg 1990

Samasow, M.: *Die Tafeln der Maeve,* Querverlag, Berlin 1994

Stauffer, S.: *Die Göttin mit den vielen Gesichtern,* unveröffentlichtes Manuskript, o. O. 1990

Stieglitz, A.: *Kompass-Wanderführer Bayerischer Wald,* Deutscher Wanderverlag, Stuttgart 1996

Schweiz

Kuhbauch und Hörnerschlange: Die Megalithen der Surselva in Graubünden

Überblick

Der Kanton Graubünden ist selbstverständlich nicht das einzige Gebiet in der Schweiz oder gar den Alpen, in dem Interessierte auf den Spuren prähistorischer Frauen, von Göttinnen, Elfen, Dialen, Hexen oder seltsamen Gestalten mit Brüsten und Bäuchen, Hörnern und Kuhaugen wandeln können. Doch diese Wesen kommen in Graubünden so häufig und einer für die Schweiz und die Alpenländer so typischen Weise vor, dass ich mich hier auf diesen Kanton beschränke. Wer Siedlungen aus frauenzentrierten Zeiten anschauen möchte – allein die Grundsatzfrage »Gab es Badewannen im Matriarchat?« erfordert dies dringend –, dem oder der seien die Pfahlbaumuseen in Unteruhldingen am Bodensee sowie am Zürichsee wärmstens empfohlen, genauso wie die umfangreiche Literatur dazu. Moore, Feuchtbodengebiete und Seen konservieren archäologische Funde durch den Luftabschluss am besten. Es empfiehlt sich, hier einen kritischen Blick auf den Alltag jener neolithischen Zeiten zu werfen, die von so vielen Autorinnen oft sehr unkritisch als »matriarchal« bezeichnet werden.

Als Ausgangspunkt für die Touren empfehle ich den Ort Laax, der mit einem stündlich von Chur aus verkehrenden Postbus zu erreichen ist. Wem es in dieser kleinen Stadt zu unruhig ist, sollte eine oder zwei Busstationen aufwärts bis zum Dorf Falera fahren, in dem es eine Menge Ferienwohnungen, Hotels und ausgezeichnete Lokale mit Bündner Spezialitäten gibt. Falera ist auf jeden Fall mit dem Auto erreichbar. Die meisten Albwirtschaftswege bis zur Höhe des weiter unten nochmals erwähnten Pardi können Rollstuhlfahrerinnen selbstständig befahren, vorausgesetzt, sie haben gute

Muskeln oder Rollstuhlbatterien. Die Wanderwege in der Surselva sind, wie auch in anderen Gebieten der Schweiz, gut ausgeschildert, sodass sich hier in den meisten Fällen eine allzu ausführliche Wegbeschreibung erübrigt. Außerdem verfügt die Schweiz über ein ausgezeichnetes Nahverkehrssystem, sodass man alle angestrebten Orte auch gut ohne Auto erreichen kann.

Um all die Schalensteine, Ritzungen, Alignements usw. ausfindig zu machen, braucht man ein wenig Geduld, ein scharfes Auge und Bücher mit guten Abbildungen. Man braucht aber vor allen Dingen die Bereitschaft, sich auf diese Suche einzulassen. Frauen, die vielleicht durch Reisen in Irland oder in die Bretagne daran gewöhnt sind, dass die Megalithen sofort ins Auge fallen, werden sich hier sehr umstellen müssen: Noch gibt die Göttin nicht jeder ihre Geheimnisse gleich am ersten Tag preis.

Die Mitte: Bei den Steinreihen der Muota Falera

Direkt bei Falera, unterhalb der alten Remigiuskirche, liegen die Megalithen von Falera: mehrere Steinreihen mit einer Länge von etwa 500 Metern. Sie sind auch für Gehbehinderte gut zu erreichen. Mit etwas Kraft lässt sich bei trockenem Wetter auch ein Rollstuhl über die buckelige Weide schieben. Hin und wieder liegen lediglich ein paar Kuhfladen im Weg oder ein paar harmlose Rinder schauen erstaunt ob des touristischen Besuchs hinter den großen Megalithen hervor.

Die Steine sind auf Punkte am Horizont ausgerichtet, im Nordosten auf den Sonnenaufgangspunkt am 21. Juni oder im Südwesten auf den Aufgangspunkt am 21. Dezember. Es empfiehlt sich, im Tourismusbüro eines der vielen Informationsblätter zu diesen Megalithanlagen zu erwerben, da eine ausführliche Darstellung den Rahmen dieses Reiseführers sprengen würde. Das Ehepaar Büchi hat diese und andere Megalithen, Alignements, Schalensteine und Menhire aus Graubünden ausführlich vermessen, beobachtet und beschrieben. Unter einem der Alignementssteine auf der Muota

Sonnenaufgang hinter einem Megalithen bei Falera

Falera fanden sich zum Beispiel Kohlenreste, die auf die frühe Bronzezeit datiert wurden.

Die spektakulärsten beiden Steine sind sicher zum Ersten jener, der einige Schritte südöstlich der Kirche nahe beim Weg liegt und auf dem in Form eines Pfeils (der als Spitze ein halbmondförmiges Zeichen trägt) das Datum der Sonnenfinsternis vom 25. Dezember 1089 v. u. Z. festgehalten wurde, sowie zum Zweiten der Stein am unteren Fußweg um die Muota, im Süden. Auf ihm findet sich eine kreisrund eingeritzte Fläche, deren Winkel es ermöglicht, die Eckdaten des alten Bauernwinters, den 11. November und den 2. Februar, mithilfe eines Stabs im Mittelloch zu bestimmen, wenn die Sonne darüber steht. Auf dem Steinhügel hinter den Alignements wurden zwischen 1936 und 1943 fünf bronzezeitliche Schichten ergraben. Die Siedlung war stark befestigt, die erste Schicht stammte aus der frühen Bronzezeit, in der wohl auch die Steinreihen errichtet wurden. Am interessantesten war der Fund einer 68 Zentimeter langen Scheibennadel, die wahrscheinlich den bronzezeitlichen Frauen dazu diente, ihre Gewänder zusammenzuhalten. Möglicherweise diente das Instrument aber auch zur Sonnenbeobachtung.

Der Hohlweg von Pardi

Ganz oben:
Der Crap San Gion bei Laax

Sie können von Falera aus auf verschiedenen Wegen auf den Crap San Gion, den Berg des heiligen Johannes, gelangen. Für den an Megalithen »reichsten« Aufstieg sollten Sie sich direkt an der Sesselliftstation hinter den Häusern rechts halten. Die Wirtschaftsstraße für die am Berghang liegenden Höfe und Alpen windet sich in mehreren Kurven aufwärts. Direkt in der ersten Kurve verlässt man sie jedoch und folgt diesem Wirtschaftsweg geradeaus, am Hang entlang weiter in östlicher Richtung. Von dieser Bergstraße zweigt nach etwa einem Kilometer links ein alter, aufwärts führender Hohlweg ab, der auch als Wanderweg gekennzeichnet ist. Dies ist ein historischer Alpweg, der durch die Steilhänge von Erbrun und Cuschanera führt. Nach einem kleinen Wald taucht der Weg in den Terrassen von Pardi und Badugns auf.

Die Megalithenreihen in diesem Gebiet sind 600 Meter lang und etwa 200 Meter breit und liegen auf Höhen zwischen 1340 und 1390 Metern. Gewissermaßen spiegelbildlich zur Muota auf der anderen südlichen Seite erstrecken sich die Megalithen hier auch auf einem Areal von etwa 500 Metern Länge genau in Ost-West-Richtung. Der spektakulärste Stein ist der so genannte Tierkopfstein von Pardi, dessen hörnerartige Bearbeitungen durch Menschen auf die in der Surselva häufigen Daten vom 2. Februar und 11. November sowie auf die Frühlings- und Herbsttagundnachtgleichen ausgerichtet sind. Am besten hat man die Bände V und VI der Bücher von Grete und Ulrich Büchi dabei, um auch die anderen Steine im Gelände, zum Beispiel einen mit einer mondförmigen Schale und einen kleinen Cromlech, ausfindig zu machen.

Wenn Sie nicht den gesamten Weg auf den Crap San Gion laufen möchten, können Sie auch eine der vielen Seilbahnen in und um Laax für die Auffahrt benutzen. So geht von Falera ein Lift zur Station Curnius und von Murschetg – etwa drei Kilometer nördlich von Laax, also zu Fuß durch den Wald oder per Bus gut zu erreichen – auch die große Seilbahn direkt auf den Crap San Gion. Hinter der großen Station auf

Der Tierkopfstein von Pardi

dem Crap San Gion ragt das Felsenmassiv auf, dessen Spalte je nach Lichteinfall von den verschiedensten Steinplätzen zwischen Falera und Ladir aus zu erkennen ist, weshalb er auch als wichtiger Peilpunkt für die Steinreihen und Schalensteine der Umgebung dient. Bei gutem Wetter ist es kein Problem, auch einmal auf diese Felsen hinaufzuklettern und in die geheimnisvolle Spalte hineinzuschauen. Der Crap San Gion ist 2213 Meter hoch – hinauf und hinunter zu Fuß ist es eine gute Tagestour mit etwa 1000 Metern Höhenunterschied zwischen Falera und Berggipfel. Personen mit eingeschränkten körperlichen Möglichkeiten empfehle ich, ganz per Bahn hinauf- und hinunterzufahren und die Terrassen von Pardi nicht durch den Hohlweg, sondern über einen Fahrweg anzufahren. Dafür ist es wahrscheinlich notwendig, sich vorher bei Einheimischen ein wenig kundig zu machen und um die Anfahrerlaubnis zu bitten.

Ganz unten:
Der Stein von Sagogn

Nach Sagogn kann man von der Falera oder von Laax aus wandern. In jedem Fall müssen Sie die große Straße, die von Laax nach Ilanz führt, über- oder unterqueren. Beim Ausbau dieser Straße hat man leider nicht auf das genaue Weiterführen der Wanderschilder geachtet, sodass man leicht den »Faden« verlieren kann. Allerdings sieht man immer unten im Tal den kleinen Ort und dahinter, vor dem Steilhang zum Rhein, den auffallend großen Stein liegen. Um den Stein herum, der schlicht »Il Crap« heißt, soll sich ein kleiner doppelter Steinkreis ziehen, südlich von ihm liegt ein bronzezeitlicher Grabhügel, der mit anderen bronzezeitlichen Siedlungen der Gebirgsumgebung in Sichtkontakt lag. Interessant scheint aber auch ein anderes Phänomen zu sein, auf das die Büchis im Band II ihrer Arbeiten hinweisen: Am 21. Dezember steigt die Sonne erst kurz vor Mittag hinter den Bergen hervor, sodass es unten am Stein lange sehr kalt bleibt. Der Kirchhügel von Sagogn hingegen liegt schon viel früher am Tag im Sonnenlicht. Es ergibt sich über eine Strecke von nicht einmal einem Kilometer Luftlinie ein frappantes Temperaturgefälle, das auch akustische Auswirkungen hat: Die Menschen in Hemdsärmeln hören alles, was die frierenden Eingemummelten am Crap sprechen, diese aber vernehmen keinen Laut von dem, was vom sonnenumflorten Kirchhügel zu ihnen herübergerufen wird.

Falls man abends müde ist, kann man mit dem Bus von Sagogn sowohl nach Laax als auch auf die Falera zurückfahren. Mit ihm können auch Gehbehinderte bis an die Kirche von Sagogn heranfahren und – möglicherweise mit Unterstützung – über den Wiesenweg zum Crap hinüberlaufen. Für Rollstuhlfahrerinnen ist die Frage – wie so oft–, was eine Frau sich selbst oder ihren Begleiterinnen zutraut. Bisher hat noch keine Rollstuhlfahrerin an meinen Surselvareisen teilgenommen. Ich würde mir allerdings zutrauen, einen nicht allzu schweren Rollstuhl auch die etwa 600 Meter durch den Wiesenweg zu schieben.

Das Märchen vom Kuhbauch und der Hörnerschlange

Es lebte einmal ein braves Mädchen in Schluein, das jede Woche von seiner alten Mutter hinüber nach Sagogn zum Milchholen geschickt wurde, denn sie waren sehr arm und hatten keine eigene Kuh. Die reiche Verwandtschaft in Sagogn half ihnen in ihrer Not, so gut sie konnte. Nun war das Mädchen eines Tages wieder auf dem Weg nach Sagogn hinüber, als sich auf einmal vor ihr am Weg, an der Stelle, die heute Platte Pussenta heißt, eine große Schlange ringelte: Sie trug goldene Hörner auf dem Kopf wie eine Krone und schimmerte wie tausend Diamanten.

Das Mädchen erschrak sehr, doch die Schlange richtete sich auf und sprach: »Du hast von mir nichts zu befürchten, aber von den Leuten unten in Sagogn. Deine gutherzige Verwandtschaft ist gestorben und drei böse Brüder sind nun die Erben auf dem Gut. Sie warten nur auf dich und wollen dir auflauern und dir Böses antun, denn es reut sie jeder Tropfen Milch, den du und deine arme Mutter in den letzten Jahren erhalten habt.«

»Was soll ich tun, großmächtige Schlange?«, antwortete das arme Mädchen. »Meine Mutter wird von Tag zu Tag älter und schwächer und wir sind bitter auf die Großherzigkeit der reichen Verwandtschaft in Sagogn angewiesen.«

»Kehr um!«, meinte die große Schlange und schaute das Mädchen aufmerksam an, doch die Kleine schüttelte energisch den Kopf.

»Ich werde weitergehen, und wenn die Brüder mir Übles wollen, so lege ich mein Schicksal in die Hände der gütigen Dialen, die immer aufseiten der Frauen stehen und noch nie eine von uns verraten haben.«

Da lächelte die Schlange weise und nickte mit dem gekrönten Haupt. »Nichts anderes, mein Kind, habe ich von dir erwartet und ich hatte schon lange gehofft, diese Burschen einmal in ihre Schranken weisen zu dürfen, denn was wäre dies für eine Welt, die die Frauen missachtet und den Ärmsten nicht hilft?«

»Was also rätst du mir, große Schlange?«, fragte das Mädchen.

Die Schlange nahm drei Staubkörnchen aus einer Steinschale auf der Platta, reichte sie dem Mädchen gar zierlich mit dem Maul und sprach: »Über kurz oder lang wird dir der erste Bruder auflauern, dann wirf eines der Körnchen zwischen ihn und dich und rufe mit folgenden Worten die Geister der Berge zu Hilfe: ›Cresta Munteina, Platta pussenta e pezza Mundaun!‹ Das tust du auch beim zweiten und beim dritten Bruder. Danach aber gehe zum großen Stein, den wir alle Crap nennen, und es soll dir und den Deinen ein Leben lang gut gehen.« Das Mädchen tat, wie ihr die Schlange mit den goldenen Hörnern geheißen, und wanderte mutig den Weg weiter nach Sagogn hinab. Und tatsächlich, kaum hatte es sich an einem Gebüsch voller Waldbeeren gelabt, sprang der älteste Bruder mit einer großen Keule hinter einem Felsen hervor und brüllte, dass die Berge zitterten, sie habe nun ihr Leben verwirkt und all die arme Brut dort oben in Schluein mit ihr zusammen. Er schwang die Keule und wollte sie dem Mädchen auf den Kopf schlagen, da warf sie rasch das erste Staubkorn der gütigen Schlange zwischen sich und den keulenschwingenden Kerl und rief lauthals die umliegenden Berge um Hilfe: »Cresta Munteina, Platta pussenta e pezza Mundaun!« Im Nu erhob sich ein Rumoren und Kreischen in den Tiefen der Felsen, der Boden bebte und ein gewaltiger Kuhbauch mit Hörnern wälzte sich unter Stöhnen und Rumpeln den Hang hinab. Das Mädchen sah ihn kommen und außerdem war es auch vorbereitet, sodass es rasch beiseite springen konnte. Der böse Bruder jedoch stand mit dem Rücken zum Hang und wurde von dem rumpelnden Kuhbauch erschlagen.

Aufatmend lief das Mädchen weiter und kam bald an die Stelle, wo sich der Bach aus dem Laaxer Tobel seinen Weg ins Tal freibricht. Es kühlte Gesicht, Hände und die müden Füße im klaren Wasser, doch als es wieder hochsah, stand dort der zweite Bruder, lachte hämisch, schwang ein langes Seil und schrie, er werde sie gefesselt nach Hause schleifen und seinen Hunden zum Fraß vorwerfen. Doch gerade als er das Seil schwingen wollte, warf das Mädchen das zweite Staubkorn zwischen ihn und sich und rief laut: »Cresta Munteina, Platta pussenta e pezza Mundaun!« Da heulte der Sturm durch die Föhren und pfiff mit einem klagenden Ton das kalkweiße Tobel herab, da rauschten die Wasser und klirrten die großen Kiesel, denn abermals erschien der mächtige Kuhbauch mit den Hörnern und wütend funkelnden Augen. Weil das Mädchen draußen im Bach stand, sah sie die Wassermassen heranrollen und rettete sich mit einem Sprung ans Ufer. Der böse Bruder jedoch, der die warnenden Geräusche missachtet hatte, wurde von den Muren und Fluten hinunter in die Tiefen des Rheintals gespült.

Endlich gelangte das Mädchen nach Sagogn hinein und klopfte an die Haustüre der reichen Verwandtschaft. Der dritte Bruder war sehr erstaunt, die verhasste arme Cousine dennoch anzutreffen, denn er war der felsenfesten Überzeugung gewesen, dass die Anschläge seiner älteren Brüder doch geglückt seien. Er bat sie mit falschen, freundlichen Worten ins Haus und überlegte im Stillen, wie er denn nun das Werk seiner Brüder vollenden könne. Er tat dem armen Mädchen gar schön und bot ihr ein wenig von der Milch an, was sie auch dankend annahm, denn sie war durch den langen Weg durstig und hungrig geworden. Heimlich hatte er ihr jedoch einen Schlaftrunk hineingemischt und bald sank das unschuldige junge Blut schlafend von der Bank zu Boden.

Darauf hatte der dritte Bruder nur gewartet. Er beschloss, das Mädchen bei Nacht im Brunnentrog zu ertränken, doch vorher wollte er sich an der Schlafenden noch gütlich tun, denn sie gefiel ihm sehr, wie sie da so mit rosigen Wangen schlafend am Boden lag. Er legte sie wie ein Schlachtschwein auf den Tisch und begann ihr die Kleider vom Leibe zu ziehen, doch plötzlich fingen die Ziegen im Stall draußen so laut an zu meckern, dass er fluchend von seinem Vorhaben abließ und hinaus in den Schuppen rannte, sie auf die Wiesen zu scheuchen. Hernach kehrte er wieder in die Stube zurück und machte sich weiter daran, das Mädchen zu entkleiden, doch plötzlich kehrten seine Kühe laut muhend und mit ihren großen Glocken läutend vor der Zeit von den Weiden zurück und er musste abermals von seiner bösen Absicht lassen, um die wertvollen Kühe im Stall anzubinden. Schimpfend machte er sich ein letztes Mal über das Mädchen her, das nur noch mit einem kleinen goldenen Stirnreif bekleidet schlafend vor ihm lag, so schön, dass selbst einer mit einem Herzen aus Stein in der Brust sich ihrer Unschuld erbarmt hätte, doch dieser Bruder hatte überhaupt kein Herz in der Brust, nicht einmal eines aus Stein. Doch gerade in dem Augenblick, als er den Tisch besteigen wollte, um sich auf das arme Mädchen zu legen, stürzte sein Hund in die Stube und bellte so laut, dass die Fensterscheiben klirrten und draußen die Schindeln von den Dächern rutschten. Der Bruder fluchte laut und wollte dem Hund einen Tritt versetzen, doch von all dem Lärm wachte das Mädchen auf und sah, in welcher Gefahr es sich befand.

Glücklicherweise klebte das dritte Staubkörnchen ungesehen zwi-

schen ihren Fingern und mit einem lauten Hilferuf an die Kräfte der Berge schleuderte sie es in die Stube hinein, zwischen sich und den bösen Verwandten. Doch weil sie so verschlafen war, rief sie aus Versehen: »Cresta Munteina, Platta pussenta e Sagognias de tgeuns«, was so viel heißt wie: »Ihr Hügel von Muntein, großmächtige Platte und Sagogn voller Hundeviecher« anstelle von: »Ihr Hügel von Muntein, großmächtige Platte und Mondinberg von Mundaun.« Doch anscheinend verstanden die Berge sie auch so, denn der Boden bebte abermals, Schlünde und Risse taten sich auf, als der wütende Kuhbauch schnaubend zu Tale floh. Er rammte das Haus des dritten Bruders, und nur weil das Mädchen direkt nach ihrem Hilferuf aufgesprungen war und zur Stubentüre hinausgestürzt, nackt, wie die Göttin sie geschaffen hatte, konnte sie den zusammenstürzenden Balken entkommen, die den dritten der bösen Brüder unter sich begruben, dessen bis an die Knöchel herabgerutschten Hosen ihn an einer rechtzeitigen Flucht gehindert hatten, sodass er der Länge lang auf den Stubenboden gestürzt war.

Das Mädchen lief so rasch sie konnte zum Crap hinter dem Hügel hinunter. Glücklicherweise war es inzwischen dunkel geworden, denn sie schämte sich sehr, nichts mehr am Leib zu tragen. Dass sie so schön war, dass die umliegenden Gletscher Tränen vergossen, die silbern im Monde zu Tal flossen, bemerkte sie nicht einmal, so sehr war sie mit der Frage beschäftigt, was sie denn nun ihrer armen kranken Mutter mit nach Hause bringen solle. An dem mächtigen Stein außerhalb des Dorfes angekommen, rief sie ein letztes Mal und nun auch wieder in der richtigen Weise: »Cresta Munteina, Platta pussenta e pezza Mundaun!« Da erhob sich ein lindes Lüftchen, die Wolken rissen auf und alle Sterne drängten sich, das wunderschöne Mädchen zu sehen, das dort auf dem Felsen stand und die Geister der Berge um Hilfe anrief. Der Kuhbauch kam, ganz sachte, mit leisem Brummen über die Wiesen gerollt. Auch er hatte goldene Hörner und einen mächtigen Leib und aus seinem Euter floss die süßeste Milch, die das Mädchen jemals getrunken hatte. Er beschnupperte zärtlich die Haut des Mädchens und pustete ihr sachte ins Gesicht, denn er heißt zwar Kuhbauch in der Sage und ist sehr gefährlich, wie wir gesehen haben, aber hat jemals ein Mensch davon gehört, dass ein Ochse Milch geben kann? (Na bitte – da wissen wir doch, um welche Kraft es sich eigentlich handelte!) Die

Große Kuh nahm das Mädchen auf den Rücken und trug es sanft schaukelnd den ganzen Weg nach Schluein wieder zurück, wo der Kuhbauch sie dann sanft vor der Hütte absetzte.
Die wundersame Milch machte die kranke Mutter wieder gesund, sodass sie mit neuen Kräften arbeiten konnte. Das musste sie nun auch, denn als das Haus des Bruders zusammengebrochen war, hatten die Kühe das Weite gesucht und waren, zusammen mit den Ziegen, der Großen Kuh mit dem wunderschönen Mädchen auf dem Rücken durch die sternenklare Nacht gefolgt. Es heißt, dass auch der Hund nach Schluein umgezogen sei und dass er dort nie wieder getreten wurde.
Weil aber das Mädchen und seine Mutter nun auch die letzten lebenden Verwandten waren, erbten sie den ganzen Besitz in Sagogn noch dazu, den sie bald danach wieder aufbauen ließen.

Die Schalensteine von Ruschein

Von Falera aus führt eine wunderschöne, nur wenig ansteigende Strecke um das Tal von Cafegns und nach Ladir hinüber. Der Weg kreuzt mehrere kleine Brücken und kleinere Wasserfälle und man kann auch gut die verschiedenen Verbauungen studieren, mit denen die Menschen versuchen, den gefährlichen Wasserstürzen und Muren im Frühling, wenn das Eis und der Schnee oben in den Felsgebirgen schmelzen, Herr zu werden. Kurz vor Ladir ragt auf der rechten Wegseite der Kultberg des Buol auf. Ich vermeide den Begriff »Kultberg« normalerweise, aber hier scheint er mir durchaus angebracht. Mächtige Felsen, Steintrümmer und Reste von Burganlagen liegen in einem dichten Gewirr labyrinthisch durcheinander. An den größten Felsen befinden sich meist an der Oberseite mondförmige Näpfchen, Rinnen und geritzte Dreiecke. Im Süden ist auf einem Felsen ein Sesselstein in Blickrichtung auf den Dreiecksstein zu finden. Sie sollten auf keinen Fall an Regentagen dort oben herumklettern, denn die Felsen können sehr glatt sein und sausen manchmal über fünf Meter in die Tiefe hinab.

Östlich und westlich des Buol finden sich Steinkreise in den Wiesen, der auffallendste im Westen ist von der Kirche

St. Zeno aus gut zu sehen. Es lohnt sich, einen Blick in diese Kirche und auf das Barockgemälde über dem Hochaltar zu werfen. Hier vereint ein Bild in sich alles, was der christlichen Moral fremd war, was sie als anders und böse definierte – und für tötenswert hielt. Es ist ein schlimmes Bild – gleich, ob sein künstlerischer Wert nun hoch ist oder nicht – und sollte meiner Meinung nach nicht unkommentiert einfach dort hängen. Es stellt dar, wie St. Zeno, ein rabiater Christianisierer, in den Tälern Graubündens den Drachenteufel tötet. St. Zeno ist in reines Weiß gekleidet und bohrt seinen Speer einer schwarzen, lockigen Gestalt in die Brust, die kopfüber aus dem Bild, beinahe in die Arme der Betrachterin, fällt. Dieser »mohren«-köpfige Teufel hat außerdem Krallen und einen langen Drachenschwanz, womit wohl alles gesagt ist.

Man gelangt auf einer asphaltierten Straße nach etwa einem Kilometer zum Nachbarort Ruschein, der in den Abhängen an der Nordseite des Dorfes einige große, auffallend markierte Felsen enthält, die, so nimmt man an, für die Regulierung und Wasserwirtschaft der Viehzüchter von der Jungsteinzeit bis in die Metallzeiten hinein eine Rolle spielten. Teilweise sind die Einkerbungen von der Dorfstraße aus mit bloßem Auge zu erkennen, aber es ist auch interessant, dort hinaufzusteigen und sich auf die Suche zu machen. Am anderen Ende von Ruschein liegt die Georgskirche. Ebenso wie St. Zeno ist sie, wie es ihr Name bereits signalisiert, auf oder an einen wichtigen Kulturplatz gestellt worden. Direkt hinter dem Friedhof – man kann auf beiden Seiten in die Felsplatten hineinsteigen – liegt ein ungefähr 100 Meter breites und 300 Meter langes Areal aus Felsplatten und kleinen Weidetälern, der Frundsberg (Frauenberg). Die verschiedenen Felsplatten sind mit Näpfchen, Schalen und Ritzungen bedeckt, zwischen denen sich an heißen Sonnentagen Eidechsen und Ringelnattern sonnen. Es macht viel Freude, hier auf Entdeckungstour zu gehen. Die Steinplatten an der Georgskirche verbinden mit ihren Peilungen das Gebiet um die Falera mit den rheinaufwärts und linksrheinisch liegenden Gebieten von Siat und Andrast und der rechtsrheinischen Region um den Piz Mundaun, den Mondberg. Auch dies sind

»steinreiche« Gebiete, in denen Stein- und Megalithbegeisterte auf ihre Kosten kommen.

Sowohl Ladir als auch Ruschein sind per Auto zu erreichen, sodass Gehbehinderte in die Kirchen und vielleicht von dort auch einige Schritte zum Buol, respektive zu den Steinplatten von St. Georg, hochsteigen können. Ruschein selbst bietet auch vom Rollstuhl aus einiges Entdeckenswertes. So gibt es noch einige Kapellen und viele Brunnen, die auf die alte Wassertradition hinweisen.

Das Rätsel von der gehörnten Schlange

Auf dem Weg von Falera nach Ladir lässt sich am besten über folgendes Rätsel nachdenken, dem ich in den Tälern Graubündens an den verschiedensten Orten begegnet bin: Wer ist das? Oben hat es raue, spitze Hörner oder Kronen. Sein mächtiger Körper hat viele Öffnungen, aus denen Milch und Honig fließt und was es sonst noch an süßen Labsalen gibt auf dieser Welt. Der silberne Schwanz windet sich schimmernd und glitzernd hin und her wie ein Schlangenschwanz. Das Wesen ist nur schwer zu bändigen, eher durch Klugheit denn rohe Kraft. Manchmal, zum Beispiel auf dem Dorfbrunnen von Valendas, wird das Wesen auch abgebildet. Statt der Hörnerkrone trägt es dort einen breitkrempigen Hut auf dem Kopf. Es ist eine alte Gestalt, älter gar als die Magliatha, aber ihr gleich in Kraft und Stärke.

(Des Rätsels Lösung findet sich unter der Literatur zu Graubünden, S. 160.)

Magliathas Weg durch die Taminaschlucht

Für diese Tour brauchen Sie auf jeden Fall zwei Tage. Drei sind vonnöten, wenn Sie in Vättis noch einen Abstecher zur altsteinzeitlichen Drachenlochhöhle machen, ein Weg, der allerdings eher für geübte und trainierte Frauen geeignet ist. Am Ende winken in jedem Fall die entspannenden heißen Bäder von Bad Ragaz, von denen aus man mit dem Zug nach Chur und mit dem Bus auch wieder gut nach Laax und Falera zurückkommen kann. Die Wanderung über den Kunkelspass beginnt in Tamins, das man von Laax aus mit einem Bus in

Richtung Chur erreicht. Jeder Busfahrer weiß, wo genau man in Tamins aussteigen muss, um den Beginn des Wanderweges zu finden. Der Weg führt dann in nördlicher Richtung aus dem Ort heraus in den Wald hinein. Zuerst durchwandert man ein Tal, das genauso aussieht wie das verlassene, »trauernde« Tal aus der Magliathensage. Dann betritt man den Schwarzen Wald, einen in der Tat sehr dichten, dunklen und hohen Tannenwald. Hier kann man sich für einen von zwei Aufstiegen entscheiden: Bei schlechtem Wetter oder Nebel sollte man sich an die breite Fahrstraße halten, die zum Kunkelspass hochführt. Bei Sonnenschein und trockener Witterung führt ein etwas steilerer Weg rechts ab, durch die Felsbastionen des Foppaloches. Er ist gekennzeichnet. Auch die Fahrstraße führt vor dem Pass durch solche Felstunnel, dahinter laufen beide Wege wieder zusammen.

In Graubünden haben manche Ortsbeschreibungen rätoromanische, manche aber auch alemannische Wurzeln, was manchmal nicht leicht auseinander zu halten ist. Kunkelspass heißt, wenn man die rätoromanische Übersetzung nimmt, »Muschelpass« (*concha* = Muschel) oder »Spinnwirtelpass« im Alemannischen (*Kunkel* = Spinnwirtel). Der Bezug zur frauenbezogenen Mythologie der Magliathensage ist hier unübersehbar (siehe unten).

Man kann in der etwas raubeinigen Kunkelspasshütte einkehren, danach führt der Weg abwärts, abwärts, abwärts, ins Tal des Gorbsbaches, Richtung Vättis, wo es einige Gasthöfe und Unterkunftsmöglichkeiten gibt. Zwischen dem Pass und der Ortschaft Vättis liegen einige Streusiedlungen, in denen billige Wanderlager zu finden sind, doch die Strecke von Tamins nach Vättis ist bequem an einem Tag zu schaffen. Dies ist auch zu empfehlen, da sich der Abstieg von Vättis nach Bad Ragaz am zweiten Tag recht lang hinzieht und die wunderschöne Taminaschlucht viel Aufmerksamkeit und Zeit braucht, denn sie ist nun mit ihrer heißen Quelle zu Recht eine weltberühmte Sehenswürdigkeit. Wie es die Sage um die Magliatha vermeldet, war der Abgang durch die Taminaschlucht der heimliche, der Schmugglerweg, der es im Laufe der Jahrhunderte immer wieder ermöglichte, beim Abstieg ins Rheintal die Bischofsstadt Chur zu meiden.

Der Aufstieg zur Drachenlochhöhle beginnt am nordöstlichen Rand von Vättis, führt links am Chrüxbachtobel hinauf und ist mit Wanderweghinweisen ausgezeichnet. Richtung Bad Pfäffers und Bad Ragaz wandern wir nun, meistens im Tal, auf der linken Seite der Tamina entlang, die weiter im Westen, am Sardonagletscher, entspringt. Schon vor Vättis begleiteten uns rechter Hand die Zacken der Calanda, die hinter dem Stausee kleiner werden und zurücktreten. Ab Vasön – zur Linken die Tamina und Vadura zur Rechten – schneidet sich das Flusstal immer tiefer in den Felsboden ein. Wenn man Vasön links liegen gelassen hat, gibt es ungefähr einen Kilometer nördlich die Möglichkeit, in die Schlucht hinunterzusteigen und die Tamina über eine Holzbrücke zu überqueren. Man muss gleich, flussabwärts, durch die Wiesen weiter dem Tal folgen, einen Weg entlang, der sehr schlecht markiert ist.

Falls man sich dies nicht zutraut, steigt man einfach steil, dem markierten Hauptwanderweg nach, zur Straße hoch und läuft diese wieder ungefähr einen Kilometer entlang bis Ragol, von wo es markierte Hinweise zur »Naturbrücke« gibt. Diese ist ein Felsbogen über die Taminaschlucht und man kann schon ein wenig weiche Knie beim Darüberlaufen bekommen. Tief unten tost nämlich das Gletscherwasser dampfend vom Zufluss der heißen Quelle durch die Felsen. Hinter der Naturbrücke steigt der Weg wieder im Wald aufwärts und man erreicht, nach einem weiteren steilen Weg abwärts, das alte Heilbad Pfäffers, das aus einem einzigen großen Bau besteht. Hier sollten Sie unbedingt das Paracelsusmuseum besichtigen, die alten Baderäume und die Abbildungen, auf denen dargestellt ist, wie die Mönche vor Zeiten die Kranken von der Naturbrücke an Seilen zur Heilquelle hinunterließen.

Ein paar Meter flussaufwärts stößt man auf das Drehtor in die Taminaschlucht, deren Begehung man auf keinen Fall versäumen sollte. Um es zu öffnen, braucht man Münzen, die es am Automaten neben dem Kiosk gibt. Die heiße Quelle ist nicht nur ein Heilbad, sondern auch ein altes Liebesheiligtum, das von manchen Schweizerinnen und Schweizern bis in die Gegenwart auch als solches benutzt wird, wie ich erfahren habe. Am Bad Pfäffers steht ein schönes altes Brunnenbecken, in dessen heißem Wasser man die müden Wanderfüße entspannen kann. Wenn man nicht zu müde ist, kann man durch das Tal an der Fahrstraße entlang nach Bad Ragaz hinunterlaufen oder diese Strecke mit dem dort regelmäßig verkehrenden Bus schaffen. Ob das Wort Ragaz mit dem romanischen *ragazzi* (Kinder) zu tun hat, ist nicht hundertprozentig klar. Von anderen heiligen Flüssen ist bekannt, dass sie eher an ihrem Oberlauf die »jungen« Namen haben und am Unterlauf den »alten«, wie beispielsweise die Scharka bei Prag. Ich kenne jedoch einige Schweizerinnen und Schweizer, die in der Taminaschlucht, in Bad Pfäffers oder Bad Ragaz gezeugt wurden. Heute werden die Wasser der heißen Quelle durch ein mächtiges Rohrleitungssystem nach Bad Ragaz hinuntergeleitet. Es ist ein sehr schöner Abschluss dieser Wandertour, das öffentliche Warmwasserschwimmbad zu besuchen.

Frauen mit eingeschränkten körperlichen Möglichkeiten können von Bad Ragaz aus mit dem Bus bis Bad Pfäffers fahren. Gehbehinderte können auf jeden Fall von Bad Pfäffers aus durch die Schlucht bis zur Quelle gehen, der Weg ist nicht sehr weit und verläuft eben. Möglicherweise fühlen sie sich aber mit einer helfenden Hand zwischen den feuchten Felswänden wohler. Da ich die Quelle für einen wichtigen Kulturplatz halte, würde ich mich immer dafür stark machen, dass die Drehtür auch für Rollstuhlfahrerinnen aufgeschlossen wird. Der Weg selbst ist eben und breit genug für einen normalen mechanischen Rollstuhl. Die Steigung von Bad Ragaz nach Bad Pfäffers beträgt nur 170 Meter auf drei Kilometern, die Straße ist eben und leicht mit kleinen Schottersteinchen bedeckt. Ich kenne Rollstuhlfahrerinnen, die an der Behindertenolympiade teilgenommen haben. Für sie ist es kein Problem, selbstständig nach Bad Pfäffers zu rollen. Für weniger trainierte oder ältere Menschen im Rollstuhl wage ich dies nicht zu entscheiden.

Die Sage von der Magliatha

Auf einer Alb am Kunkelspass lebten einmal ein Zusenn, ein Hirtenbube und natürlich der Bauer, der Senn selbst. Wenn ihr jedoch heute durch dieses Tal wandert, so ist es öde, leer und feucht. Kaum bedeckt ein wenig Erde die rohen Felsen und Armut und Verlust fließen in traurigen Rinnsalen von den hohen Felswänden des verlassenen Tals. Wollt ihr wissen, wie es dazu gekommen ist? So hört diese wahre Geschichte, die noch heute in Graubünden und weit darüber hinaus erzählt wird. Eine Geschichte, die so sehr unsere Welt betrifft, dass man sie sogar auf den Höhen meiner Heimat, im Elfenland, erzählt.

Als nämlich der Zusenn und der Hirtenbube bei jenem reichen Talbauern schafften, da war dies eine wunderbare Zeit. Die Wiesen blühten zweimal im Jahr und wurden dreimal geschnitten, die Kühe kalbten jedes Mal ein Kälberpärchen auf einmal und Milch floss das ganze Jahr über in Strömen, sodass sich selbst die armen Leute in ihr baden konnten. Das war, weil die Göttin die Hand über dieses Tal hielt – vielleicht sogar über die Alpen und vielleicht noch weiter bis an die Küsten rund um den Kontinent. Es war die Große Göttin, die Himmel und Erde umfasst und bei den Rätiern den Namen Mari-Rätia hatte, bei den Völkern im Süden aber Mag-Liatha hieß. Beides heißt so viel wie »jene, die Meer und Felsengebirge regiert«. Ja, so sehr liebte die Große Göttin die Täler der Schweiz, dass sie sich selbst in einen Zusenn verwandelt hatte, der aus den Dörfern das Brot und den Schnaps auf die Alpen trägt und von dort wieder mit allerlei Botschaften ins Tal hinabsteigt. Ein Zusenn ist, wenn man so will, eine Art Laufbursche und als solcher hatte die Magliatha, so nannte sie sich, nun schon sieben Sommer lang gearbeitet, ohne dass irgendein Mensch hinter das Geheimnis des flotten Zusenns gekommen wäre.

Eines Tages lief sie wieder den schmalen Weg ins Tal hinab, als sie über eine große Steinplatte stolperte. Dabei zerriss ihr Hemd, und der Hirtenbube, der seine Kühe in der Nähe weidete, entdeckte voll Verwunderung, dass unter der Kleidung des Zusenns eine wunderschöne junge Frau steckte.

»Ha!«, rief er. »Das muss unser Senn wissen, welch glückselige Maid wir besitzen!«

»Verrat mich nicht!«, bat die Magliatha. »Ich will dir drei schöne

Hemden geben, die von selbst immer weißer werden, je länger du sie trägst.«

»Nein, nein! Die will ich nicht, die nehm ich nicht!«, rief der Hirtenbube zum zweiten Male. »Das muss unser Senn wissen, welch glückselige Maid wir besitzen!«

»Verrat mich nicht!«, bat die Magliatha ein zweites Mal. »Ich will dir drei Schafe geben, die du dreimal im Jahr scheren kannst.«

»Nein, nein! Die will ich nicht, die nehm ich nicht!«, rief der Hirtenbube zum dritten Mal. »Das muss unser Senn wissen, welch glückselige Maid wir besitzen!«

»Verrat mich nicht!«, bat die Magliatha zum dritten Mal. »Ich will dir drei braune Kühe geben, die du dreimal am Tag melken kannst.«

»Nein, nein! Die will ich nicht, die nehm ich nicht!«, rief der Hirtenbube ein weiteres Mal. »Das muss unser Senn wissen, welch glückselige Maid wir besitzen.«

»Verrat mich nicht!«, bat die Magliatha abermals. »Ich will dir einen Anger geben, den du dreimal im Jahr mähen kannst.«

»Nein, nein! Den will ich nicht, den nehm ich nicht!«, rief der Hirtenbube. »Das muss unser Senn wissen, welch glückselige Maid wir besitzen.«

»Verrat mich nicht!«, bat da die Magliatha ein letztes Mal. »Ich will dir eine Mühle schenken, die tagsüber Roggen mahlt und in der Nacht Weizen.«

»Nein, nein! Die will ich nicht, die nehm ich nicht!«, rief der Hirtenbube und blieb auch dieses Mal bei seinem Trotz. »Das muss unser Senn wissen, welch glückselige Maid wir besitzen.«

»Und wenn der es denn unbedingt wissen muss, Bub, so sinke bis zum Hals in den Grund ein!«

Da fing der Hirtenbube an zu jammern und zu klagen und flehte die Magliatha inständig an, dass sie ihn doch wieder hinaufziehen möge, er würde sie auch dem Senn nicht verraten. Doch kaum hatte sie dem Buben aus der Erde geholfen, da rief er ein letztes Mal: »Das muss unser Senn wissen, welch glückselige Maid wir besitzen!« Worauf die Magliatha ihn für immer und ewig drei Klafter tief in den Erdboden versenkte. Danach aber war es kein Bleiben mehr für die Magliatha. Traurig verabschiedete sie sich vom Alpkessel, dem Butterfass, ihrem kleinen Herd in der Hütte und von den Kühen, deren Milch nun vertrocknen würde. Dann stieg sie über den Kunkelspass und der Kessel, das Butterfass, der Herdstein und die Kühe folgten ihr weinend nach, solange sie sie noch sehen konnten. Sie kam an einem Brunnen vorbei und klagte: »O kleiner Brunnen, wenn ich davongehe, wirst du vertrocknen«, und so geschah es auch. Sie kam an der Halde vorbei und klagte: »O traute Halde, wenn ich davongehe, wirst du verdorren«, und so geschah es auch. Sie kam an einer Stelle im Wald vorbei, die dicht mit heilsamen Kräutern bestanden war, und klagte: »O ihr guten Kräuter, wenn ich davongehe, grünt ihr nimmermehr«, und so geschah es auch. Sie kam an den Kirchen von St. Jörg vorbei und später von St. Gall und überall begannen die Glocken so laut zu tönen, dass ihre Klöppel herausgeflogen sind.

*Es heißt aber, sie soll durch die Taminaschlucht geflohen sein, weit, weit, den Rhein abwärts und ohne Halt, bis sie an den Rändern der großen Meere stand, von wo sie übergesetzt ist. Wohin? Das wissen wir nicht? In ihre Heimat vielleicht, die Anderswelt.**

Archäologie und Geologie der Surselva

Von der plötzlichen Auffaltung der Alpen im Tertiär und dem damit verbundenen Aufreißen des Rheingrabens habe ich schon mehrmals in diesem Buch gesprochen. Für die prähistorische Landschaft in der Surselva ist sicher das wichtigste geologische Ereignis der in der Altsteinzeit geschehene Niedergang des Flimser Bergsturzes sowie der Sturzmassen zwischen Tamins und Chur. Die Talgletscher der letzten Eiszeit, der Zeit der Gravettienkultur mit ihren wunderschönen Frauenstatuetten und den hübschen Knochenhäusern, hatten jahrtausendelang die steilen Hänge des Rheintals abgestützt, die durch die eiszeitlichen Verwitterungsprozesse zerbrechlich geworden waren. Das Tal zwischen Ilanz und Chur war damals wesentlich tiefer als heute.

Als nun die Talgletscher vor etwa 12 000 Jahren, zur Zeit der Magdalénienkultur und der Gönnersdorfer Frauenstatuetten, abtauten, begannen auch die steil überhängenden Ge-

* Übersetzung aus dem Rätoromanischen nach: Caminada, C.: *Die verzauberten Täler,* Desertina, Disentis 1976

steinsmassen zu gleiten und abzubrechen, da ihnen nun der Halt durch das Eis fehlte. 13 Milliarden Kubikmeter Geröll und Gesteinsmasse polterten aus 800 Metern Höhe zu Tal – auf einer Länge von 16 Kilometern. Es war der größte Bergsturz Europas. Wenn man niemals in dieser Landschaft gewesen ist und die Felsen des Flimsersteins sowie die Trümmermasse, die heute die Hügellandschaft zwischen Bonaduz und Sagogn bildet, mit eigenen Augen gesehen hat, kann man sich dieses gewaltige Ereignis kaum vorstellen. Die herabstürzenden Felsmassen brandeten auf der anderen Talseite bei Valendas wie Meereswellen den Hang aus älteren Schieferschichten hinauf. Es muss tagelang eine ungeheure Staubwolke über dem gesamten Gebiet gelegen haben. Die herabgerutschten Felsmassen stauten den Oberrhein und seine Nebenflüsse und -bäche zu einem riesigen See auf, aus dem sich durch die hauptsächlich aus Kreidekalken bestehenden, eher weichen Schuttmassen der Rhein im Laufe der Zeit wieder seinen Weg hinaus bahnte. Dieser natürliche Stausee ist schon lange abgeflossen, aber der Rhein hat bis heute niemals wieder seine ursprüngliche, eiszeitliche Talsohle erreicht.

Auch die ersten 1000 Jahre nach der Eiszeit waren eine geologisch dramatische Zeit für die Gegend zwischen Chur und Ilanz. Es folgten nämlich noch weitere, kleinere Bergstürze, wie der bei Tamins mit »nur« 1,3 Milliarden Kubikmeter Hangmasse. Außerdem versperrten so genannte Toteisgletscher viele Talausgänge, hinter denen sich ebenfalls Wasser und Muren – Geröllawinen – aufstauten. Tauten nun diese Blöcke auf, so stürzten diese Wasser in katastrophaler Geschwindigkeit ins Rheintal hinunter, Geröllberge und Schutt, so genannte Muränen, vor sich her schiebend. Durch pollenanalytische Untersuchungen weiß man, dass dies bereits um 10 000 v. u. Z. geschah, also schon im frühen Mesolithikum. Sicher wurden die dort wandernden und jagenden Menschen Zeugen, wenn nicht gar Opfer solcher Katastrophen. Ein Teil dieser geologischen Ereignisse hat sich mit Sicherheit in den Sagen und Mythen der gehörnten Schlange und der anderen Ungeheuer niedergeschlagen.

Die Besiedlung der Alpen reicht bis ins mittlere Paläolithikum zurück, die Zeit der Neandertaler, wie die Funde in der Drachenlochhöhle bei Vättis oder dem Wildkirchli bei St. Gallen zeigen. Das Neolithikum, die Jungsteinzeit, ist in der Schweiz durch die Ausgrabungen der Seeuferrandsiedlungen vom Zürichsee, vom Walensee, aus dem Thurgau und vom Bodensee her gut beschrieben. Auch aus dem Churer Rheintal, dem Domleschg und dem Engadin sind frühneolithische Funde, sogar mit mesolithischen Steinartefakten, vergesellschaftet dokumentiert. Spätere Funde gehören der Horgener Kultur an, benannt nach einem Fundplatz am Zürichsee, weitere sind zeitgleich mit der mitteleuropäischen Rössener Kultur und anderen spätneolithischen Gruppen einzuordnen.

Die Funde aus der frühen Bronzezeit gehören in den Zeithorizont der Aunjetitzer Kultur, benannt nach einem Fundplatz bei Prag. Es gab viele Siedlungen und Dörfer, die meistens auf den Höhen angelegt waren, wie zum Beispiel die Muota Falera. Der bisher einzige Grabfund aus der spätbronzezeitlichen Urnenfelderkultur der Schweiz, eine Urne, stammt aus Mels im Kanton St. Gallen, der heute im Rätischen Museum von Chur ausgestellt wird. Die Eisenzeit Graubündens ist durchaus keltisch geprägt, also in einer ersten Phase durch die von Osten kommende Hallstattkultur der Salzhändlerinnen und später durch die in den oberitalienischen Raum vordringende La-Tène-Kultur. Die Täler Graubündens bildeten zu allen Zeiten wichtige Durchgänge nach Süden.

Wege in die Anderswelt

Ich habe oben, bei der Tour auf den Crap San Gion, jenen alten Hohlweg beschrieben, der auf die Terrassen von Pardi hinaufführt. Meine Freundin Regina Kühne machte mich im vorigen Jahr auf die Besonderheiten dieses Weges aufmerksam. Im Sonnenlicht ist er wie eine Spirale voller tanzender Geister, Baumelfen oder Steinnymphen. Er führt aus dem Diesseits der profanen Alpenversorgungsstraße in die Anderswelt der Steine von Pardi, von unten nach oben. Pardi selbst spielt mit dem Hin und Her der Welten, obwohl niemand genau zu sagen vermag, ob die Muota Falera die andere Welt bedeutet oder die Steinterrassen am Hohlweg. Oder ist das Andere eben *immer* das Andere auf der anderen Seite der Gegenwelt?

Kein Wunder, dass die christlichen Missionare mit solch einem Umgang des Heiligen schwer fertig wurden, denn heilig war eben immer das Andere – und das Andere von jenseits des Tals, von der anderen Seite des Passes, kam aus der Fremde. Doch die wurde rasch, oft mit einem Sprung über das Tal, vertraut und die zurückgelassene Gegend war plötzlich die andere Welt, heilig und ideal. Das ist die zweihälftige Sicht einer Welt, bestehend aus »da« und »dort«, »hinüber« und »herüber«. Aber der Hohlweg verbindet noch eine andere Vorstellung des Andersweltlichen, wie ich sie fast nur aus Hochgebirgsgegenden kenne: die zwei gleichwertigen Anderswelten, jene vom Oben und jene vom Unten, zwischen denen das Diesseits der Menschen liegt.

Die Mittelwelt, die von Menschen und Vieh besiedelte Erde, sind die Matten, die baumbestandenen Terrassen zwischen dem sumpfigen, mückenreichen Urgrund der Flusstäler, in denen man jagen und fischen, aber nicht wohnen kann, und den kahlen, felsigen Höhen oberhalb der Baumgrenze und am Gletscherrand, wo man auch nicht wohnen, aber doch jagen kann oder spirituelle Aktionen ausführen, wie es vielleicht der spätneolithische Ötzi am Simmilaunjoch getan hat. Von hoch oben aus gesehen wiederum sind auch die mittleren Matten der tiefen Anderswelt verbunden und aus dem sumpfigen Tal, dem geheimnisvollen Sagogn zum Beispiel, heraus betrachtet, sind sie Teil der lichten, oberen Welt. Es ist immer der Standpunkt, der die jenseitigen Welten in ihrer Qualität bestimmt.

Der Hohlweg verbindet diese drei Ebenen miteinander – und möglicherweise ist ebendieser Weg das eigentliche spirituelle Zentrum der Welt. »Würdest du sonst so viele Geisterchen, Elfen und summende Bienen hier finden?«, meinte meine Freundin. »Schade, dass ich die nicht fotografieren kann.«

Literatur

Bessler, G.: *Von Nixen und Wasserfrauen*, DuMont, Köln 1995

Brunold-Bigler, U.: *Die Sagensammlung der Nina Camenisch*, Desertina, Disentis 1987

Büchi, U./Büchi, G.: *Die Megalithen der Surselva*, 5 Bde., Desertina, Disentis 1984–1987

Caminada, C.: *Die verzauberten Täler*, Desertina, Disentis 1976

Derungs, K.: *Amalia oder der Vogel der Wahrheit*, edition amalia, Bern 1996

Derungs, K. (Hrsg.): *Mythologische Landschaft Schweiz*, edition amalia, Bern 1997

Egloff, P.: *Sagen der Schweiz. Graubünden*, Limmat, Zürich 1995

Guntern, J.: *Sagen der Schweiz. Wallis*, Limmat, Zürich 1999

Keckeis, P., u. a.: *Sagen der Schweiz.* Graubünden, Limmat, Zürich 1995

Maissen, A.: *Laax, eine Bündner Gemeinde*, Stiftung »Pro Laax«, Laax 1978

Meier, P.: *Schweiz – Geheimnisvolle Welt im Schatten der Alpen*, Reihe: Magisch reisen, Goldmann, München 1993

Schlichterle, H.: *Siedlungsarchäologie im Alpenvorland*, Theiss, Stuttgart 1990

Schlichterle, H. (Hrsg.): *Pfahlbauten rund um die Alpen*, Theiss, Stuttgart 1997

Zürcher, A. C.: *Urgeschichtliche Fundstellen Graubündens*, Schriftenreihe des Rätischen Museums, Chur 1982

Rätsellösung (zu Seite 150): Das Land selbst mit den Hörnerspitzen wie dem Crap San Gion, den fruchtbaren Matten und den silbrig zu Tal stürzenden Bächen und Flüssen.

Österreich

Wo die Hexen schlafen gehen: Das Salzburger Land

Überblick

Sowohl Salzburg als auch Berchtesgaden sind sehr gut mit der Bahn zu erreichen. In die kleineren Ortschaften, wie Bad Reichenhall oder Hallein, gelangt man, wenn man in München umsteigt, ebenfalls ohne Komplikationen. Für Autofahrerinnen führt die A 8 von München in diese Gegend.

Man kann sich direkt in Salzburg eine Unterkunft suchen, doch sind die Hotels dort nicht gerade preiswert. Auch Bad Reichenhall auf der deutschen Seite ist nicht viel billiger. Günstig sind zum Beispiel die Naturfreundehäuser. Die Alpeltalhütte liegt mitten in der Berchtesgadener Bergwelt und ist vom Bahnhof Berchtesgaden aus mit dem Bus zu erreichen. Das Schneipsteinhaus liegt 600 Meter höher und ist über die Jennerberg-Seilbahn und nach einer kleinen Wanderung zu erreichen. In fast allen größeren Ortschaften gibt es auch gediegene Landgasthöfe und preiswerte Pensionszimmer.

Die »Schlafende Hexe« von Bayerisch Gmain

Auf der Karte findet man diesen Gebirgszug unter dem Namen Lattengebirge, aber wenn man sich per Auto oder Bahn diesem Höhenzug nähert und an ihm vorbei Richtung Berchtesgaden fährt, genügt ein Blick nach oben, und man weiß sofort, warum er auf vielen Karten und vor allem im Volksmund den Namen »Schlafende Hexe« hat. Dunkelgrau ruht sie vor dem hellen, bayerischen Himmel, hakig die Nase nach oben gerichtet, trotzig das Kinn, der Busen und die Fußspitzen zu den Wolken gekehrt. Das Profil der Schlafenden Hexe ist mehrere Kilometer lang und über 1000 Meter hoch.

Man kann den gut gekennzeichneten Aufstieg von Bad Reichenhall aus beginnen, aber auch vom Soleweg und von Bayerisch Gmain führen einige Wanderwege hinauf. Bequemer geht es natürlich mit dem Sessellift auf eine der spitzen Profilkuppen der Schlafenden Hexe: den Predigtstuhl, von dem aus man eine wunderbare Rundsicht auf den Untersberg und den gegenüberliegenden Staufen hat, der manchmal im Abendlicht wie ein riesiges, geheimnisvolles Schiff aus der Anderswelt durch die Abendschatten segelt.

Wer schläft wohl in diesem Massiv? Der Untersberg bei Salzburg

Der Untersberg ist ein breites Bergplateau, ein Tafelberg, dessen mystische Geschichte weit zurückreicht. Es gibt unzählige astronomische Korrelationen und die Buchhandlungen der umliegenden Orte führen viel Literatur darüber.

In der Gegend gibt es den Brauch, am Tag vor dem Sonnenaufgang am 21. Juni hinaufzusteigen, dort zu übernachten und morgens gegen fünf Uhr das grandiose Ereignis der aufgehenden Sonne zu erleben. Man kann den Untersberg von Winkl, Berchtesgaden oder Dürnberg aus erwandern. Aber man sollte sich für diese Tour durchaus zwei Tage Zeit nehmen. Da der Berg ein flaches Plateau hat, benötigt man für die Wanderung, obwohl sie fast auf 2000 Meter Höhe führt, lediglich eine gute Wanderkondition, feste Bergschuhe und Wetterkleidung.

Archäologie und Geologie des Salzburger Landes

Würde man einen der alten Kelten aus der Hallstattzeit fragen, warum er das Salzburger Land interessant fand, würde er vermutlich fröhlich grinsend sagen: »Wegen des Salzes, meine Dame.« Namen wie Hallein, Reichenhall und Hallstatt zeigen diese alte Geschichte der Salzgewinnung durch die Vor- oder Nachsilbe *hall* an. Und in keinem anderen

Städtenamen ist die Verbindung zur Salzförderung so deutlich wie im Namen der österreichischen Mozartstadt Salzburg. So kann man an verschiedenen Stellen auch die mittelalterliche Geschichte des Salzbergbaus studieren, in Salzbergwerke einfahren oder entlang dem alten Soleleitweg von Bad Reichenhall nach Bayerisch Gmain und weiter ins Berchtesgadische, entlang an den alten Röhrensystemen, wandern.

Nicht nur in dieser Hinsicht ist das Grenzgebiet Salzburg/ Bad Reichenhall/Berchtesgaden geschichtsträchtig und berühmt. Mozart und die Salzburger Festspiele haben diese Barockstadt ebenso in aller Welt bekannt gemacht wie, sehr unrühmlich in diesem Jahrhundert, die Bergfeste der Nazis auf dem Obersalzberg bei Berchtesgaden. Doch die Erde kann nichts für das, was die Menschen ihr antun, und so ist es wohl am besten, den Satz eines berühmten Bergsteigers auf sich selbst anzuwenden: »Wen Gott liebt, den (oder die …) lässt er fallen in dieses Land.«

An einem lieblichen Herbstnachmittag dort dämmerte mir ein wenig davon, was wohl »die Göttin« sein mag: die Einheit von Landschaft und wandernden Frauen in ihr – Schönheit, die aber doch nur für sich bestünde, gäbe es nicht noch ein drittes Element, uns Poetinnen, die von dieser Landschaft künden.

Sie trugen die Göttin immer bei sich: Niederösterreich

Überblick

Wie ich bereits an anderer Stelle andeutete, erscheint mir das Gravettien – die Zeit der sesshaften Sammlerinnen und Jägerinnen gegen 30 000 v. u. Z. – für den Nachweis von frauenzentrierten Gruppen- oder Gesellschaftsstrukturen die erfolgversprechendste Periode.

Die wichtigsten Fundplätze Mitteleuropas aus dieser Zeit liegen auf beiden Seiten der österreichisch-tschechischen Grenze.

Die Beschreibung einer auch gut von österreichischer Seite zu erreichende Kulturstätte finden Sie auf Seite 166 ff.

Die Frau von Willendorf

Der Fundort der weltberühmten Frauenstatuette von Willendorf liegt in der Wachau, etwa 30 Kilometer westlich von Krems auf einer Flussterrasse oberhalb der Donau. Dort entdeckte ein Arbeiter während einer archäologischen Grabung am 7. August 1908 die eigenartige kleine, knapp elf Zentimeter lange Statuette, die er anfänglich nur für einen seltsam geformten Stein hielt.

1925 wurde eine weitere, schlanke Figur gefunden, die etwa 23 Zentimeter hoch war. Fußteil und Kopf waren bereits zur Zeit des Jungpaläolithikums abgebrochen, sonst wäre sie noch um einiges größer gewesen. Beide Figuren gehören ohne Zweifel in das Typenspektrum des so genannten Statuettenhorizonts, der sich in der jüngeren Altsteinzeit von Osteuropa bis nach Frankreich hinein hinzog.

Heute steht eine großartige überdimensionale Figur der Frau von Willendorf an der Fundstelle und es gibt dort ein Museum, in dem man sich kundig machen kann. Der Fund wurde beim Bau der Eisenbahn gemacht.

Ein Fußweg führt direkt hinter den Bahnschienen an diese

Stelle. Das Original befindet sich heute im Kunsthistorischen Museum von Wien. Wer sich darüber hinaus für die Frauenstatuetten der Jungsteinzeit interessiert, sollte unbedingt die etwa 100 Kilometer lange Strecke in nordöstlicher Richtung ins »Weinviertel« fahren, in den Ort Poysdorf nahe der tschechischen Grenze. Dort befindet sich ebenfalls ein gutes Museum, in dem viele Fragen über das Leben der Frauen in der Alt- und Jungsteinzeit beantwortet werden.

Die Frau von Willendorf
(Replik von H. Schüller)

Tschechien*

Die sesshaften Steinzeitfrauen von Dolní Věstonice an der österreichischen Grenze

Überblick

Von Brno im Osten Tschechiens bis Mikulov, einer Grenzstadt im Süden an der österreichischen Grenze, sind es mit dem Auto etwa 50 Kilometer auf der E 461. Ungefähr 15 Kilometer vor Mikulov überquert die E 461 den See der aufgestauten Dyje, und der Höhenzug Děvin steigt aus der Ebene auf.

Der Děvin ist ein 550 Meter hoher Bergrücken, der sich von Nordost nach Südwest etwa fünf Kilometer hinzieht und ein schönes, mit guten Wegbezeichnungen versehenes Wandergebiet bildet. An seinem südlichen Rand liegt der Ort Klentnice mit einem hübschen Hotel, von dem aus es mit dem Auto nur wenige Kilometer um den Děvin herum nach Dolní Věstonice sind.

Am Abhang des Děvin, in einer Ziegelei des kleinen Dorfes Dolní Věstonice, wurde in den 20er-Jahren des 20. Jahrhunderts ein gravettienzeitlicher Siedlungsplatz und eine Frauenstatuette gefunden.

Als die Nazis gegen Ende des Zweiten Weltkriegs das von ihnen besetzte Brno verließen, verbrannte ein Großteil der Funde im Schloss von Mikulov. In den 50er- und 70er-Jahren wurden die Grabungen wieder aufgenommen. Dabei fand man Überreste von Siedlungen und Bestattungen sowie Arbeitsgeräte und weitere Kunstwerke der Menschen, die hier gelebt hatten.

---

* Siehe auch die deutsch-tschechischen Grenzwanderungen, S. 129 ff.

Auf den Spuren der Frauen von Dolní Věstonice

Um einen ersten Eindruck von der Landschaft zu erhalten, sollte man als Erstes die alte Burgruine oberhalb von Dolní Věstonice besteigen und danach das kleine Museum im Dorf besuchen, in welchem Funde und Geschichte der Plätze Dolní Věstonice und Pavlov zu sehen sind. Einen größeren Überblick über die Alt- und Jungsteinzeit bietet dann das Moravske Muzeum in Brno. Beide Museen liegen innerhalb der Ortschaften, sind also mit dem Auto erreichbar. Es sind zwar alte Gebäude mit Treppen und Winkeln, sie sind aber auch für Gehbehinderte und Rollstuhlfahrerinnen zugänglich.

Archäologie und Geologie der Region

In den Ziegeleigruben Dolní Věstonices und in seiner Umgebung wurden nicht nur Funde aus der Altsteinzeit, sondern auch spätere, bis hin zur römischen Eisenzeit, gemacht. Am wichtigsten sind zweifellos jene aus dem Jungpaläolithikum, der jüngeren Altsteinzeit. Der südliche Teil von Tschechien ist, was das Gravettien betrifft, eine der wichtigsten Fundregionen überhaupt und schließt sich eng an die Fundplätze Österreichs – der bekannteste ist Willendorf an der Donau – an.

Wie bereits erwähnt liegt Dolní Věstonice an einem Hang des Děvin, oberhalb eines heute aufgestauten kleinen Flusses. Nur wenige Kilometer entfernt findet sich der Fundort Pavlov, etwa 60 Kilometer nördlich, am Ausgang der sogenannten Mährischen Pforte, der Fundort Předmost.

Wenn man heute oberhalb der alten Ziegelei von Dolní Věstonice auf den Überresten der mittelalterlichen Burg steht und ein wenig die Augen zukneift, fällt es gar nicht schwer, sich die Häuser und Straßen der Gegenwart, den etwas verlotterten modernen Stausee oder die Dunstwolken der Eisenbahn in einiger Entfernung wegzudenken und nur noch die wie ein leicht bewegtes Meer heranrollenden, weiten Hügel-

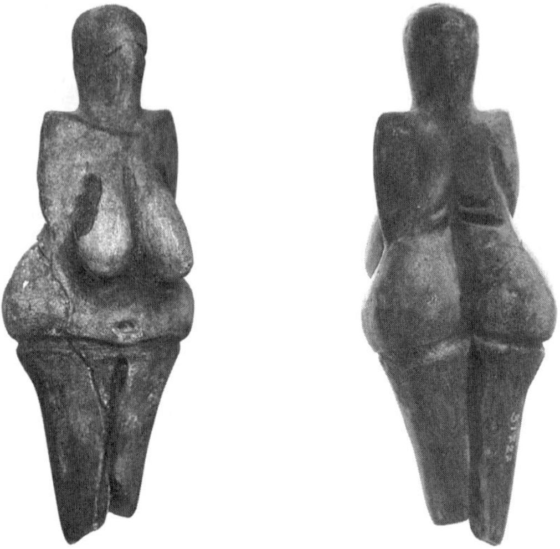

Die Frau von Dolní Věstonice (Replik, Museum Monrepos)

wellen der Lössebene zu sehen, die eiszeitlichen Steppenlandschaften mit ihren großen Tierherden, das Sonnenlicht auf den dunklen Fellbergen der vorbeiströmenden Mammuts, den sicheren Schutz des Berges im Rücken und die reiche Tundra vor sich.

Aber nicht nur Mammutfleisch bot diese Region den Menschen als Nahrungsmittel. Ebenso wurde das Rentier gejagt, wie die Knochenfunde von Dolní Věstonice bezeugen, weiterhin Pferde, Füchse, Wölfe, Kleintiere wie Hasen oder Vögel. Dolní Věstonice und die anderen Siedlungen wurden eindeutig ganzjährig bewohnt. Berge von Mammutknochen zeugen von der zentralen Stellung dieses Materials im Leben der mitteleuropäischen Gravettienmenschen. Die Knochen wurden zum Heizen, zum Hüttenbau und als Rohstoff für Arbeitsgeräte, Kunstgegenstände und Jagdwaffen gebraucht.

Die Siedlung von Dolní Věstonice umfasste sechs Hütten, in denen etwa 100 bis 120 Menschen lebten. Diese Hütten bestanden aus einem stabilen Unterbau aus Steinen und Mammutknochen, darüber lag vermutlich eine zeltartige Konstruktion aus Häuten und Mammutstoßzähnen. Warum eine der Hütten einem »Zauberer« gehört haben soll und nicht einer »zauberischen Person« im geschlechtsneutralen Sinn, scheint nicht nur das Rätsel schlechter Übersetzungen zu sein, sondern auch eine Folge unhinterfragter Vorurteile in den Köpfen der diversen Ausgräber dieser Plätze. Handelt es sich hier doch um Fundplätze, die sich besonders dadurch auszeichnen, dass an ihnen in über 90 Prozent der Fälle Frauenstatuetten gefunden wurden, außer dem recht »abgeschabten« Mann vom Fundort Franz-Josef-Straße in Brno ist weit und breit kein Mannsbild im Gravettien zu entdecken. Die Bestimmung seines Geschlechts ist darüber hinaus höchst zweifelhaft.

In der Zauberinnenhütte gab es nur wenige Steinwerkzeuge, dafür mehr als 2000 gebrannte Tonklumpen, Tierdarstellungen und hohle Knochen, die wahrscheinlich als Flöten gebraucht wurden. Ein kleiner Frauenkopf ist eines der ältesten Porträts in Europa überhaupt. Es zeigt eine krankhafte Deformierung am linken Auge sowie einen schief gestellten Mund, genauso wie der Schädel des unten beschriebenen Frauenskeletts. 1948 wurde noch einmal ein maskenartiges Köpfchen der gleichen Art gefunden. Allein die Idee ist faszinierend, dass das Menschengeschlecht in Gestalt der Frauen damals zu sich selbst erwacht sein könnte und – ganz im Sinne Hegels – gelernt haben könnte, dem, was wir Geschichte nennen, ein Bewusstsein zu geben.

Berühmt wurde Dolní Věstonice für eine gefundene Dreifachbestattung: eine Frau, die vermutlich bei einer Geburt starb, sowie zwei mit ihr verwandte Männer, in denen die Ausgrabenden die Geburtshelfer vermuteten. Die Frau litt an einer Mangelkrankheit, die sich im Knochenbau niederschlug. Das deformierte Becken führte wahrscheinlich zu einer erschwerten Geburt. Auch der Gesichtsschädel der Frau war krankhaft verändert. Möglicherweise stellt der kleine Frauenkopf, der in Dolní Věstonice gefunden wurde, das Porträt dieser Frau dar. Ein weiteres wichtiges Fundstück ist die Frauenstatuette aus gebranntem Lehm sowie eine »Landkarte«, die in eine Mammutzahnspitze eingeritzt wurde. Dazu kommt reichhaltiger Schmuck aus fossilen Schnecken und

Muscheln, kleine Knochenflöten sowie verschiedene Farb- und Ockerreste. Folgt man Klimas Ansichten, nach denen die Mangelkrankheit der Menschen von Dolní Věstonice und die dramatische Geburtshilfe mit tödlichem Ausgang für alle Beteiligten Ausdruck für eine ökologisch-klimatische Krise im Raum Brno um die Zeit des Gravettien waren, so erscheint am Beispiel Dolní Věstonice Urgeschichte wie Zeitgeschichte.

Das Matriarchat am Rande der Zeit

Auch wissenschaftliche Erfahrungen können sehr persönlich und emotional besetzt sein. Möglicherweise unterscheidet das die Art und Weise, mit der wir Feministinnen uns der Archäologie und ihren Befunden nähern, von jener der Männer: Wir akzeptieren unsere gefühlsmäßige Verbundenheit mit dem wissenschaftlichen Stoff und bemühen uns trotzdem, das Objektive und das Individuelle zu trennen – was man nicht unbedingt allen männlichen Autoren unseres Fachs nachsagen kann. Kurz und gut: Ich liebe das mittel- und osteuropäische Gravettien. Warum? Wegen seiner ungezählten Frauenstatuetten, seiner Kunst- und Musikgegenstände und wegen seiner wundersamen Hüttenkonstruktionen aus Mammutknochen. Der langen Rede kurzer Sinn: Wenn es jemals so etwas wie ein »Matriarchat« gegeben hat, dann damals, in den Jahren zwischen 35 000 und 25 000 v. u. Z. Zu dieser Zeit gab es allerdings noch keine Tempel oder Priesterinnen, keine Äcker und keine Heroen, keine Badewannen und kein Butterbrot. Aber vielleicht haben Sie schon einmal Fotos von lächelnden Inuitkindern gesehen oder von Tungusen am Rande der Welt? So lächelten sie vielleicht auch, die Frauen vom Rande der Zeit.

Literatur

Klima, B.: *Die jungpaläolithischen Mammutjäger-Siedlungen Dolní Věstonice und Pavlov in Südmähren,* Archäologie und Museum, Heft 23, Basel 1991

Probst, E.: *Deutschland in der Steinzeit,* München 1991

In Rübezahls Reich: Das Riesengebirge

Überblick

Ein guter Ausgangspunkt für Wanderferien im Riesengebirge ist das alte Bad Janské Lázně am Südostrand des Krkonoše (Riesengebirge). Im tschechischen Namen klingt noch das altgriechische Wort für Zeit an, gleichzeitig der Name des im Griechischen dafür zuständigen Riesen: Chronos. Janské Lázně ist ein altes Heilbad, dessen Quelle laut der Sage 1006 u. Z. von einem Knecht gefunden und Johannisquelle genannt wurde. Möglicherweise wurde sie aber auch im Zusammenhang mit dem reichen Erzbergbau entdeckt, der in den Randgebieten Tschechiens eine jahrhundertelange Geschichte hat. Der kleine Ort liegt etwa 700 Meter über dem Meeresspiegel am Abhang des Černá Hora, des Schwarzen Berges. Er ist verkehrsberuhigt, da alle Autos am Ortseingang auf großen bewachten Parkplätzen abgestellt werden müssen. Der Nachbarort Svoboda nad Úpou hat auch eine Bahnstation. In Janské Lázně gibt es einige gute Pensionen und Hotels und das gesamte Gebiet des Riesengebirges hat eine gute, gediegene, etwas altertümliche Infrastruktur. Ähnlich wie Rügen war Janské Lázně während des Sozialismus auch gewissermaßen die gute Stube für Reisende aus Deutschland, Tschechien und Polen. Seine Fremdenverkehrstradition reicht jedoch bis zur Jahrhundertwende zurück.

Die Infrastruktur für behinderte Menschen ist im Riesengebirge nicht gerade auf dem neuesten Stand, allerdings gleicht die Freundlichkeit und das zuvorkommende Verhalten der tschechischen Bevölkerung manches an baulichen Unbequemlichkeiten aus. Ich übernachte in Janské Lázně immer in dem tschechisch-italienischen Hotel Vyhlidka / Belavista, das von sehr lieben Wirtsleuten geführt wird. Das Haus hat einen Aufzug und die Zimmer sind geräumig und mit großen Bädern ausgestattet. Genauere Informationen sollte man bei der Anmeldung einholen.

Von Janské Lázně zum Černá Hora, dem Schwarzen Berg

Das Gebiet am Schwarzen Berg ist ein Skigebiet, sodass auch Seilbahnen und Sessellifte hinauffahren. Es empfiehlt sich eventuell, die Seilbahn zur Sokolská Bouda zu benutzen, um den weiten Aufstieg abzukürzen. Wer zu Fuß gehen will, folgt links, über den Eingangsstufen zur Seilbahnstation, der grünen Markierung im Tal entlang zur Hoffmannová Bouda. Dort leitet Sie eine gelbe Markierung in den Wald. Auf einer kleinen Straße geht es mit einer blauen Markierung im Wald aufwärts zur Zradlovka Bouda. Dort muss man sich, der gelben Markierung folgend, rechts halten und erreicht nach einem wackeren Anstieg die obere Seilbahnstation. Von hier aus folgt man der roten Markierung Richtung Rachotova Bouda. Links sieht man jetzt den Gipfel des Černá Hora mit seinem Fernsehturm und kann weiter zur Černá Bouda blicken. Von hier aus ist bei klarem Wetter die Schneekoppe zu sehen. Oberhalb dieser Bouda (*bouda* = Hütte, Gasthof) gibt es ein ziemliches »Weggewurschtel«. Sie müssen erst einen Bohlenweg mit rot-gelber Markierung benutzen, dann geht es einen recht steinigen Weg hinunter, nach einer scharfen Linkskurve folgt ein kurzes Stückchen mit blauer Markierung. Dann kommt gleich die grüne Markierung, die das Hochmoor des Černá Hora (Cernohorská Rašelinina) umrundet. An der Stelle, wo auch die gelbe Markierung wieder erscheint, wendet sich die Umrundung nach rechts, und man kommt an eine Aussichtsplattform.

Sie sollten auf keinen Fall die Wege, Bohlen und Markierungen verlassen. Es handelt sich hier oben durchaus um ein Moor, das lebensgefährlich werden kann, und die Gegend ist, trotz der vielen Bouden, relativ einsam. Der Weg zur Aussichtsplattform zweigt von dem Hauptrundweg ab. Wenn man auf diesem weiterwandert, erreicht man einen baumlosen Hang, der wieder einen schönen Rundblick bis zur Schneekoppe hinüber bietet. Die gelbe Markierung läuft nun nach Norden, ins Tal hinunter, und Sie folgen weiter der grünen Markierung, die nun von Schrägbalken gekreuzt wird, möglicherweise ist dies die Signatur für die Bohlenwege. Am Ende dieses Bohlenwegs geht es rechts, wieder mit einer normalen grünen Markierung, einen langen, sanften und breiten Weg ins Tal, Richtung Janské Lázně hinunter.

Unterwegs begegnen uns noch die Modré Kameny. *Kameny* bedeutet »Stein, Felsen«, die wichtigste Vokabel für Stein- und Felsinteressierte. (Dies war das erste tschechische Wort, das ich gelernt habe.) Es sind Aussichtsfelsen, die nach Südosten gerichtet stehen. Allerdings ist es durch die dichte Bewaldung schwierig, weitere Peilungen vorzunehmen oder sonstige Aussagen zu machen. An der Modrokamenná Bouda führt rechts die blaue Markierung nach Janské Lázně hinein.

Diese Rundwanderstrecke mit Abstecher ins Moor ist ungefähr 15 Kilometer lang und man muss 700 Meter Höhenunterschied überwinden – es handelt sich also auf jeden Fall um eine gute Tagestour. Das Hüttenwesen ist, je nach Jahreszeit, nicht hundertprozentig zuverlässig, weshalb es sich empfiehlt, Proviant und Getränke mit sich zu führen. Als uns der Beginn an der Talstation mit all seinen verschiedenen Wegmarkierungen einmal zu unübersichtlich war, haben wir den Aufstieg über die Modré Kameny gewählt, was den Vorteil hat, nicht gleich am Anfang so steil hinaufkraxeln zu müssen. Man sollte sich, wie immer im Gebirge, mindestens einen Tag akklimatisiert haben, ehe man größere Touren auf die Berghöhen unternimmt. Für Frauen aus dem Flachland zum Beispiel empfiehlt es sich sogar, zwei Tage Luft zu schnappen, wenn sie nicht auch sonst viel im Gebirge wandern. Als Einstieg empfiehlt sich zum Beispiel ein Besuch in der Adersbacher Felsenstadt oder der kurze Wanderweg im Tal nach Svoboda nad Úpou und zurück.

Das Märchen von Rübezahl

Der Stammvater aller Slawen hatte drei Söhne, von denen der jüngste Schles hieß. Nach einem Streit mit seinen recht raffgierigen älteren Brüdern nahm Schles ein paar alte eingeritzte Stäbe, die seiner Großmutter gehört hatten und deren Zeichen er nicht mehr entziffern konnte, eine Kiste mit Angelhaken sowie sieben Brote, setzte sich in ein kleines Boot und segelte so lange, bis er in ein Land kam, wo noch niemand lebte und das ihm so gut gefiel, dass er beschloss, sich dort anzusiedeln. Das Land nannte er Schlesien, genauso wie Jahrhunderte später ein gewisser Amerigo sein Land der Träume Amerika taufte.

Er suchte sich eine Höhle, um darin zu hausen, und der Stab mit den Zeichen darauf half ihm, frisches Quellwasser zu finden. Aber mit diesen Quellen hatte es seine Bewandtnis: Die erste, von der er trank, öffnete ihm die Augen, sodass er alle Wunder und Schätze des Berges finden konnte, seine Edelsteine und Goldadern, seine reichen Silbervorkommen und Kohlegeheimnisse, und das machte ihn zu einem reichen Mann, der auch viele andere Menschen, die an dem Reichtum der Berge teilhaben wollten, nach sich zog. Und weil ihm die Augen geöffnet waren, so konnte er auf einmal die eingeritzten Zeichen auf dem Stab seiner Großmutter lesen, und er wurde ein weiser, heilkundiger Mann, der den Menschen Schlesiens viel Gutes tat.

Die zweite Quelle, auf die er eines Tages stieß, war so schwach, dass sie nur einen Tropfen am Tag von sich gab. Es war die Quelle des ewigen Lebens, und als er dreimal von ihr getrunken hatte, schlossen sich seine Augen, und er fiel in einen langen, langen Schlaf. Als er so manches Jahrhundert später wieder erwachte, hatte er sich in einen jungen Mann verwandelt, und ihm geschah an der dritten Quelle das, was leicht jungen Menschen passieren kann. Er beobachtete nämlich eine Prinzessin, die mit ihren elf Freundinnen dort badete, und verliebte sich Hals über Kopf in sie. Ja – und dann wich er wohl das erste Mal in seinem wunderbaren Leben und, das muss gesagt werden, auch das letzte Mal, vom geraden Weg der Tugend ab und entführte sie in seine reichen unterirdischen Höhlen, indem er einfach den Boden bei der Quelle unter ihren Füßen fortzog, wie unsereins einen Teppich beiseite rollt.

Diese Prinzessin nun war auch nicht mehr so ganz das, was wir uns unter einer edlen Frau vorstellen, denn sie wehrte sich nicht, vergaß ob all der Reichtümer und Zaubereien ihres neuen Freundes den alten Verlobten oben bei Hof und begann nun wacker, den guten Schles und seine Schuldgefühle auszunutzen. Er musste ihr nämlich alles heranschaffen, was ihr Herz begehrte, und so entstand allmählich durch seine Zauberkraft ein ganzer unterirdischer Hofstaat mit Dienerinnen, Dienern, Kammerzofen, goldenen Kutschen, silbernen Tellern und edelsteinbesetzten Spiegeln, vor denen sich die Prinzessin eitel in ihren bunten Seidengewändern drehte und wendete. All das zauberte Schles aus Rüben heran, die er oben von den Äckern zog, doch es kam, wie es kommen musste, die Rüben gingen zurück und selbst ein riesiger Acker mit frisch gesäten Rüben, unter dem Schles ein Feuer entzündete, um das Aufkeimen zu beschleunigen, war nicht imstande, die immer maßloseren Wünsche der Prinzessin zu erfüllen.

Zu guter Letzt langweilte sich die Prinzessin und es fiel ihr gerade im richtigen Augenblick der alte Verlobte ein, dem sie umgehend drei Botschafterinnen sandte: eine Biene, eine Grille und eine Elster. Nur die Letztere erreichte ihr Ziel und der geduldige Verlobte sattelte sein Pferd, sammelte Helfer und blies ins Horn, seine Versprochene aus den Klauen des Berggeistes zu befreien. Sie wiederum führte Schles weiter an der Nase herum. Sie wolle ihn nun doch endlich heiraten, versprach sie, und zu diesem Zwecke solle er doch bitte auf den Rübenacker eilen, um nachzuzählen, ob auch genügend Rüben zur Erstellung der ganzen Hochzeitsgesellschaft, der Köche und Krämer, der Priester und Blumenmädchen darauf wüchsen. Ja – und da begann der liebesverwirrte Schles nun die Rüben zu zählen, verzählte sich am Ende der vierten Reihe, begann wieder von vorne, stellte am Schluss fest, dass doch etwas nicht stimmen konnte, begann noch einmal … und noch einmal …

Inzwischen aber sattelte die Prinzessin ein Pferd, das sie aus der letzten reifen Rübe in Schles' Keller herausgezaubert hatte, denn sie hatte dem liebeskranken Berggeist auch noch ein paar Zaubertricks abgelauscht oder gar abgebettelt und floh mit dem alten Verlobten davon. Als Schles doch endlich vom Rübenacker zurück nach Hause in seine Höhle kam, merkte er, wie sehr die Prinzessin ihn an der Nase herumgeführt hatte, zumal schon bald der Spitzname über alle Bergeshöhen und aus allen Tälern zu ihm herüberschallte: Rübezahl, Rübezahl! Schles schwor, sich niemals wieder zu verlieben, und drohte übelste Rache all jenen Leichtsinnigen an, die meinten, ihn bei diesem Spottnamen rufen zu können. Wer jedoch des Slawischen ein wenig mächtig ist, weiß, dass »Ryby« zu Deutsch Fisch bedeutet und dass diese Silben in gewisser Weise ein zotiges Schimpfwort sind und analog zum deutschen »Jemandem-Hörner-Aufsetzen« bedeuten könnte »erschlaffter Pimmel«. Aber das ist nicht jugendfrei und gehört nicht in ein Märchen hinein.

Wenn überhaupt, so sollten die Jungen daraus eine Lehre ziehen: Verlieb dich oft, aber in die Richtige, und frage sie vorher um Erlaubnis, ehe du ihr den Teppich unter den Füßen wegziehst.

Zu den Hochmooren der Elbquellen

Die Wanderung zu den Elbquellen ist eine umfangreiche Tagestour von etwa 19 Kilometern Länge. Man darf nicht vergessen, dass im Hochgebirge oft noch bis in den Mai hinein Schnee liegt und es entsprechend kühl sein kann. Die Monate Juni bis September sind die geeignetsten für solche Wanderungen. Die Tage sind lang genug, um auch in Ruhe verweilen zu können, und die Sonne scheint warm auf die Haut. Gutes Wanderschuhwerk und eventuell Wanderstöcke sind für diese Tour genauso erforderlich wie wetterfeste Kleidung.

Das Hochmoor der Elbquelle (Pramen Labe) kann man auf verschiedenen Wanderwegen erreichen. Die schönste Tour geht von Spindlermühle (Špindlerův Mlýn) aus. Diesen bekannten Touristenort erreicht man entweder mit den öffentlichen Verkehrsmitteln oder mit dem Auto. Bushaltestelle und bewachter Parkplatz befinden sich am südlichen Ortseingang, vor der Brücke über die Elbe. Die blau markierte Promenade führt den Fluss entlang am Sessellift vorbei, der auf den Medvědín (Bärenhügel) fährt. Es empfiehlt sich, diesen Sessellift beim späteren Abstieg zu benutzen. Wenn man hinauffährt, bringt man sich um eine der schönsten Wanderstrecken überhaupt.

Der blau markierte Wanderweg führt am Rasthaus Myslivna und am Divči Lávka (Mädchensteig) an der Elbe entlang durch den Labský Důl, den Elbgrund, und immer weiter hinauf. Drei Bäche, darunter ein »Bärenbach«, stürzen von Norden, rechts, ins Tal hinunter. Die Glimmerschieferfelsen der Goldhöhe (Krkonoš) ragen gegenüber, im Süden, auf und schimmern, wenn das Sonnenlicht in der richtigen Weise auf sie fällt, tatsächlich golden durch den Wald. Der Sage nach soll Rübezahl hier seine Schatzkammern haben. Dann geht es unterhalb einer alten kleinen Staumauer etwas steiler über die

Felsen hinauf. Frauen, die sich für Schalensteine und Felsritzungen interessieren, sollten die Augen offen halten, aber auf keinen Fall den Weg verlassen. Das Riesengebirge, das höher hinaufreicht als die Baumgrenze, hat durchaus an einigen Stellen Hochgebirgscharakter und man kann, genauso wie in den Alpen, schnell an den Felswänden hinab für immer verloren gehen. Der blaue Wanderweg führt hinüber zu dem großen Betonbau der Labksá Bouda. Den roten und blauen Markierungen folgend, findet man etwa 500 Meter in nordwestlicher Richtung die Fassung der Elbquelle. Ebenso wie auf der Schneekoppe, die früher Riesenkoppe hieß, feierten bis ins 17. Jahrhundert hinein Menschen hier oben nichtchristliche Rituale, wahrscheinlich die Herbsttagundnachtgleichen, denn zweimal musste dieser Platz – 1684 und 1884 – am 19. September von der christlichen Kirche durch einen Weihegottesdienst in Anspruch genommen werden.

Sie können nun der roten Markierung folgend zurück zur Labksá Bouda gehen und von dort weiter am Wasserfall (Pančavská Louka) und der Vrbatová Bouda vorbei zum Ludwig-Schmidt-Blick wandern (rote Markierung). Wer noch Lust und Ausdauer hat, kann aber auch noch den Markierungen zum Steinkreis Ruženčina Zahrádka (Rübezahls Rosenhag), zu den Harrachovy Kameny und den Kesselgruben (Kotelni Jáma) folgen. Solche Abstecher sollten Sie aber nur bei schönem Wetter und an klaren Tagen unternehmen. Man verirrt sich nämlich im Nebel sehr leicht dort oben. Allerdings trifft man immer wieder auf Wegmarkierungen. Hinter dem Ludwig-Schmid-Blick (Šmidova Vyhlidka) teilt sich der Weg: Sie können der roten Markierung hinunter nach Spindlermühle folgen oder auf dem gelben Weg etwa einen Kilometer links hinüber zur Sesselstation Medvědín gehen, die ebenfalls nach Spindlermühle hinunterfährt.

Die Geschichte von der Bleichen

Vor Jahren, in jenen Zeiten, da sich Fuchs und Bär in den tiefen Tälern noch gute Nacht sagten, lebte eine geheimnisvolle Frau oben in den Hochmooren der Elbquelle. Niemand wusste, wie sie dort hinaufgekommen war, und niemand wusste auch, woher sie überhaupt kam. Sie war schon immer da gewesen und würde wohl auch immer dort sein.

Nun wussten die Menschen damals noch, dass solch ein Gebiet, in dem ein Strom von der Länge der Labe entspringt, ein Strom, der halb Europa durchquert und die hohen Felsberge mit den tiefsten Meeren verbindet, dass eben solch ein Gebiet prinzipiell heilig ist, etwas Besonderes. Die Slawisch sprechenden Menschen haben, wie viele andere auch in Europa, dieses Wissen um die großen Flussgöttinnen bis heute in ihrer Sprache erhalten.

Nun ist der Aufstieg zum Quellmoor sehr lang und nicht jede Person schaffte es damals, an einem Tag hinauf- und hinunterzukommen, denn es gab noch keine Sessellifte und die Menschen waren auch nicht so kräftig genährt, wie wir es heute sind. Es gab auch keine Wandermarkierungen und Schilder, keine Bouden, um Rast zu machen, und die Pilger schleppten all ihre Habe selbst auf dem Buckel nach oben zur Quelle. So kam es, dass sich immer mal wieder einer im Moor verirrte, zumal die Nebel beinahe das ganze Jahr dort oben tanzen und die Quelle selbst oft mehr als ein halbes Jahr vom Schnee bedeckt ist. Doch niemand fürchtete dies, denn alle wussten, im Notfall wäre diese geheimnisvolle bleiche Frau da, aus dem Nichts würde sie auftauchen und den Verirrten wieder auf den rechten Weg zurückführen, darauf achten, dass er sich nicht über steilen Felswänden das Genick bräche, und von irgendwoher auch Brot, Bier und ein Stück Speck für ihn parat haben. Ja, solch ein Vertrauen hatten eben die Menschen in alten Zeiten noch in die Göttin und ihre Geschöpfe und es ist wohl auch selten enttäuscht worden.

Nun kam aber eine Zeit, da wurde dieses Vertrauen dünn, fadenscheinig, löste sich auf wie ein alter Sack. (Wenn ihr mich fragt, warum, so könnte ich euch nur einen klugen Vortrag über die Religionsgeschichte halten – aber dieses hier ist ein Märchen und deshalb müsst ihr wohl selbst in den einschlägigen Büchern nachschauen, warum die Menschen das Vertrauen in die guten Kräfte dieser Erde verloren haben.) Nicht weit entfernt von jenem Felsengebiet, das allgemein als das Schloss der Bleichen bezeichnet wurde, errichteten geschäftstüchtige Leute aus dem Tal eine Holzhütte – eine Bouda, wie dies im Tschechischen heißt –, um den Pilgerinnen und Pilgern, die an die Quelle kamen, zu essen, zu trinken und für die Nacht eine Matratze zu verkaufen.

Nun ist Geschäftstüchtigkeit etwas ganz anderes als Güte – Letzteres war zu einer abstrakten Eigenschaft eines abstrakten Gottes verkommen –, weshalb immer mal wieder arme Pilger von der Schwelle der Bouda zurückgewiesen wurden, die noch nicht mitbekommen hatten, dass nun oben am Berg ein anderer Wind wehte als zuvor. Pilger sind nun mal meistens arm, das liegt in der Natur dieser Beschäftigung, denn wer alles hat und keine Sorgen, der macht sich auch nicht auf die beschwerlichen Wege zu den Göttinnen und Göttern der hohen Berge, um eine Änderung dieses Zustands herbeizuführen.

Die Bleiche hatte von ihren Felsen aus eine Weile dem neuen Treiben dort hinten bei der Holzbude zugeschaut. Natürlich war sie durchaus der Meinung, dass Menschen mit Geld im Sack auch für die Matratze und das Bier zahlen könnten, das fand sie nicht weiter tragisch und im Übrigen entlastete sie das Geschäft bei der Bouda auch von ihren eigenen Fürsorglichkeiten. Als sie aber zum wiederholten Male sah, wie eine arme, geldlose Person von der Bouda bereits zum Anbruch der Dunkelheit fortgewiesen wurde, riss ihr die Geduld. Zumal sie meinte, von weitem die höhnischen Worte vernommen zu haben: »Hau ab, geh zur Bleichen und such dir da dein Bett, Hungerleider!«

Zwischen Höhnen und Vertrauen liegen Welten. Das ist so ähnlich wie die dumme Geschichte von dem Missionar am Ende der Labe, der meinte, er könne eine heilige Eiche fällen und damit beweisen, dass es keine Göttinnen und Götter mehr gäbe. Natürlich zerschmetterte Donar nicht diesen kümmerlichen Bonifatius, denn auch der Höhnende glaubt im tiefsten Innern seines Herzens an die guten Kräfte der Welt – allerdings nicht genug, um auch von ihnen getragen zu werden. Ja – und Göttinnen haben noch weniger Geduld als die viel jüngeren Götter. Deshalb schleuderte die Bleiche ihre Blitze und fackelte ruck, zuck diese klägliche Holzbude ab. Wie das flackerte und knisterte, wie die Konkurrenz im Nachthemd durch den Schnee flitzte und die Hände rang, wie die Bierfässer in der Hitze mit lautem Knall platzten, die geizigen Brotlaibe durch die Luft flogen, um als steinharte Kohlen schwarz auf den Felsen zu prallen! Schlussendlich mussten die Höhnenden barfuß, nur das Bettzeug um sich geschlungen, mühsam bei Nacht und Nebel den Weg ins Tal hinunter finden, denn ihnen half die Bleiche wahrlich

nicht, sie achtete nur darauf, dass sie sich nicht das Genick brachen, diese Dummköpfe, denn sie wollte schon, dass die Kunde von ihrer Rache ins Tal drang. Dann war wieder einige Zeit Ruhe oben im heiligen Elbmoor, bis eines Tages die Nächsten die Stille durchbrachen: Riesige eiserne Libellen durchknatterten die Luft, schwere Kessel, die eine seltsame Pampe aus Sand und Steinen zu einem felsharten Material mischten, wurden auf den Berg geschleppt, Dinger mit Raupenketten wälzten Fels und Erde um und vor den staunenden Augen der Bleichen wurde eine Bouda aus diesem grauen Mischgestein hochgezogen, gegen die das Holzhaus der Geizigen sich ausnahm wie eine Hundehütte neben einem Schloss. Seltsamerweise hingen manchmal Plakate um diese Baustelle herum. Eines lautete gar: »Friede den Hütten, Krieg den Palästen!«, und die Bleiche schüttelte nur erstaunt den Kopf, denn in ihren Augen zogen die fleißigen, eifrigen Menschlein tatsächlich eher einen Palast hoch denn eine Hütte, und sie hoffte sehr, dass dies kein Anzeichen für Krieg und Streit in ihren stillen Höhen gäbe.
Um sicherzugehen, schnappte sie sich eines Tages heimlich ein Paar Gummistiefel und eine dieser Arbeitsjacken, denn sie wollte nicht erkannt werden, und näherte sich vorsichtig der riesigen Baustelle. Schnell erfuhr sie von den Arbeitern, dass dort eine riesige Bouda errichtet werden sollte, mit mehr Betten als jemals eine Bouda zuvor, außerdem sollte es außer Brot, Bier und Speck seltsame Dinge wie Broiler und Pommes dort zu essen geben. Der Gipfel war: Man plante, auch im Winter Menschen hier hinaufzulocken, die dann, halsbrecherisch, aber mutig, auf schmalen, zerbrechlichen Kufenbrettern ins Tal sausen wollten.
»Was glaubt ihr denn so?«, fragte sie vorsichtig weiter, und einer der Bauarbeiter warf sich wacker in die Brust und rief: »Ach Genossin, wir glauben gar nichts, außer dass alle Menschen gleich sind und gleich viel verdienen sollen.«
»Und an Göttinnen und Götter oder so …?«
»Mädchen«, rief der joviale Arbeiter abermals, »red dich nicht um Kopf und Kragen! Religion ist Opium fürs Volk, das weißt du doch?« Während er sich vorsichtig umschaute, flüsterte er: »Die Partei hat immer Recht, was?« Und er lachte in einer Weise, dass sich die Bleiche nicht sicher war, ob dies nun ernst oder ironisch zu verstehen war. Da sie aber immer da gewesen war und wohl auch

immer da sein würde, beschloss sie, erst einmal abzuwarten, was sich weiter dort drüben tun würde. Immerhin schien dort doch eine Art weibliches Wesen die Macht zu haben. »Partei« hatte der Arbeiter diese Göttin oder Frau genannt. Warum sollen wir hier nicht zu zweit den Leuten auf die Beine helfen?, fragte sie sich im Stillen. Es kamen viele Menschen ins Hochmoor an den Elbquellen und die Bleiche hatte nicht das Gefühl, dass Arme an der Tür der Bouda abgewiesen wurden. Hin und wieder hörte sie die Gespräche der Wanderer und sie lernte ein neues Wort kennen: »billig«. Mit einem bestimmten Stück Papier – Ausweis genannt – war es anscheinend billiger, dort in der riesigen Betonbouda einzukehren, als ohne. Allerdings konnte sich die Bleiche auch manchmal in diesen Jahren nicht des Eindrucks erwehren, dass sie vergessen wurde, denn die eifrigen Leute drüben vom Palast höhnten nicht einmal über sie. Sie sprachen einfach nicht über die Bleiche, und das war schon ein seltsames Gefühl.

Da saß sie also ein wenig in der Klemme, die Bleiche, und wusste nicht so recht, was sie tun sollte. Als sie noch darüber nachdachte, kamen zwei Frauen den Berg heraufgestiegen. Sie hatten sich an den Händen gefasst und sahen auch sonst so aus wie früher die Pilgerinnen: einfach gekleidet und mit großen Proviantrucksäcken. Als sie unter den Felstürmen der Bleichen entlangwanderten, konnte diese einen Teil ihres Gesprächs auffangen. Da vernahm sie doch tatsächlich wieder Worte wie »die Göttin« oder »heilige Quelle« und zum Schluss hörte sie eindeutig, wie eine der beiden Frauen der anderen das Märchen von ihr, der Bleichen, erzählte. Wie sie das freute! Rasch wickelte sie sich in ihr Unsichtbarkeitstuch, das stets ein wenig neblig aussieht, und schlich den beiden Frauen hinterher, die nun durch das Moor Richtung Quelle stapften. Eben erklärte die eine der anderen, warum auch Bärenberge etwas mit der Göttin zu tun hätten und dass bereits in der Jungsteinzeit – wann immer das gewesen sein mochte, die Bleiche konnte sich kaum an diese nagellosen Zeiten erinnern – die Menschen hier heraufgepilgert waren.

Es war nett für die Bleiche, zu hören, wie die Frauen immer wieder freundliche Wendungen in ihr Gespräch flochten: Sie nannten sich »Liebste« und »Schatz«, sorgten sich darum, ob der Rucksack der anderen auch nicht zu schwer und die Füße nicht zu müde seien, sie küssten sich hin und wieder und konnten kaum voneinander lassen. Natürlich verirrten sie sich, wie es alle richtigen Pilgersleute tun, denn das Verirren gehört nun einmal zum Pilgern. Wie sonst sollte die Göttin einen Grund haben, in Erscheinung zu treten? Das tat sie denn auch und plötzlich rissen die Nebelschleier auseinander, die beiden Freundinnen standen an der Quelle und sahen sich verwundert all die Städtewappen an, die dort aufgestellt waren. Heimlich schlich sie sich zu den Rucksäcken der Wanderinnen, öffnete sie und stopfte zwischen Thermoskannen und Göttinnenbücher was nun mal in jeden guten Pilgerinnenrucksack gehört: Brot, Bier und ein gutes Stück Speck.

Und wenn sie nicht inzwischen gestorben ist – aber Göttinnen sterben nun mal nicht, sie können nur vergessen werden –, dann geistert sie immer noch da oben herum, die Bleiche. Vergesst sie nicht, denn es kann sein, dass sie auch euch die Rucksäcke füllt – vorausgesetzt, ihr seid echte Pilgerinnen und vertraut den guten Kräften der Welt.

Auf die Schneekoppe

Auch die Schneekoppe diente bis ins 17. Jahrhundert den Menschen als nichtchristlicher Kultplatz. Dann aber musste ein vormals evangelischer Adeliger, der beim katholischen Papst »gut Wetter« machen wollte, Farbe bekennen: Er ließ eine Kapelle bauen, die er dem heiligen Laurentius widmete, und benannte die Riesenkoppe in Schneekoppe um. Der 10. August ist der Laurentiustag, die so genannten Koppentage mit Prozessionen umfassten fünf Tage, sodass es hier vermutlich darum ging, das heidnische Lugnasad, die Kräuterweih oder das Schnitterfest in einen christlichen Gedenktag umzuwandeln. Dies sind Feste der Getreidereife beziehungsweise jener Wochen, da die Heilkräuter für den Winter geschnitten werden. Die Göttin oder auch ihr Feuer speiender Knappe Lug scheinen dies gar nicht gern gesehen zu haben: Die Kapelle brannte mehrmals in den darauf folgenden Jahrhunderten ab, musste auch einmal profan als Gaststätte herhalten und führt heute ein eher kümmerliches Dasein zwischen den anderen großen Bouden auf der Schneekoppe. Die Schneekoppe war schon immer Grenzgebiet, nicht nur zwischen katholischen und evangelischen Einflussbereichen. Früher lief die Grenze zwischen dem böhmischen Österreich-Ungarn und dem preußischen Schlesien hier über diesen Berg, heute jene zwischen Tschechien und Polen. Wenn die Luft klar ist, hat man einen wunderschönen Rundblick auf die umliegenden Berge, und wer ganz aufmerksam hinspürt, merkt zwischen all den Betonbauten noch etwas von der alten, riesenhaften Kraft früherer Zeiten.

Man kann auf verschiedenen Wegen zur Schneekoppe hinaufwandern. Der einfachste führt von Pec pod Sněžkou durch den Riesengrund (Obři Důl), der blauen Markierung folgend, aufwärts. Am Anfang, hinter dem Busbahnhof und dem bewachten Parkplatz, erscheint der Weg erst ein wenig verwirrend, da man einer für den öffentlichen Verkehr gesperrten Straße bis zur blauen Markierung folgen muss. Im Riesengrund sind die historischen Zeugen des frühen Erzbergbaus interessant. Danach geht es steil, steil hinauf zur Schneekoppe und ich wünsche allen Wanderinnen klares Wetter, damit sie von jenem wunderschönen Panorama begleitet werden, das diese schwere Mühe so lohnenswert macht. Nachdem man sich oben alles angeschaut hat, kann man entweder mit dem Sessellift nach Pec zurückfahren oder, der gelben Markierung folgend, an diesem Sessellift entlang Richtung Pec pod Sněžkou wieder absteigen. An der Rosenbergstation (Růžová Hora) trennen sich der gelbe Weg und der Sessellift und nach etwa zwei Kilometern erreicht man die Rúžohorky-Bergwiese, wo der Weg nun grün markiert rechts hinunter nach Pec zurückführt.

Dieser Rundwanderweg ist etwa zwölf Kilometer lang. Je nachdem, wie lange man zwischendurch bei den steilen Aufstiegen Rast macht, zieht er sich einen ganzen Tag hin. Gehbehinderte, die es sich zutrauen, mögen sich auf den Sessellift schwingen, um hinaufzukommen. Ich empfehle dies aber nur bei wirklich klarem Sonnenwetter, denn es ist der Rundblick dort oben, der heute das Erlebnis der Schneekoppe so zauberhaft macht. Das nicht so große Gipfelplateau, der alte Tanzplatz der Riesinnen, ist durch die »Verbauungen« nicht mehr so faszinierend.

Die Adersbacher Felsenstadt

Die Adersbacher Felsenstadt liegt bei Teplice, einem alten Badeort, etwa 20 Kilometer nordöstlich von Janské Lázně. In die Felsenstadt hinein wandert man vom Bahnhof Adersbach aus, den man von Svoboda über Trutnov mit der Eisenbahn erreichen kann. Hier gibt es auch bewachte Parkplätze mit einer Eintrittskasse, an der man auch auf Deutsch abgefasstes Informationsmaterial erwerben kann. Das Felsengebiet von Adersbach und Teplice stellt das größte zusammenhängende Sandsteinfelsengebiet Europas dar. Viele der seltsamen Formationen tragen fantasievolle Namen, die teilweise den Rübezahlsagen entspringen. Allerdings haben die Namen höchst selten einen mythologischen Ursprung, sondern entstammen den Launen der Gegenwartsmenschen.

Es gibt eine Menge verschiedenster Wandermöglichkeiten und man sollte sich mindestens einen Tag Zeit für dieses Gebiet nehmen. Genau genommen handelt es sich um zwei Gebiete, die Adersbacher und die Teplicer Felsenstadt, deren verschiedene Wege sich an der Ozvena Bouda, der »Echohütte«, trennen: Blau für die Teplicer, Gelb für die Adersbacher Felsengebiete. Es ist ein schönes Erlebnis, sich zwischendurch über den Felsensee (Adršpašské Jezirko) staken zu lassen oder der grünen Markierung in der Adersbacher Felsenstadt zur Teufelsbrücke und zur Felsengasse zu folgen. Beide Gebiete zusammen machen ungefähr 15 Kilometer Strecke aus. Wenn man beide Felsenstädte besichtigen will, empfiehlt es sich daher, am Ende nach Teplice hinunterzulaufen und von dort mit dem Zug nach Adersbach zurückzufahren.

Archäologie und Geologie der Böhmischen Senke

Die Böhmische Senke wird an ihren Rändern von den Mittelgebirgen der Schumava, dem Böhmerwald, und dem Oberpfälzer Wald im Westen, dem Erzgebirge und dem Riesengebirge im Norden und von den Sudeten im Osten eingerahmt. Zum großen Teil bestehen diese Gebirge aus den metamorphen Gesteinen von Gneis und kristallinen Schiefern. Wie schon der Name Erzgebirge zeigt, waren sie durch Jahrhunderte für ihre verschiedenen Erz- und Edelmetallvorkommen so berühmt, dass der Volksmund sagte, der Stein, den ein Hirtenbube auf ein Schaf werfe, sei allemal wertvoller als dieses Schaf selbst.

Das Riesengebirge besteht weiterhin aus Tiefengesteinen wie Granit, die sich aus dem flüssigen Erdmagma herausbildeten. Teilweise, wie bei Teplice und am Nordrand des Erzgebirges, findet man Sandsteinformationen. Neben den reichen Bodenschätzen machten die heißen Quellen diese Randgebirge weltberühmt. So ist Goethe-Leserinnen das schöne Karlsbad (Karlovy Vary) in der nördlichen Schumava ein Begriff, das Bad Janské Lázně im Riesengebirge ist Ausgangspunkt der oben beschriebenen Wandertouren und auch die slowakischen Gebirge im Osten weisen einige schöne, heiße Thermalbäder auf. Neben alt- und jungsteinzeitlichen Funden ist besonders der Fundort Aunjetitz (Únětice) nördlich von Prag international berühmt geworden. Die frühbronzezeitliche Aunjetitzer Kultur – möglicherweise waren dies die ersten Indoeuropäer – gab einer ganzen archäologischen Stufe ihren Namen. Tschechien gilt in der neueren Forschung auch als Kernland der Kelten, die sich seit der frühen Eisenzeit um 750 v. u. Z. über Europa hinweg auszubreiten begannen. Bei Prag findet sich eines ihrer bekanntesten Oppida, Zavist, das in den 60er-Jahren ausgegraben wurde.

Ein Ritual im Elbgrund

Anstatt im während des Sommers von Touristen überlaufenen Elbquellenmoor lassen sich weiter unten im Elbgrund unvergessliche spirituelle Erfahrungen machen. Dort gibt es wunderschön abgelegene, romantische Plätze nicht weit vom Wanderweg entfernt. Eine Freundin von mir ist fest überzeugt, dass man in diesem Gebiet Zwerge und kleine igelförmige Geister sehen kann, man müsste nur recht still sitzen und etwas vom Pausenbrot liegen lassen, dann sähe man die

Wesen dort sitzen wie kleine Murmeltiere, und das goldene Licht der Sonne würde auf ihren Rückenpelzen schimmern.

Ein schönes Ritual ist ein wassergebundenes Wunschritual. Entweder setzt man kleine Kerzen in Walnussschalen aus und schickt seine Wünsche mit oder vertraut sie in anderer Form – aber bitte so, dass die Natur sie zurücknehmen kann – dem Wasser an.

Mir ist jene Gegend besonders wichtig, weil historische Urkunden für einen sehr späten Zeitpunkt noch nichtchristliche Rituale in ihr verbürgen. Das macht auch den Monotheismus sterblicher, als dieser es sich bisher einbildete, und zeigt, dass die Zeit, in der die Menschen noch Achtung vor den Kräften der Natur hatten und die Erde ihnen heilig war, viel näher an unserer Gegenwart liegt, als es uns die Schulweisheiten glauben machen wollen.

Literatur

Fiala, W.: *Rübezahl-Geschichten,* Adersbach 1996

Pollmann, B.: *Riesengebirge-Wanderführer,* Bergverlag Rother, München 1995

»… und sie haben sich immer gewehrt«: Die Amazonentäler bei Prag

Überblick

Die schöne Stadt Prag, Hauptstadt Tschechiens, ist einfach zu erreichen. Von Köln und Hamburg beispielsweise aus fahren Züge direkt dorthin, auch aus Süddeutschland oder der Schweiz ist die Anfahrt per Zug, am besten im Schlafwagen, gut möglich. Es empfiehlt sich, falls man nicht noch andere Orte in Tschechien besuchen will, mit der Eisenbahn nach Prag zu fahren, denn diese Stadt hat ein gut ausgebautes U-Bahn-, Straßenbahn- und Bussystem.

Durch das Scharkatal

Das Scharkatal liegt am nördlichen Stadtrand von Prag und ist eher eine Parklandschaft, ein Naherholungsgebiet nach Art des Englischen Gartens in München. Am besten nehmen Sie am Hauptbahnhof die U-Bahn, die »Metro«, und fahren zur Endstation Dèjvická. Dazu müssen Sie erst eine Station Richtung Háje bis zur Station Muzeum fahren, und dort Richtung Dèjvická in die A-Linie umsteigen. Dort nimmt man den Ausgang Richtung Tram Vokovice. Aus der Metro aufgetaucht, befindet man sich auf einer großen Straße, der Evropská. Hier steigt man in die Straßenbahn Nummer 26 stadtauswärts, Richtung Šàrka, und fährt bis zu deren Haltestelle Kosspool am Vodní Nadrž Džbán, einem See mit Schwimmbad, den man bereits hinter den Bäumen unten im Tal der Šàrka liegen sehen kann.

Nachdem man durch einen lichten Wald den Wanderweg hinuntergelaufen ist, kann man über die kleine Staumauer gehen und dahinter auf den Džbán und zum Divči Skok, dem Mädchensprung, hinaufsteigen. Von dort hat man einen guten Rundblick auf Prag und an klaren Tagen auch auf die Hügelketten im Hintergrund. Danach geht es wieder zurück an die Staumauer und auf dem leider größtenteils asphaltierten Wanderweg flussabwärts, die »Junge Scharka« entlang. Rechts türmen sich nach einiger Zeit die Felsen des »Mädchensprungs« auf und nach ungefähr einem Kilometer erreicht man ein weiteres wunderschön altmodisches Schwimmbad mit einem Kiosk. Das Wasser dieses kleinen Bades wird von der wilden Scharka gespeist. Im Sommer ist es sehr erfrischend, in diesen kalten Fluten schwimmen zu gehen.

Am Rasthaus Čertův Mlýn, ungefähr 800 Meter weiter, ist ein dramatisches Bild der Heldentaten Scharkas an die Hauswand gemalt. Möglicherweise aus diesem Grund heißt der Fluss ab hier »Wilde Scharka«. Man kann hier entweder umkehren und zur Evropská zurücklaufen oder weiterwandern, bis der Fluss beim Stadtteil Jenerálka, etwa zwei Kilometer später, eine Straße mit Busverbindung zur Evropskà und zur Metrostation Dèjvická kreuzt. Bis auf den Anstieg zum Džbán ist der gesamte Weg ebenerdig und asphaltiert, sodass man ohne Mühe einen Rollstuhl schieben kann. Die folgenden Wegkilometer führen zum Teil nicht mehr am Fluss entlang, es handelt sich manchmal um kleine Straßen. Einer der Busse, die an der Jenerálka abfahren, folgt dieser Strecke teilweise an der Scharka entlang und endet oberhalb der Mündung der Scharka in die Vlatava (Moldau) im Stadtteil Pod Baba, was so viel wie »bei der Alten« bedeutet. Dort kann man mit den Straßenbahnen über die Straße Podbabska zur Innenstadt zurückfahren.

Die Scharka durchfließt auf ihrem Weg gewissermaßen einen ganzen Lebenszyklus: Divoka Šàrka (Junge Scharka), Tichá Šàrka (Wilde Scharka), Horní und Dolnì Šàrka (Obere und Untere Scharka) und zum Schluss eben Pod Baba (Bei der Alten).

Die Geschichte vom Mädchensprung

Als Vlasta, die Freundin und Erbin Libussas, die Frauen Tschechiens gegen die Ungerechtigkeiten der Männer ins Feld führte, geschah es eines Tages, dass Premyšl fünfzig Unterhändlerinnen auf seine Burg lud, um Frieden zu schaffen. Er bot ihnen freies

Geleit an und zeigte sich bereit, nachgiebige Verhandlungen zu führen. Doch es war eine Falle. Als die fünfzig waffenlosen Unterhändlerinnen sich im Festsaal der Burg niedersetzten, stürmten hinter den Türen hundert bewaffnete Krieger hervor, töteten die Frauen und warfen ihre Leichen den Hang hinunter in die Moldau, die sich rot von ihrem Blut färbte. Als Vlasta davon erfuhr, bebte sie vor Zorn und schwor dem feigen Premyšl und seinen ehrlosen Kumpanen bittere Rache.

Einer der Schlimmsten, der sich bei dieser Hinterlist besonders hervorgetan hatte, war Cztirad, der nun durch ein Tal, das heute Scharkatal genannt wird, nach Hause auf seine eigene Burg ritt. Plötzlich stießen er und seine Reiter auf eine junge Frau in zerrissenen Kleidern, die an einen Baum gefesselt war und kläglich weinte. Cztirad, hässlich wie die Nacht, aber eitel wie ein Pfau, ließ die Unglückliche losbinden und hörte sich, lippenleckend, ihre Geschichte an. Sie sei von ihren ehemaligen Genossinnen hier zur Strafe in der Wildnis ausgesetzt worden, denn sie hätte das Frauenheer verlassen wollen, um einem schönen Jägersmann in seine Hütte zu folgen. Im Übrigen sei sie nicht abgeneigt, ihrem edlen Retter in die starken Arme zu sinken. Cztirad, der ein heißes Bettabenteuer witterte – welchem Mann steigt nicht das Blut in den Kopf und sonstwohin bei dem Gedanken, neben einer Amazone zu liegen? –, hieß seine Leute absatteln und befahl, das Lager hier im Tal aufzuschlagen. Er schenkte Bier und Wein aus und feierte mit seinen Leuten die glückliche Gelegenheit.

Scharka aber, so hieß die Frau, die dort scheinbar so unglücklich in der Wildnis ausgesetzt worden war, trank nur wenig und schüttete Wein und Bier immer wieder verstohlen in den Bach, neben dem sie lagerten. Als alle Männer Cztirads betrunken am Boden lagen und er bei seinen Annäherungsversuchen nur noch unbeholfen herumtatschte, gab Scharka ein Zeichen, und von den Felsen herab, über die Schottersteine, stürmten die Amazonen Vlastas, die dort im Hinterhalt lagen. Sie erschlugen Cztirad und alle seine Männer und schickten seinen Kopf hohnlachend auf den Hradschin zurück. Seitdem heißt diese Stelle »Mädchensprung« und der Fluss ist nach der Heldin Scharka benannt, so wie auch viele Mädchen und Frauen in Prag bis heute die Namen der Amazonen tragen. Natürlich konnten es die Geschichtsschreiber nicht aushalten, dass Frauen einst die Gewalt von Männern mit gleicher Münze heimgezahlt hatten, und sie setzten das Gerücht in die Welt, Scharka habe sich später aus Reue (!) von besagten Felsen gestürzt, deshalb hießen diese »Mädchensprung«. Sie seien nämlich viel zu steil, um einen Hinterhalt zu legen. Doch alle Frauen, die jemals durch das Scharkatal gewandert sind, wissen, dass dies barer Unsinn ist. Mit ein wenig Geschick kann jede mutige Person dort hinauf- und herunterklettern und jene das Fürchten lehren, die die Frauen und ihre angestammten Rechte nicht achten wollen.

Auf dem Vyšehrad

Der Vyšehrad ist mit der Metro Richtung Hále gut zu erreichen. Die Metrostation heißt ebenfalls Vyšehrad. Von dort sind die Peter-und-Pauls-Kirche, der Park und die Burganlagen – wenn man an den modernen Scheußlichkeiten des Kulturpalasts sowie des Hotels Forum vorbeigelaufen ist – gut zu finden. Die Wege sind nicht sehr weit und auch für Gehbehinderte oder Rollstuhlfahrerinnen gut zu bewältigen.

Von den Bastionen des Vyšehrad hat man einen wunderbaren Blick auf die goldenen Dächer der Stadt und hinüber zum Hradschin im Nordwesten und den kahlen Hängen des Děvin (sprich Djevin) im Südwesten. Am schönsten ist es dort oben zum Sonnenuntergang. Man kann sich gut vorstellen, wie Libussa, die Gründerin von Prag, hier stand und ihre Vision einer Stadt, »deren Ruhm bis zu den Sternen reicht«, verkündete. Praha heißt zu Deutsch »Furt«, woraus wohl die eigentliche Ursache für die Stadtgründung abzulesen ist. Der Sage nach lebte Libussa auf der »Hohen Burg«, wie der Name auf Deutsch heißt. Aufgrund der im Laufe der Jahrhunderte immer wieder neuen Überbauung des Geländes lässt sich dies archäologisch allerdings nicht mehr nachweisen. In einem kleinen Park stehen die riesigen Figuren aus der Sage um Libussa, Vlasta, Scharka und Premyšl. Es lohnt sich, den Friedhof zu besuchen, auf dem viele namhafte Größen Tschechiens beerdigt worden sind, darunter die Dichterin Bočená Němcova, die eine Fülle tschechischer Märchen sammelte.

Archäologie und Geologie der Region Prag

Es wurde immer wieder versucht, den Gründungsmythos der Stadt Prag und die Sage um Libussa archäologisch nachzuweisen.

So grub man zum Beispiel auf dem Děvin und dem Džbán, wurde jedoch – aufgrund der sehr dünnen Erdschicht über den Kalksteinen – nicht fündig.

Ebenso wurde auf dem Vyšehrad gegraben. Möglicherweise wollte man aber diese sehr frauenbezogene Sage gar nicht wirklich »beweisen«. Es lässt sich auch bei anderen kleinen Ländern, die im Laufe ihrer Geschichte immer wieder durch mächtigere Nachbarn bedroht wurden, beobachten, dass sie gewissermaßen zur Stärkung der eigenen Identität solche Mythen heranzogen, die keiner der Nachbarn sonst aufzuweisen hatte, beziehungsweise dass sie Wert darauf legten, sie aufzuweisen: frauenbezogene Mythen, Sagen von Amazonen und unrechtmäßig an die Macht gekommene Könige. Auf dieses Phänomen stößt man zum Beispiel auch in Irland oder Schottland.

Im Berounkatal südwestlich von Prag findet sich die Burg Tětin, auf der eine der Schwestern Libussas, Tětă, gelebt haben soll. Für weitere Informationen ist man auf die Literatur angewiesen, die aber fast durchweg auf Tschechisch erschienen ist.

Das Prag der Frauen

Meine wichtigste Erfahrung in Prag hat erst auf den zweiten Blick mit Libussa und ihren Amazonen zu tun: Sie ist auch eine Geschichte des Widerstands. Ich lernte Prag an einem lieblichen warmen Juniabend von der großen Straße Belohorská aus kennen, wo ich meine Freundin Sascha das erste Mal besuchte, nachdem sie nach der Wende wieder von Deutschland hierher zurückgezogen war.

Sascha wies auf die Häuserwände, auf Straßenschilder und Ladenlokale: »Da habe ich mit achtzehn gearbeitet«, »Hier wohnte ich 1968«, »An dieser Straßenkreuzung haben wir nachts die Schilder abgenommen, um den Russen den Weg zu erschweren«, »Dort wohnte ein Freund, der uns anrief, wir müssten weg«, »Hier an der Ecke machten wir eine kleine Demonstration ...«

Eine ganze Generation junger Menschen, die ihre Hoffnungen auf den später so genannten Prager Frühling gesetzt hatten, verließen damals ihr Land – um 20 Jahre später zurückzukehren. In Saschas Stimme schwingt nicht nur das Gefühl jener Zeit mit, sondern auch das Neue, der Aufbruch, die Hoffnung, die in den frühen 90er-Jahren wieder in diese goldene Stadt einzogen. Es war auch ein Aufbruch der Frauen, die innerhalb kürzester Zeit eine große Anzahl von Frauenprojekten gründeten.

Drei Jahre später stehe ich wieder an einem Abend in Prag. Es ist November, doch an einem anderen Ort. Meine Kollegin und ich kommen von der Arbeit. Wir haben im Stadtteil Stare Město einen Selbstbehauptungs- und Selbstverteidigungskurs für Frauen abgehalten und nun begleitet uns die Dolmetscherin am Stadttheater vorbei über die Legionsbrücke, die Most Legii, ins Viertel Malá Strana, wo sie und unsere Gastgeberinnen wohnen.

Wie ein fernes Ufo strahlt der Hradschin herüber, eine Kette aus Licht die Karlsbrücke und schwarz das Wasser der Moldau unter uns.

Prag ist tatsächlich eine der schönsten Städte Europas – aber wie damals: Das Schönste ist die Begegnung mit den Frauen dort, den realen Scharkas oder Vlastas, die durch unseren Kurs turnen, Pavla, die uns lauthals die neuesten tschechischen Schimpfworte beibringt, oder Bočena, die zwei Bretter auf einmal durchschlägt, und Jana, die Dolmetscherin, der es die Stimme verschlägt, als sie die traurigen und entsetzlichen Gewalterlebnisse der Kursteilnehmerinnen übersetzen muss.

Prag ist für mich weniger die Stadt voller Sehenswürdigkeiten, sondern jene »Furt« zwischen Frauen von damals, die Widerstand leisteten, zu den Frauen der Gegenwart, ihren Träumen und Kämpfen, ihrer Trauer um Verlorenes und ihrem Lachen für die Zukunft.

Literatur

Bauerova, A.: *Die Rückkehr zum Berg des goldenen Pferdes*, Kiepenheuer, Leipzig 1985

Gorys, E.: *Tschechische Republik*, DuMont, Köln 1994

Némcová, B.: *Tschechische Märchen*, Kiepenheuer, Weimar/Leipzig 1990

Samasow, M.: Böhmische Mädchenkriege: ab 734, in: Dies.: … *und sie haben sich immer gewehrt!*, edition nebenan, Bad Münstereifel 1997

Samuel, P.: *Amazonen, Kriegerinnen und Kraftfrauen*, Trikont, München 1979

Frankreich

Seestraßen, Himmelsstraßen: Die Dolmengöttin in der Bretagne

Überblick

Die gesamte Halbinsel der Bretagne am äußersten Westende Europas ist eigentlich Frauenland. Jeder zweite Stein heißt Feen- oder Elfenstein, jede dritte Megalithanlage Hexen- oder Zwergenhaus. Es gibt kaum eine andere Megalithengegend, in der »die Frau« in verschiedensten »Erscheinungen« so präsent ist und genannt wird wie hier oben zwischen den Meeren. Da gibt es die Orte der heiligen Anna, der Mutter Marias, die direkt auf die große Göttin Kleinasiens – Ana – zurückzuführen sind, die Hexenberge, die Riesinnentäler, die römischen Venusdarstellungen und die Hinweise auf das Frauenleben bei den Kelten. Wir treffen auf Huren und Heilige, Greisinnen und Mädchen, Mütter und Matronen. Falls doch einmal nichts Weibliches »zur Hand« ist, behilft man sich mit Geschichten von Riesen oder ungeheuer starken Zwergen, die all diese Steinanlagen errichteten, um für einige Jahrtausende ein Dach über dem Kopf zu haben. Wem auch die zu langweilig werden, die oder der mag sich an den zahlreichen Drachenmythen und Schlangensagen der Küstenstreifen erfreuen. Merlin soll über dieses Land geschritten sein und im Wald von Broceliande schlafen. Die Fee Morgana hat sich hierhin zurückgezogen. Die gralsuchenden Ritter der walisischen Tafelrunde um König Artus galoppierten hin und wieder durch die bretonischen Wälder Richtung Süden oder zum Orient und später überzog sich das Land mit einem Netz aus Unmengen heiliger Quellen, die ein solch starkes Eigenleben führten, dass sie sogar die Kirchen der christlichen Religion zum Einstürzen zu bringen vermochten.

Daher habe ich alle Plätze so ausgewählt, dass man sie von einem zentralen Ort am Meer aus als mehr oder minder große Autotagestour erreichen kann. Ich habe dafür einen kleinen, stillen Ort am Golf von Morbihan ausgewählt: Locmariaquer, etwa sechs Kilometer südlich der Stadt Auray, in dem es auch einige gute Unterkunftsmöglichkeiten gibt. Behinderte sollten sich in den verschiedenen kleinen Hotels erkundigen, inwieweit man ihren Bedürfnissen und Wünschen gerecht werden kann. Nach meiner Einschätzung dürften die meisten Wirtsleute gern dazu bereit sein.

Die Sage von der Entstehung der Bretagne

Als Ana, die Große Göttin, Europa schuf, da hatte sie am Schluss noch eine Hand voll Gras, Erde und Felsgestein übrig, und sie wusste nicht, wohin damit. »Schmeiß doch den Plunder ins Meer!«, riet ihr der Gehörnte, doch für die Göttin war gar nichts Plunder, und weil sie sich über die frechen Reden ihres teuflischen Bruders recht ärgerte, wollte sie ihm diese Hand voll an den Kopf werfen. Er aber floh lachend und kichernd über das Meer davon, sodass die Ana ihn nicht traf und die Hand voll Gras, Erde und Felsgestein – plumps! – doch im Meer landete.

Das war ihr aber recht peinlich und rasch klopfte sie hier einige Felswände zurecht, zupfte dort eine Bucht zusammen, lüftete hier ein paar Bergspitzen hoch und richtete an vielen verschiedenen Orten die Felsen so gerade wie auf eine Schnur gezogen auf, dass es den Anschein erwecken mochte, sie habe den Bau der Bretagne von Anfang an genau so und nicht anders geplant gehabt. Wir aber wissen, weil es uns der Teufel geflüstert hat, dass es ganz anders war … Aber weil wir sie lieben, die Schöpferin von allem, was ist, wollen wir sie doch bei unserer Seele auf keinen Fall verraten – oder?

Brüste und Steine: Die Pierres plates bei Locmariaquer

In Locmariaquer kann man einige der wichtigsten Megalithanlagen zu Fuß erwandern: zum Beispiel den Table des Marchand und den großen Menhir brisé. Es gibt dort gute Führungen und ein kleines Museum, sodass man einen Überblick über die verschiedenen Besiedlungsphasen und megalithischen Baustile der Bretagne erhält. Erstaunlich ist bereits hier, wie die Steinanlagen auch von offizieller Seite als Kultplätze der Göttin benannt werden. Die unterschiedlichen Ritzungen oder Kombinationen der Ritzungen hängen alle mehr oder weniger mit der Göttinnenverehrung zusammen, so beispielsweise die Reihen von Krummstäben, die den hinteren Stein in der Kammer des Table des Marchand bedecken. Nach neuesten Untersuchungen bildet die Seite mit den Krummstäben die ehemalige Rückseite einer Göttinnenstele, die typische »Ohrenritzungen« sowie die Einstülpung respektive Ausstülpung am oberen Ende aufwies.

Der Table des Marchand mit Pflugaxt an der Decke

Der umgestürzte Menhir brisé

Wie auch anderswo häufig zu sehen, wurde die mächtige Deckplatte der Kammer aus einem zerbrochenen Menhir gebildet, dessen andere Teile die Deckplatten der Cairns von Gavrinis und Er Vinglé bilden. Neben den Krummstäben findet sich auf der Deckplatte ein weiteres wichtiges Zeichen: eine Art »Pflugaxt«, eine Kombination aus Krummstab und Axt, sowie Darstellungen von Rindern. Betrachtet man diese »Äxte« genauer (insbesondere im weiter unten beschriebenen Cairn von Gavrinis), wird deutlich, dass diese Zeichen in einer direkten Tradition der »Vulvendarstellungen« zu sehen sind. Dies sind Abbildungen des weiblichen Lustdreiecks als Symbol einer wie auch immer gearteten Bedeutung der Frauen in steinzeitlichen Kulturen.

Das Gelände um den Table des Marchand wurde seit 1990 nach und nach vollständig ergraben. Ich konnte seit den frühen 90er-Jahren die verschiedenen Stadien dieser Grabungen sowie die Restaurierung der Anlagen beobachten. Neben dem Table des Marchand wurde ein Langhügel vollständig restauriert, dessen verschiedene Bauphasen interessante Hinweise auf die einzelnen jungsteinzeitlichen und frühbronzezeitlichen Besiedlungsphasen am Golf von Morbihan geben. Der große umgestürzte Menhir maß einst 18 Meter und war der größte einer Reihe von Menhiren, deren kleinster eine Länge von elf Metern maß.

In den Augen der etablierten Wissenschaft handelte es sich bei den Menhiren zunächst selbstverständlich um Phalli, »Riesenpenisse«, bis man jedoch auf solche mit Brüsten stieß oder auch auf Menhire, die im Laufe ihres steinzeitlichen Gebrauchs mehrmals das Geschlecht wechselten: mal mit, mal ohne Busen, mal mit, mal ohne Schwert. Also einigte man sich darauf, in ihnen »Menschen« zu sehen, was aber meines Erachtens auch nicht durchgängig gelten kann.

Ohne meine Argumentation hier vollständig ausbreiten zu können, möchte ich behaupten, dass Menhire riesige aufgestellte »Äxte« sind und wie die weiter unten beschriebenen Steinstraßen überdimensionale Göttinnenidole darstellen. Falls diese These zutrifft, wären Menhire und aufgestellte Steine im weitesten Sinn den Themenkreisen »Frau« und »Lustdreieck« (Vulvendarstellung) zuzuordnen.

Nach diesem Besuch leiten – nicht gerade perfekte – Wanderhinweise zum Galeriegrab der Pierres plates am Strand hinter Kerpenhir. Die Megalithanlage birgt wunderschöne Göttinnenidole in sich. Sie ist auf die Insel Buissons de Meabhan ausgerichtet, deren weiche Brüste man selbst bei dunstigem Wetter im Meer erkennen kann. Im Pierres plates gibt es zahlreiche Darstellungen der »Dolmengöttin«, die den staunenden Touristen von einem Einheimischen erklärt werden, der in seiner Jugend an den dortigen Grabungen teilgenommen hat. Hören Sie ihm gut zu – und lassen Sie ihm ein gutes Trinkgeld zukommen.

Von den Pierres plates geht der Blick aufs Meer hinaus. Dort liegen die oben bereits erwähnten Buissons de Meabhan. Ihren bretonischen Namen übersetzen grinsende Franzosen den deutschen Touristen gern als »Popo-Berg«. Dies stimmt jedoch nicht, er heißt in etwa »Brüste der Meabhan«, die zumindest sprachgeschichtlich eine Verwandte der irischen Königin Maeve ist.

Direkt im Dorf Locmariaquer findet sich hinter einer Seitengasse der große Dolmen »Mané Rutual«, der am Ende seines langen Ganges auf der rechten Seite einen doppelten eingeritzten Krummstab aufweist. Die mächtige Deckplatte der Kammer trägt ein riesiges Dolmengöttinnenidol, das dicht an der Kante der Platte entlangläuft. Von C'rach her gesehen liegt am Ortseingang des Dorfes rechter Hand unter einer Baumgruppe der »Mané-Lud«, eine Steinkammer, über der noch der Hügel erhalten ist. Abgesehen von den wichtigen Ritzungen an seinen Wänden, für deren Erkennen man eine Taschenlampe braucht, ist dieser Hügel interessant, weil er

Die Pierres plates mit der Insel Buissons de Meabhan im Hintergrund

heute den dritten Punkt der Linie Buissons de Meabhan–Pierres plates bildet, die auf einen südlichen Horizontpunkt ausgerichtet ist. Außerdem liegt er eng an einige kleine alte Häuser gedrückt, deren Bewohner die Steinkammer in früheren Jahrhunderten sicher als Keller gebrauchten.

Mit einem Auto sind alle wichtigen Steinanlagen auf dieser Halbinsel und das Museum auch für gehbehinderte oder Rollstuhl fahrende Frauen erreichbar.

Der schönste Dolmen der Welt: Gavrinis bei Larmor-Baden

Dieses Ganggrab liegt auf einer Insel im Golf von Morbihan und wird, von den Tourismusbehörden organisiert, mit kleinen Booten von Larmor-Baden aus angefahren. Man darf nicht allein dort hinüber, denn es handelt sich um eines der schönsten Megalithgräber Europas. Seine großen Steine sind über und über mit schwungvollen Verzierungen geschmückt, deren Entstehung und Bedeutung die Führerinnen ausführlich erläutern. Der Stil dieser teppichartigen Gravierungen ist mit keiner anderen Anlage zu vergleichen – allenfalls mit jenem der großen Anlagen Irlands. Es würde hier jedoch zu weit führen, die zahlreichen Interpretationen dieser Ornamente ausführlich zu erläutern. Man sollte sie in Ruhe auf sich wirken lassen. Wahrscheinlich war dies auch die Intention der Erbauerinnen beziehungsweise Erbauer in der Jungsteinzeit: Es ist die Anschauung der Göttin, der *déesse,* wie die örtlichen Führer erklären, in ihren verschiedenen Aspekten, soweit wir sie heutzutage überhaupt noch nachvollziehen können. Dabei handelte es sich wahrscheinlich nicht um eine personifizierte Gestalt wie in den späteren, patriarchalen Epochen. Die jungsteinzeitliche Göttin ist eben keine »Gebärerin«, kein »Fruchtbarkeitssymbol«, keine »Mutter«, »Geliebte« oder »Gattin« eines Gottes oder was man sonst an Weiblichkeitsaspekten unserer Zeit in sie »hineingeheimnist« hat. Sie ist für sich und erscheint eher als die Summe von Naturkräften – allen voran des Meeres.

Die Steinstele mit der Nummer 21 im südwestlichen Teil

Das Ganggrab von Gavrinis

Der Gang des Grabes von Gavrinis; ganz rechts Stein Nummer 17, daneben Stein Nummer 21 mit Vulvendarstellungen

Der linke Stein (Nummer 16) ist der »Abschlussstein«.

des Ganges zeigt sehr deutlich, dass die so genannten Äxte symbolische »Verkürzungen« des Themas »Frau« sind. Stele 9 im nordöstlichen Teil des Ganges ist die Emanation dieser Meeresgöttin, möglicherweise in der Gestalt der Sonne, die sich über die Wellen schiebt, oder aber als »Mutter-Tochter« oder eine andere Variante doppelter Frauendarstellungen, wie man sie seit der Altsteinzeit an vielen Orten gefunden hat. Stele 8 daneben zeigt an ihrer Unterkante Schlangendarstellungen, wie man sie auch in den Steinreihen von Carnac fand, und »Äxte«.

Der wichtigste Stein in der Kammer ist wohl die Nummer 16 links an der Abschlusswand, wenn man von draußen hereinkommt. Möglicherweise trägt er die Darstellung mehrerer »Welten«: diesseits und jenseits, über und unter dem Meer, dem Horizont. Links davor befindet sich ein Stein mit seltsamen Durchgreiflöchern, zu denen ich schon die

Die Durchgreiflöcher in diesem Stein sind armdick.

verschiedensten Interpretationen gehört habe. Die sympathischste ist zweifellos jene, nach der die Leute dort früher ihre Ziegen anbanden. Doch wie kamen die Löcher während der Jungsteinzeit dort hinein? Und warum steht der Stein ausgerechnet an dieser Stelle? Die in den späten 90er-Jahren aufgekommene Version, es handle sich um einen geologischen Zufall, ist auch nicht sehr zufrieden stellend. Es scheint wohl so, dass die etwas kleineren und feinknochigeren Jungsteinzeitmenschen ihren Arm dort hineinsteckten. Dies geht heute jedoch nur, wenn man auf dem Boden sitzt, damals knieten die Menschen vermutlich vor dem Bild. Andersherum lässt sich der Arm übrigens nicht durchstecken. Anscheinend sollte so etwas wie eine Abkehr von der äußeren Welt, die durch den Gang hineinschimmert, erreicht werden. Unter den Durchgreiflöchern finden sich zwei aufeinander bezogene Spiralen, deren Stil, ebenso wie der Stein mit der

Nummer 17 der Kammer, an irische Steinritzungen erinnert. Stein Nummer 14, vom Gang her gesehen rechts in der Kammer, zeigt, wie die Krummstäbe wirken, wenn man sie flächendeckend eingraviert: Das »Dreieck« oder die »Axt« wächst gewissermaßen aus ihnen heraus. Tritt man wieder aus dem Gang ins Licht hinaus, sieht man in der Ferne im Meer die Buissons de Meabhan. Ursprünglich waren wahrscheinlich alle Anlagen des Golfes von Morbihan, die nun zum Teil in den Wassern versunken sind, in einem weiten Rund um diesen »Busenberg« herum angeordnet, ähnlich wie auf der Insel Rügen sowie an anderen Orten.

Da die Insel so einfach zu erreichen ist, können Gehbehinderte auf jeden Fall dort hinüber, und wenn das Meer nicht zu wild ist, kann das Touristenboot auch Rollstuhlfahrerinnen mit an Bord nehmen.

Die Steinstraßen von Carnac

Wo fängt man in Carnac an? Am besten steigt man erst einmal auf den Tumulus St. Michel, zu einer Kapelle, die auf einer riesigen Megalithenkammer errichtet worden ist. So lässt sich ein Überblick gewinnen. Vom Tumulus führen Treppen hinunter, ein hübscher Wanderweg geleitet an einer heiligen Quelle vorbei hinüber nach Kermario. Wenn man ein wenig Glück hat, stößt man im Ginstergesträuch auf allerlei weniger bekannte Megalithen und einen einsamen Menhir. Die großen Steinstraßen sind zu ihrem Schutz heute eingezäunt. Ihre Form – ein Cromlech (Steinkreis) mit daran hängenden Steinstreifen genauso wie die Darstellungen der kleinen Dolmengöttinnen in den Gräbern – ist am besten beim Alignement de Kerlescan zu erkennen sowie beim »Quadrilaire«, das kurz vor Kerlescan im Wald liegt. Der kurze Wanderweg dorthin zweigt, wenn man von der Buchhandlung bei der Aussichtsplattform kommt, linker Hand vor einem leicht verkommenen Reiterhof ab.

Das Quadrilaire ist wesentlich kleiner, als Steinstraßen es sonst sind, weshalb man seine Form, ein Viereck mit Halb-

Das Quadrilaire bei Kerlescan

Der vulvenförmige Eingang zum Quadrilaire

kreis oben, jedoch umso besser erkennen kann. An der Südstraße des Quadrilaire befinden sich zwei interessante gegeneinander gesetzte Steine, die möglicherweise eine Art Tor, Ausgang oder »Nabel« der Dolmengöttin bilden. Die Südrichtung weist auf den höchsten Stand der Sonne hin. Im Sommer befindet er sich über uns am Himmel, im Winter gewissermaßen nur in Nasenhöhe über dem Horizont. Es gibt jedoch auch einige Anlagen, die recht genau auf den Mittagsstand der Sonne am 21. Dezember ausgerichtet sind. Alle Steinstraßen in der Bretagne, die einen Cromlech an einem Ende haben, stellen meiner Meinung nach das überdimensionale Abbild der Dolmengöttin, der »Meeresgöttin«, dar.

Man braucht ein wenig Geduld und gute Füße, denn der einzige Weg an den Steinstraßen entlang führt über die Asphaltstraße, auf der sich auch Busse und viele, viele andere Touristen bewegen. Trotzdem lohnt es sich, einen Tag lang die verschiedenen Anlagen anzuschauen. Für Gehbehinderte und Rollstuhlfahrerinnen ist es gut möglich, dort auf und ab zu fahren, um die Steine anzusehen.

Auf jeden Fall sollte man das schaurige Archéoscope, eine Art Megalithenkino meiden. Nur ein, zwei Kilometer nördlich der berühmten und auch überlaufenen Megalithstraßen von Carnac finden sich eine Menge kleinerer Langhügel, Megalithgräber usw. Die meisten von ihnen erreicht man von der D 768 in Richtung Auray, auf deren rechter Seite sie liegen. Da gibt es zum Beispiel die drei Galeriegräber von Mané Kerioned und in ihnen unter anderem die Ritzung einer Dolmengöttin mit Bauchnabel.

Vom Tumulus Crucuny aus ein wenig nördlich hat man einen Blick auf den Kirchenhügel von Coetatouz, der möglicherweise ein ähnlicher Riesentumulus mit verfallener Steinkammer darunter ist wie der Tumulus St. Michel. Es lohnt sich, auch diesen Hügel zu besteigen. Auf dem Hügel von Coetatouz finden sich noch einige Riesensteine, möglicherweise eine natürliche Felsanlage, auf die ein exakt nach Nord-Süd und Ost-West ausgerichtetes Kreuz eingeritzt ist, sowie eine Schlange mit kleinen Näpfen, wie sie verschiedentlich in der Bretagne und in Graubünden zu sehen sind.

Die Steinstraßen von Carnac

Dolmengrab bei Mané Kerioned

Weiter hinten im Gebüsch liegt etwas, das als ein stark zerstörtes Grab gedeutet werden kann. Aus den Resten eines anderen Quadrilaires hat man in historischen Zeiten eine kleine Mauer errichtet. In der Kirche von Coetatouz findet sich die Statue der heiligen Helene, die auf die Mondgöttin zurückzuführen ist.

Der Rundblick von diesem idyllischen Platz aus verführte mich einst zu der Hypothese, dass die riesigen Steinstraßen, die parallel zum Meer gebaut wurden, möglicherweise den Versuch einer großen rituellen Beschwörung und Bändigung der gefährlichen Meereskraft darstellten. Die Überflutung des Golfes von Morbihan muss eine furchtbare Katastrophe gewesen sein, an die diese Straßen erinnern könnten. Ebbe und Flut werden vom Mond und seinen Wanderschaften beeinflusst. Vielleicht ist diese heilige Helene eine späte Nachfahrin der Großen Dolmengöttin, die man wie eine Riesin beschwörend zwischen die besiedelten Höhen und das stürmische Meer gebaut hat.

Der Roche-Feutet weiter östlich ist ein idyllisch gelegenes, dreijochiges Galeriegrab, bei dem das erste Joch über dem Schwellenstein kleiner ist als die beiden anderen. Ein ebenso schöner, abgelegener Platz ist die kleine Kirche La Madeleine mit der in der Bretagne beinahe obligatorischen heiligen Quelle und in ihrer unmittelbaren Nähe ein putziger Dolmen mit abgerutschter Tischplatte, an der sich nun die Kühe, ungestört von allem Touristentrubel, wohlig ihr Fell scheuern.

Die Geschichte der Steinreihen von Carnac

Ach, werdet ihr sagen, die kennen wir doch schon! Da gab es einen alten Helden, das Vorbild für den heiligen Kornelius, der mit seinen Gebeten die heidnischen römischen Legionen zu Stein verwandelte. Aber nein! Was wisst ihr denn schon vom Verlauf der Geschichte, der Geschichten, von ihren Kurven und Rückläufen und labyrinthischen Verwirrungen – von ihren Tiefen gar, weit unter dem, was wir Vergangenheit nennen? Nichts wisst ihr, und deshalb lasst mich nun die wirkliche Geschichte von Carnac erzählen, wie sie die alten Weiber noch vor einiger Zeit erzählten, ehe all diese seltsamen Menschen in kurzen Hosen und mit dicken Bäuchen auftauch-

ten. Da lebte einmal ein frommer Hirte auf den Wiesen am Meer. Der hütete die Rinder der Gemeinschaft und zum Zeichen seines Amtes trug er die Hörner der Kühe auf dem Kopf, weshalb er auch Cornelis hieß, »Horn der Göttin«, denn nur diese allein konnte er als seine wahre Lehrerin und Meisterin anerkennen.

Nun geschah es, dass Fremde ins Land kamen, Menschen ohne Hörner auf dem Kopf, aber mit Pfeil und Bogen und Hornplatten an den Handgelenken. Die schossen nicht nur auf die wilden Tiere des Waldes, sondern auch wie zum Vergnügen auf die zahmen Rinder, die Nahrung der Menschen aus Cornelis' Stamm. Und viel schlimmer, eines Tages begannen die mit den Hornplatten an den Handgelenken auch auf die Menschen zu schießen, die doch seit alters her dort am Meer ihr friedliches Auskommen hatten. Da dauerte es nicht lange, bis die Hütten brannten, die Kinder weinten, und wer nicht fliehen konnte, wurde gnadenlos von den neuen Herren niedergemacht.

Cornelis hatte diesem Gemetzel von weitem zugesehen und er wusste, dass das Ende der Göttinzeit gekommen war, denn die Menschen der Göttin können einfach nicht auf andere Menschen schießen, und selbst wenn sie ein Tier aus Not töten müssen, machen sie eine große Sache darum und bitten die Seele des Tieres sowie die Göttin darüber tausendmal um Verzeihung für diesen Mord.

Traurig schaute Cornelis auf die Bucht hinaus und rief zur Göttin, seiner Lehrerin und Meisterin: »Mag sein, heilige Ana, Mutter des Landes, dass du uns etwas zeigen willst, dass du uns etwas lehren willst. Ich weiß es nicht und will es auch gar nicht wissen. Doch ich flehe dich an, schütze das unschuldige Vieh vor diesen Menschenmördern und Tierschlächtern und nimm mich selbst mit in die geheimnisvollen Tiefen deiner Anderswelt, denn ich will erst wieder neu geboren werden, wenn die Menschenschlächter verschwunden sind von der Erde Angesicht.«

Und als die Bogenschützen mit den Armplatten von der brennenden Siedlung her auf die reichen Rinderherden zuliefen in der Hoffnung, große Beute zu machen, da rauschte und brauste das Meer mit einem Male auf. Eine riesige Flutwelle verschlang diese Kerle mit einem Schlag, und wo sie rannten, dehnen sich heute die Wasser des Golfes von Morbihan. Die unschuldigen Tiere jedoch verwandelte die Göttin in Tausende von steinernen Rindern, die bis

heute auf der Wiese herumstehen und erstaunt auf die modernen Herden der Touristen starren.
Ihren treuen Diener aber, den Hirten Cornelis, hob sie zum Himmel unter ihre eigenen Sternenherden empor. Dort können wir ihn sehen, wie er alle Wochen mit seinem Horn auf die Erde herunterblickt. Denn er wartet ja nur darauf, dass die Menschenschlächter verschwinden, damit ihn die gütige Göttin wieder gebären kann. Manchmal – in hellen Vollmondnächten – erwachen sie alle für kurze Zeit wieder zum Leben: Da sitzt Cornelis auf einem Stein mit übereinander geschlagenen Beinen und um ihn herum bewegen sich die abertausend Kühe, leise grasend, murmelnd und wiederkäuend, aus einer anderen Zeit.

Die Venus von Quinipily

Über Auray nimmt man die D 768 bis zum Anfang der kleinen Stadt Baud, um von hier aus den kleinen Ort Quinipily zu erreichen. Man fährt dem Hinweis »Toutes Directions« folgend durch den Kreisverkehr, die D 768E ungefähr zwei Kilometer entlang und dann an der zweiten kleinen Ausfahrt, dem nächsten Kreisverkehr, heraus, Richtung Terniel. Man kommt zuerst durch eine kleine Streusiedlung, nach knapp einem Kilometer weist dann rechter Hand, vor dem zweiten Ort namens Coet-An, ein Schild den Weg zur Venus von Quinipily. Der Parkplatz zum kleinen Schloss liegt gleich dabei, für gehbehinderte Frauen ist es kein Problem, in den Park und zur Venus zu gelan-

Der Brunnen der Venus von Quinipily

gen. Auch einen Rollstuhl über die Kieswege hinaufzuschieben, dürfte für erfahrene Frauen keine Mühe darstellen. Von der Schnellstraße D 768E aus ist die Venusstatue gut über dem Fluss stehend zu sehen. Man kann auch schon die erste Abfahrt von der Schnellstraße nach rechts nehmen und parkt sein Auto vor der kleinen Brücke von Kercadec, die über einen romantisch dahinfließenden Fluss führt. Wenn man über diese Brücke geht, trifft man erst auf ein Gehöft mit neugierigen Hühnern und sodann links auf einen Parkplatz und das kleine Schloss von Quinipily. Außer der Venusstatue über dem Flusstal sieht man auch von der Autostraße aus die großen Kiesgruben, die bis auf wenige Meter an Schloss und Park von Quinipily herangerückt sind. Das Schlösschen selbst erkennt man weniger an einem großen Hinweisschild als vielmehr an den Blumen, die über die Mauer und aus Töpfen vor der Eintrittskasse quellen, am Straßenrand stehen und die unscheinbare Hausmauer verschönern.

Die Kiesgruben – und überhaupt die ganze lärmige Gegenwart – haben dem Platz jedoch nichts von seiner Idylle und liebreizenden Art nehmen können. Ich bin übrigens der festen Meinung, dass sich die alten Damen, die die Eintrittskarten verkaufen, durchaus hin und wieder in Katzen, Tauben oder lustige Hunde verwandeln können. Das letzte Mal, als ich dort war, lieferte ich meinen Obolus einer kritisch dreinblickenden Siamkatze ab, die dazu keine Miene verzog.

Die Geschichte der Venus von Quinipily

Dies ist eine wahre Geschichte, man weiß nur nicht genau, wann sie eigentlich angefangen hat. Da hatte es einen gallorömischen Soldaten gegeben, der fern seiner Heimat Dienst in den Heeren des Kaisers getan hatte. Als er wieder nach Hause, in die Bretagne, kam, brachte er seinem Dorf die Statue einer Göttin mit, denn er hatte es überaus interessant gefunden, dass auch die Menschen jenseits der großen Berge und an den anderen Ufern des Meeres die Göttin verehrten, wenn sie ihr auch einen anders klingenden Namen gegeben hatten dort im Ägyptenland oder in den Tempeln der Griechen als die bretonischen Kelten daheim. Seine Leute freuten sich sehr und bezogen die neue Göttinstatue in ihre Feste und sommerlichen Rituale ein.

Nun erreichte aber auch das Christentum dieses abgelegene Gebiet zwischen den Meeren, und der Missionar befahl, die heidnische Figur in einen Fluss in der Nähe zu werfen. Doch welch Wunder, nach sieben Tagen landete sie wieder an der gleichen Stelle am Ufer an und die Menschen, die Nachfahren der Kelten, sahen dies als ein

Zeichen, ihre Göttin weiterhin zu verehren. Da stellte man den Dienst an den alten Göttinnen und Göttern unter Todesstrafe und die Bauern mussten heimlich zu ihrem Kultbild pilgern, wollten sie nicht auf dem Scheiterhaufen oder in den Fängen der Inquisition landen. Abermals erfuhr der Bischof von den heimlichen Venusfesten und ließ der Statue den Kopf abschlagen, weil er meinte, dann sei sie nichts mehr wert, und die Bauern ließen von selbst von ihrem heidnischen Treiben ab. Aber was weiß solch ein Bischof schon über den wahren Wert der Göttin? Ein geschickter Steinmetz aus Baud fertigte rasch einen neuen Kopf, und die Feste zu Ehren der Venus gingen weiter. Da ließ der Bischof voller Zorn den Körper der Statue zerschlagen – doch wie ein Wunder tauchte sie heil aus den Wäldern um Baud wieder auf und die Bauern feierten weiter das Liebesfest mit ihrer Venusstatue.
Mittlerweile war schon das 17. Jahrhundert nach Geburt und Tod des gekreuzigten neuen Gottes ins Land gegangen. Die Aufklärung und das kühle Denken hoben ihren vernünftigen Blick über die Kleinlichkeiten der Menschen, und die ersten Fürsprecher machten sich stark, die unschuldigen Frauen, die als Hexen beschuldigt wurden, von den Scheiterhaufen zu reißen. Da war es nicht mehr gar so gefährlich, der Göttin des Nachts in den Wäldern zu dienen. Doch der nun amtierende Bischof gab seinen Kampf gegen jene immer noch nicht auf, die man eben nicht bekämpfen kann. Er erließ ein Dekret, das jeden, der heidnische Feste feiere, mit empfindlichen Geldbußen belegte und jenen, der ihn verriet, hoch belohnte. Wir wissen, dass dergleichen viel effektiver ist als die krude Todesstrafe, und so kam es, dass die Venusverehrer nun weder aus noch ein wussten. Doch inzwischen gab es Grafen, Barone und andere Adelige, die – weiß der Himmel warum – die Göttin wieder entdeckt hatten. Vielleicht hatten es ihnen die bäuerlichen Ammen an der Wiege gesungen? Vielleicht die Ahninnen aus den Gräbern herausgeflüstert? Wie auch immer – es gab einen aufgeklärten Baron von Quinipily und der hatte die Gerichtsbarkeit über das ganze Gebiet, das unter seiner Herrschaft stand. Keiner durfte dort Strafen verhängen ohne seine Erlaubnis, nicht einmal die allmächtige Kirche, und es galt weit und breit nur das Gesetz der Herren von Quinipily. Und noch etwas: Der Herr von Quinipily liebte die Venus und verehrte die alten Göttinnen. Er hatte viele kluge Bücher über Phi-

losophie und Geschichte studiert, in denen er las, dass damals alles besser gewesen sei, dass die Menschen friedfertig waren und die Göttinnen sie beschützten.
An ihn wandten sich die Bauern in ihrer Not, denn sie wussten, dass nur noch ein solch aufgeklärter, reicher und mächtiger Mann ihnen gegen die Hinterlist der Kirche helfen könne. Und wir wissen ja: Klugheit und Verstand allein, Widerspruchsgeist und Idealismus reichen manchmal nicht aus, den mächtigen Ideologen das Handwerk zu legen. Es braucht auch Geld und Gut, Plätze, Gärten und rechtsfreie Räume. All das stellte der Baron in den Dienst der Bauern und ihrer seltsamen Venusstatuette von Quinipily. Er hatte sich mittels seiner schlauen Bücher kundig gemacht und gelernt, dass es sich bei solch einer Venus um eine Göttin handelte, die viel Wasser brauchte, denn die Venus will im Mai gebadet werden, um, aus dem Schaum des Meeres wieder geboren, die hitzige Liebesfeier des Hohen Sommers begehen zu können. Also ließ er drei Teiche auf seinem Gut anlegen, denn die wahre Gestalt der Göttin ist nun einmal dreifach, die übereinander angeordnet einander speisen, bis ihre Wasser unten in einen großen Steinzuber fließen, über dem die Statue der Venus hoheitsvoll steht, während drunten in der heiligen Mainacht eine junge Frau badet, denn in ihr inkarniert sich die Göttin für sieben Wochen und ihre Liebe garantiert, dass die Erde genug Körner, die Bäume Früchte tragen und das Vieh gesunde Junge wirft bis in den Herbst hinein. Außerdem ließ er eine rote Stute dort oben weiden, die jedes Jahr ein schwarzes Füllen warf, denn diese Göttin reitet auf einem roten Pferd, und das, liebe Frauen, könnt ihr bis auf den heutigen Tag dort vorfinden. Als die Statue der Venus aufgestellt war, lud er die Bauern in seinen Park ein, und sie feierten von nun an ihr Fest, so lange und so fröhlich sie wollten.
Als das der Bischof erfuhr, schäumte er vor Wut, doch alle Rechtsgelehrten des Landes wiesen ihm nach, dass er sich da nicht einzumischen habe, denn der Baron habe nun einmal, vom König verliehen, den Gott schützen möge, die volle Gerichtsbarkeit über seine Ländereien und das schlösse auch seine Hintersassen, Abhängigen und Bauern mit ein, die niemand dafür strafen dürfe, was sie im Einzugsbereich ihres Herrn täten. So konnte die Göttin noch lange, lange auf dem Besitz der Herren von Quinipily verehrt werden – wie

lange, weiß niemand genau. Heute sind die Teiche trockengelegt, doch die Statue steht immer noch an ihrer Stelle. Freundliche alte Damen, die genau zu wissen scheinen, warum dort in den letzten Jahren so viele Frauengruppen in ihrem von Blumen übersäten Park auftauchen, geben die Eintrittsbillets aus, die fast gar nichts kosten, und das rote Pferd wiehert bis heute freundlich hinter dem Zaun.

Der Wallfahrtsort Ste.-Anne-d'Auray

Ste.-Anne-d'Auray, sechs Kilometer nördöstlich von Auray gelegen, ist der größte Wallfahrtsort der Bretagne. Er erhielt sogar einmal päpstlichen Besuch. Sowohl für gehbehinderte Frauen als auch für Rollstuhlfahrerinnen ist es kein Problem, sich dort zu bewegen. Riesige, teilweise national gefärbte Bauwerke umgeben heute das große Viereck mit dem eindrucksvollen Dom. Die eigentlich wichtige Stelle ist die heilige Quelle auf der linken Seite des Platzes. Sie ist vor allem für Frauen wichtig, die sich Kinder wünschen. Außerdem hilft das heilige Wasser, wenn Kinder in Gefahr geraten sind. Aber auch Männern in mehr oder weniger harmlosen Wettkampfsituationen kann geholfen werden, wie ein durchschossener Stahlhelm aus einem der Weltkriege und gelbe Trikots von Siegern der Tour de France zeigen. All dies kann die staunende Touristin im »Trésor de la basilique« bestaunen, falls sie sich für Votivgaben interessiert.

Anne wurde erst im 14. Jahrhundert von der Kirche als Heilige anerkannt, 1584 wurde ihr Festtag auf den 26. Juli gelegt. Am gleichen Tag fand 40 Jahre später ein Bauer am Ort Keranna in einer seltsamen Steinhalde bei einer Quelle, welch Zufall, eine Statue, die sofort als heilige Anna identifiziert wurde. Das Feiern alter Kulte an Quellen war demnach bis in diese Zeit eine beliebte Beschäftigung der Menschen.

Im 16. Jahrhundert musste die katholische Kirche noch einmal ungeahnte Anstrengungen unternehmen, um sich im Geschäft zu behaupten: Denn zur immer noch in den abgelegenen Provinzen lebendigen heidnischen Konkurrenz traten jetzt die Bewegungen eines gewissen Luther oder Hus: Reformatoren, die die Mündigkeit des Individuums im Angesicht der Religion beschworen und ihre Reformbewegung zum Teil mit revolutionärem Engagement für die unterdrückten Bauern oder gegen Prunk und Korruption der Amtskirche verbanden. Gemeinsam war den katholischen und den reformierten Christen nur ihr Hass auf Frauen, der in dieser Zeit in der Hexenverfolgung einen seiner grausamen Höhepunkte in der Geschichte erreichte. Doch es waren nicht nur Frauen, die zwischen die Fronten gerieten, sondern all jene Menschen, die sich noch an den alten heidnischen Kulten erfreuten, wie man den Akten der Inquisitoren entnehmen kann.

Von kritischen Menschen wird heute oft geschrieben, die Errichtung christlicher Heiligtümer um solch alte Kultplätze wie Keranna (*ker* = bretonisch für »Haus«) sei eine Vereinnahmung gewesen. Doch ist es nicht immer noch besser, vereinnahmt zu werden als verbrannt? Möglicherweise steckt hinter solchen kulturhistorischen »Vereinnahmungsprozessen«, wie ich sie einmal im Tal des Niklaus von der Flüe, dem großen Schweizer Heiligen, studiert habe, durchaus das Engagement lokaler Priester, die ihre heidnischen, abtrünnigen Schäfchen vor Schlimmerem bewahren wollten. Und noch etwas verbindet dieses Quellheiligtum sowohl mit der Geschichte um die Venus von Quinipily als auch mit einem anderen Ort dieser Gegend, der für Frauen so heilig ist, dass ich hier eigentlich kein Sterbenswort über ihn schreiben dürfte: den Busenberg Mané-Guen von Guénin. Informationen dazu sind meist nur in englischen Büchern zur Megalithenforschung zu finden: die Beschreibung der Busenberge, von denen der eine bei Killarney in Irland Da Chich Annan (*chich* = Brust) und der andere im englischen Cornwall St. Anne's Breasts heißt.

Der große Busenberg Mané-Guen von Guénin

Eines Tages nämlich machte ich mich mit mehreren Frauen auf die Suche nach dem ursprünglichen Standort der Statue der Venus von Quinipily, der in den Sagen, aber auch in historischen Berichten immer wieder erwähnt wird: den Höhenzug Site du Castennec bei St. Nicolas des Eaux. Hier soll sich das Lager der römischen Soldaten befunden haben, in dem sie auch die Statue aufgestellt haben sollen.

Die Kirchen in dem Gebiet zwischen Pluméliau, St. Nicodème oder St. Nicolas des Eaux leiden heute gewissermaßen an einem späten Fluch. Die katholische Kirche errichtete ihre Kultbauten gern nahe bei oder gar direkt über den alten Quellen. Dabei verwendeten die Baumeister ein spezielles salpeterreiches Gestein, das Wasser aufsaugt wie ein Schwamm. Heute sind viele dieser Kirchen einsturzgefährdet, Schimmel wächst an ihren Wänden empor und eine merkwürdige Aura von Verfall umweht diese baulichen Leichname. Doch das ist eine andere Geschichte aus dieser Gegend.

Wir fuhren die D 768 von Baud in Richtung Norden, Pontivy. Da tauchte sie nach etwa fünf bis sieben Kilometern, in östlicher Richtung gelegen, plötzlich aus dem leicht welligen Hügelland auf: eine riesige Frauenbrust, mächtig und sicher und selbst für Menschen, die noch nie etwas über Busenberge gelesen haben, deutlich zu erkennen. Es war aus-

Opfer- oder Altarstein auf dem Mané-Guen

gerechnet mein Geburtstag und ich hatte einen Wunsch frei. So stoppte unsere Fahrerin den Bus und ich schlug rasch in meinen klugen Büchern und Landkarten nach, was dort wohl liegen könnte: ein Ort namens Guénin – was im Bretonischen »Frau« bedeutet – und ein Berg namens Mané-Guen, was drei Bedeutungen hat: heiliger, weißer oder Frauenberg. Auf dem Berg befinde sich, so das Quellenbuch von Plessen und Spoerri, eine Kirche mit Namen St. Michel. Auf dem einen Hügel gebe es die Kapelle und auf dem anderen Schalensteine. Wir bogen kurz hinter der Autobahnbrücke rechts, Richtung Guénin, in die D 197 ein. Man kann diesen eindrücklichen Berg auf einer kleinen Serpentinenstraße erst einmal umfahren, um dann bis auf halbe Höhe, zur Kirche aus dem 16. Jahrhundert, der Notre Dame du Mané-Guen, hinaufzufahren. Von dort führt der Fußweg zu St. Michel hinauf. Mit großem Schwung läuft der weitere Wanderweg über einige interessante Felsschwellen hinunter in den eigentlichen »Busen« und dann wieder hinauf auf die östliche Brust mit einer ungeheuren Fülle von Schalensteinen sowie dem »Altarfelsen«. Hier soll noch in historischer Zeit ein Ritual vollzogen worden sein, dem man in der Bretagne häufig begegnet und das möglicherweise aus der Keltenzeit herrührt: Alte Menschen, denen das Leben eine Last war, baten um den Freitod, der ihnen mittels einer besonderen, heiligen Steinaxt und im Rahmen eines christlichen oder heidnischen Rituals durch eine alte Frau oder einen besonderen Priester im Beisein der Verwandten gewährt wurde.

Der Blick von beiden Brüsten über die Landschaft ist beeindruckend. Vom St. Michel aus ist auch der »Bauch« gut zu erkennen, der zu jedem guten Busenberg gehört – weshalb es eigentlich immer drei Hügel oder Berge sind. Heute befindet sich auf ihm eine Hühnerfarm. Der kleine Ort Mané-Guen liegt in einer Flussschleife, die den Bauch südlich umläuft und den »Schoß« bildet. Man kann auch von der Kirche Notre Dame du Mané-Guen auf einem Wanderweg um den Berg herumlaufen, der auch an der heiligen Quelle etwas hangabwärts im Süden der Hügel vorbeiführt. Die mir bekannten Busenberge erhielten durch die Geologie des Landes ihre eigentümliche Form. Menschen wurden auf sie aufmerksam und umgaben beziehungsweise »besetzten« sie mit ihren Kulturanlagen. Vermutlich reicht die spirituelle Nutzung des Berges viel weiter zurück, und zwar noch in die Zeit vor der Errichtung der etwa 20 Kilometer entfernten Anlagen von Carnac, möglicherweise sogar bis in das bretonische Mesolithikum. Im Umkreis solcher Berge jedoch häufen sich die Megalithanlagen, die christlichen Kapellen als Reaktion darauf und die seltsamen Sagen, in denen die vorchristlichen Religionen und ihre Inhalte durchscheinen.

Da man mit dem Auto bis zur Notre Dame du Mané-Guen hinauffahren kann, ist dieser Ort auch für Behinderte gut erreichbar. Einen Rollstuhl zur Kapelle des St. Michael oder dann auch noch durch das »Busental« hinab und wieder hinauf zu befördern, dürfte allerdings hohe Anforderungen an die begleitenden Personen stellen. Rollstuhlfahrerinnen können zwar nicht abstürzen, aber es geht doch recht steil die Brüste hinauf. Streckenmäßig ist es nicht mehr als ein Kilometer von Bergspitze zu Bergspitze.

Die Steinstraßen von Saint Just

Wenn Sie Megalithanlagen und Steinalignements ohne viele Touristen in landschaftlicher Einsamkeit erleben möchten, sollten Sie in Locmariaquer einmal etwas früher aufstehen und sich auf die Autobahn N 165/E 60 Richtung Vannes begeben. Hinter Vannes wechseln Sie auf die N 166 Richtung Ploërmel und fahren nach etwa zehn Kilometern bei St. Nolff in Richtung Questembert auf die D 775. Wem die Fahrerei zu lang wird, kann bei Rochefort-en-Terre, hinter dem kleinen Ort Malansac, ein Freilichtmuseum, den Parc de la Préhistoire aufsuchen, der von riesigen Dinosaurierfiguren bis hin zu arrangierten Steinzeitszenen allerlei Kuriositäten aufweist. Er ist recht interessant, man sollte dort aber auf keinen Fall auch nur die Spur einer frauenzentrierten Sichtweise erwarten. Die D 75 verlässt man dann kurz vor Redon, durchquert die Stadt und hält sich auf der D 177 nördlich, Richtung

Rennes. Nach etwa 25 Kilometern zweigt links die Straße zum kleinen Ort Saint Just ab.

Vor einigen Jahren verheerte ein Waldbrand den Hügelzug hinter diesem Dorf, doch das hat für die heutigen Besucherinnen und Besucher den Vorteil, dass die Großsteinanlagen offen und gut sichtbar auf dem Bergrücken liegen und auch der Blick in die Landschaft hinein nicht verstellt wird. Ein bezeichneter Wanderweg führt an den Alignements, Tumuli und Steinkammern vorbei. Wer nicht zu müde ist, kann am westlichen Ende des Höhenzuges durch das Tal nach La Val hinübersteigen und auf den Schieferkuppen der anderen Talseite noch weitere Megalithanlagen und wahrscheinlich mesolithische Napfsteine besichtigen.

Ste.-Anne-la-Palud

Über die Autobahn N 165 von Vannes über Lorient nach Quimper ist dieser Platz gut zu erreichen. Man nimmt hinter Quimper die Abfahrt 53 auf die D 39 in Richtung Locronan, einem wunderschönen Wallfahrtsberg. Am Locronan gibt es einen Kindlistein, außerdem soll in diesem Gebiet eine Hexe zur Hölle gefahren sein. Etwa fünf Kilometer hinter Locronan kommt Plonevez-Porzay, eine Art »Straßenkreuzung mit Häusern drum herum«. Hier nehmen Sie geradeaus die D 63 und biegen kurz nach dieser Kreuzung gleich wieder links nach Ste.-Anne-la-Palud ab.

Der Feiertag von Ste.-Anne-la-Palud ist der letzte Sonntag im August, an dem sich bis heute Tausende von Pilgern bei der Kirche und der heiligen Quelle versammeln. Das Prinzip der Landschaft ist im Grunde ähnlich wie jenes anderer Anna-Heiligtümer: eine Quelle, ein nahe gelegener heiliger Berg mit großartigem Rundblick und eine später erbaute große Kirche, die im Fall von Ste.-Anne-la-Palud mitten auf der grünen Wiese steht. Was den Platz aber weiterhin wunderschön macht, ist ein riesiger Sandstrand direkt hinter den Dünen sowie im kleinen Dorf eine von Pariser Lesben geleitete Crêperie. Dies alles ist sowohl für gehbehinderte als auch für Rollstuhl fahrende Frauen gut zu erreichen.

Die Legende von der heiligen Anna

Einst lebte eine wundergütige, vornehme Frau in der Bretagne. Das war Anna, die Schlossherrin von Moellien. Doch so gütig und umfassend ihr Wesen war, so hartherzig und kalt war das ihres Ehemannes. Ja, der war sogar so eifersüchtig auf seine Frau, dass er sie mit niemandem teilen wollte und ihr verbat, Kinder auszutragen. Doch es kam, wie es kommen musste, besonders deshalb, weil kein Mann eigentlich weiß, wie denn das Kinderzeugen zu verhindern sei, und weil nur die Frauen wissen, was sie zu tun haben, um ein Kind zu empfangen oder eben auch nicht. Und da die Schlossherrin von Moellien sich Kinder wünschte, wurde sie eben schwanger. Der eifersüchtige, hartherzige Mann der Anna wurde wütend und jagte sie davon. Da dies eine christliche Legende ist, ließen sich Engel vom Himmel herab und trugen Anna nach Nazareth im jüdischen Land, wo sie ihre Tochter Maria gebar. Als sie alt geworden war, kehrte sie in die Bretagne zurück, und es heißt, dass ihr berühmter Enkel sie einige Male dort besucht haben soll.

Die Anlagen der Landes de Lanvaux

Der gesamte Höhenzug im Zentrum der Bretagne, die Landes de Lanvaux, der sich mehr als 30 Kilometer von Baud nach Redon hinüberzieht, ist voller oft sehr einsam gelegener Megalithplätze, die mal leicht, mal auch schwerer ausfindig zu machen sind. Dies hängt von den touristischen Aktivitäten der jeweiligen Gemeinden ab. Zu empfehlen sind noch die Cairns von Larcuste im Bois de Colpo, etwa 30 Kilometer nördlich von Vannes an der D 767, oder die Anlagen und Menhire vom Forêt de Florange an der D 779 Richtung Baud.

Archäologie und Geologie der Bretagne

Die eiszeitlichen Gletscher, die große Teile Norddeutschlands, Englands und auch Irlands bedeckten, drangen nicht bis in die Bretagne vor. Dort breitete sich eine Tundrenlandschaft mit der typischen eiszeitlichen Fauna von Mammut, Riesenhirsch, wollhaarigem Nashorn und Höhlenbär aus. In diesen Lebenszusammenhang gehörten die Neandertaler, deren Knochenreste und Steinartefakte unter anderem bei Dol-de-Bretagne gefunden wurden.

Die bekanntesten Funde des Mesolithikums, der mittleren Steinzeit, stammen aus Téviec und von der Insel Hoedie. Unter anderem fanden sich Bestattungen unter Steinplatten, die Schmuckmuscheln und die typischen Steinwerkzeuge des so genannten Tardenoisien enthielten, einer Stufe des französischen Mesolithikums, die der norddeutschen Maglemosestufe oder auch bereits der Erteбölle-Ellerbek-Kultur entspricht. Letztere könnte man sowohl als spätmesolithisch als auch als frühneolithisch kennzeichnen. Diese Gräber in sandigen Vertiefungen waren außerdem mit schweren Hirschgeweihen umgeben und abgestützt, die annehmen lassen, dass Hirschtiere eine besondere Rolle im damaligen Kult spielten.

Wie wir noch am Beispiel Irland sehen werden, handelt es sich bei diesen sesshaften Gruppen von sammelnden, jagenden und fischenden Menschen möglicherweise um die ersten Erbauerinnen und Erbauer von Megalithanlagen. Auch was den Baustil und die Art der Gravierungen angeht, weisen viele Parallelen nach Irland. Die ältesten Megalithanlagen Europas finden sich demnach in Irland und in der Bretagne.

Das Steingeräteinventar entwickelte sich vom Mesolithikum, der mittleren Steinzeit, bis in die frühe Jungsteinzeit (La-Hoguette-Kultur) kontinuierlich weiter. Diese Kontinuität schlug sich auch in Bau und Konstruktion der Großsteinanlagen nieder: Sie verwandelten sich von den steinbedeckten Sandgruben der Téviecmenschen über die einfachen kleinen, viereckigen Hügel des frühen Neolithikums in die Monumentalbauten der späten Jungsteinzeit, beispielsweise in Barnenez.

Die Küstenlandschaft der Bretagne ist durch verschiedene große Erdbewegungen gekennzeichnet. Während der letzten Eiszeit hingen die Britischen Inseln und der Kontinent fest zusammen. Mit dem Freiwerden von Wasser aus den abtauenden Gletschermassen brach der Ozean durch und überflutete die Doggerbank. Der Englische Kanal entstand. Das Land der Bretagne hob sich weiter auf und noch einmal versanken um 5000 bis 4000 v. u. Z. Ländereien in den Fluten der Meere, insbesondere die heutige Bucht von Morbihan.

Ab 500 v. u. Z. wanderten die Kelten in die Bretagne ein, ein Abkömmling des Keltischen, die bretonische Sprache, wird bis heute dort gesprochen. 56 v. u. Z. besiegte Cäsar die Veneter am Golf von Morbihan, in der Nähe der Stadt Vannes, und aus dem keltischen Armorica wurde die nördliche Provinz Galliens.

Geliebtes Land, graugesichtiger Fels

Im alten Namen der Bretagne, Armorica, klingt neben seiner Bedeutung »Land am Meer« auch immer die Bedeutung »geliebtes Land« mit. Die Bretagne ist ein sehr raues und extremes Land. Die schroffen Felsküsten kontrastieren stark mit den weicheren Hügeln landeinwärts. Das Wetter kann von einem auf den anderen Moment umschlagen. Ich habe im Frühling schon erlebt, dass ich um zehn Uhr am Morgen in kurzen Hosen und Hemd einen Vortrag vor einer sonnigen Hafenmauer hielt, um elf trieben plötzlich aufkommende Regenschauer und eine heftige Brise mich und die Zuhörerinnen ins Haus, nach dem Mittagessen fauchte ein Schneesturm durch die Straßen und am Nachmittag donnerten die Wellen sturmflutartig gegen die Hafenmauer, an der wir nur wenige Stunden zuvor gesessen hatten.

Ich empfinde dieses Land zunächst immer wieder als anstrengend, ja abweisend. Ich muss es mit Liedern und Märchen umwerben, muss geduldig in den kleinen Hafenstädten Weißwein und Austern schlürfen, ehe Armorica geruht, mir zuzuzwinkern. Die Bretagne ist eine alte, graugesichtige, graufelsige Weise, boshaft und widerspenstig. Selten kehrt sie die junge Frau heraus, die lächelnde Möwentänzerin. Aber wenn dies geschieht … Ich durfte dieses Glück zweimal erleben, jeweils an meinem Geburtstag, und jedes Mal war es ein besonderes Erlebnis. Umso stärker offenbart sich die Göttin der Bretagne in ihren heiligen Narren, in ihren mit Brüsten besetzten Megalithanlagen, in den vielen Einritzungen der »Dolmengöttin«, der *déesse des dolmen,* die auch in der »ernsthaften« Wissenschaftsliteratur so genannt werden.

Ich habe selten Rituale in diesem mir fremden Land gefeiert: mal auf den Steinen des Pierres plates, mal auf den Höhen des Mané-Guen. Doch meist haben die mich begleitenden Frauen diese kleinen Szenen vorbereitet und gestaltet. Ich habe es vorgezogen, mich zurückzuhalten, denn ich spreche die Sprache dieses Landes nicht und es ist mir fremd. Ich bin Gast auf der Halbinsel der alten Weisen, und als solcher ziemt es sich, ehrfürchtig zu sein und still.

Literatur

Ackermann, E.: *Märchen der Bretagne,* Fischer Taschenbuch, Frankfurt 1989

Briard, J.: *Mégalithes de Bretagne,* Verlag Ouest-France, 1987

Briard, J.: *Die Megalithen der Bretagne,* Edition Jean-Paul Gisserot, Luçon 1991

Burl, A.: *Guide des dolmens et menhirs bretons,* Edition Errance, Paris 1987

Giot, P. R.: *Vorgeschichte in der Bretagne,* Edition d'Art Jos le Doare, Chateaulin 1992

Hülle, W.: *Steinmale der Bretagne,* Karawaneverlag, Ludwigsburg 1979

Mertens, H.: *Bretagne,* Hoffmann und Campe, Hamburg 1989

Oppens, E.: *Bretagne,* Prestel, München 1986

Plessen, M. L., u. a.: *Heilrituale an Bretonischen Quellen,* Gredinger-Privatdruck, Casti 1977

Politzer, A./Politzer, M.: *Les Sanctuaires des Constructeurs de Megalithes en Bretagne,* Albin Michel Jeunesse, Paris 1990

Rother, F./Rother, A.: *Die Bretagne,* DuMont, Köln 1990

Terhart, F.: *Bretagne,* Goldmann, München 1994

Im Schutz der Höhle: Dordogne, Lot und Pyrenäenvorland

Überblick

Das Tal der Dordogne im Südwesten Frankreichs, seine Nebentäler sowie das Pyrenäenvorland gehören zur höhlenreichsten Region Europas. Bereits im 19. Jahrhundert erforschten Geologen und Urgeschichtler die dämmrigen Tiefen und die hoch über den steilen Hängen schwebenden Abris, das sind Vorsprünge oder Halbdächer.

Die Flüsse Garonne im Süden, die Dordogne in der Mitte und die Gironde nördlich fließen in einem weiten Fächer von Osten nach Westen auf den Atlantik zu. Zur Gironde vereint, münden sie nördlich von Bordeaux in den Golf von Biscaya.

Die Provinzstadt Perigeux am Fluss der Isle bildet die nördlichste Stadt dieses Gebiets. Sie gab einer hier archäologisch nachweisbaren Epoche der jüngeren Altsteinzeit ihren Namen: dem Perigordien.

Etwa 20 Kilometer südlich liegt der berühmte Ort Cro-Magnon, wo man im 19. Jahrhundert die ersten Funde unserer Menschenspezies machte: den Homo sapiens sapiens.

Ebenfalls dort in der Nähe liegt der kleine Ort Les Eyzies-de-Tayac im Departement Dordogne. Ich habe diesen Ort ausgewählt, da hier einige für die Öffentlichkeit zugängliche Höhlen nahe beieinander liegen, sodass ein guter Überblick gewonnen werden kann. Beschreibungen der Höhlen Südfrankreichs und der Pyrenäen, sowohl auf der französischen als auch auf der spanischen Seite, füllen einige Bücherregale, sodass ich an dieser Stelle zur weiteren Information nur auf die auf Seite 228 angegebene Literatur verweisen kann.

Der Abris von Laugerie-Haute und Laugerie-Basse in Sireuil bei Les Eyzies-de-Tayac

Museum und beide Abris sind im Sommer von 9.00 bis 12.00 Uhr und von 14.00 bis 18.00 Uhr geöffnet. Im Winterhalbjahr verkürzt sich die Öffnungszeit am Nachmittag auf 14.00 bis 16.00 Uhr, montags und dienstags sind die Höhlen geschlossen. Ein Besuch im Abris Laugerie-Haute ist vor allem wichtig, wenn man sich über die Lebensweise und die Chronologie der Menschen der jüngeren Altsteinzeit informieren möchte. Erstaunlich waren die Funde von Laugerie-Basse. Neben Bestattungen fand man 600 gravierte Werke und Kleinskulpturen, darunter auch eine Frauenfigur.

Die Grotte de Combarelles

Diese Grotte ist von April bis September täglich außer mittwochs von 9.00 bis 12.00 Uhr und von 14.00 bis 18.00 Uhr geöffnet. Sie liegt ebenfalls beim Ort Les Eyzies-de-Tayac. Diese Bilderhöhle stammt aus der jüngeren Phase der Altsteinzeit, dem Magdalénien. So tragen ihre Wände tanzende Frauenfiguren, wie man sie aus Gönnersdorf bei Neuwied kennt. Der Stil der Gravierungen ist sehr naturalistisch. Neben zahlreichen Tiergravierungen finden sich Wisente und seltsame Köpfe, die in der Literatur als »Phantome« bezeichnet werden. Hier wie auch in anderen Magdalénien-Höhlen taucht dieses neue »Phantom«-Motiv in der Höhlenkunst auf. Die merkwürdigen Figuren geistern wie kleine Gespenster oder skurrile Tier-Mensch-Wesen über die Felswände. Mir scheint es, als habe man zu dieser Zeit entweder den Humor oder die Karikatur entdeckt. Möglicherweise begann man aber auch, sich vor den Geistern der Erde, den Kräften der Natur zu fürchten und gab ihnen deshalb eine solch seltsame Gestalt.

Die Grotte Pêch-Mèrle bei Cabrerets

Diese Höhle liegt weiter südlich, im Departement Lot, bei Cabrerets, in der Nähe der Garonne. Sie ist von Ostern bis in den Oktober hinein geöffnet: 9.00 bis 12.00 Uhr und 14.30 bis 18.00 Uhr, im Oktober nur bis 17.00 Uhr.

Die Grotte Pêch-Mèrle ist vor allen Dingen für ihre Höhlenmalereien aus dem Solutréen berühmt. Man ordnet ihren Stil einer Frühform der frankokantabrischen Höhlenkunst zu. Deutlich lässt sich eine Dreiteilung der Bilder erkennen: Auf einer natürlichen Ebene laufen die Tiere herum. Die Ebene der Menschen wird durch Gestalten mit Speeren angezeigt, abstrakte Gedanken, Ideen werden durch Zeichen ausgedrückt. Welcher Art diese gedankliche Ebene ist, wissen wir nicht. Wie auch sonst in der altsteinzeitlichen Kunst kann man hier nur beschreibend vorgehen und feststellen, was es dort gibt. Was die Frauen und Männer damals dachten, woran sie glaubten, lässt sich nicht mehr rekonstruieren. Berühmt und bekannt ist Pêch-Mèrle weiterhin für die Darstellungen von gepunkteten Pferden.

Archäologie und Geologie Südfrankreichs

Insbesondere der Abri Laugerie-Haute bot ein reiches Artefaktmaterial, das einen guten Überblick über die Lebensweisen der Menschen der jüngeren Altsteinzeit, die diese Höhlen betraten, gibt. In Laugerie-Haute konnten die Ausgräber die vollständigste Schichtenabfolge des Solutréen aufdecken. Das Solutréen in Südfrankreich entspricht zeitlich ungefähr dem Gravettien in den anderen Bereichen Europas und umfasst die Zeit ab 25 000 Jahren v. u. Z. Daran anschließend fanden sich die Schichten des Magdalénien, um 14 000 v. u. Z. Das Magdalénien ist eine ebenfalls an Frauen-, aber auch an Männerdarstellungen reiche Zeit. Außerdem produzierten die Menschen des Magdalénien wunderbar verzierte Speerschleudern, auf denen anmutige Tierköpfe, auffliegende Vögel und andere Gestalten zu sehen sind. Zu dieser Bedeutung des Abris kommen die künstlerischen Funde. So fand man eine Löwenfigur und einen geschnitzten Lochstab mit zwei Mammuts darauf. Lochstäbe dienten wahrscheinlich zur Begradigung der Geweihspäne, aus denen die Jägerinnen Waffen und Arbeitsgeräte herstellten.

Höhlenmagie

Besonders die Höhlenmalereien und Gravuren haben Forscher und auch »freischwebende« Autoren und Autorinnen zu den erstaunlichsten Interpretationen inspiriert. Die Lieblingsthemen lassen sich mit zwei Schlagworten umreißen: Jagdmagie und Sexualmagie. Es scheint die Menschen zu beunruhigen, vor Phänomenen zu stehen, die sie nicht begreifen können, Schriften zu lesen, die sich verschlüsseln, Bilder zu betrachten, die sich einer Deutung entziehen.

Es ist legitim, herausfinden zu wollen, was die Frauen und Männer damals gedacht haben. Aber Interpretieren bedeutet auch immer, sich einer Sache zu bemächtigen. Vor dieser Einstellung sind auch wir Frauen nicht gefeit. Wacker fügten wir den unsäglichen Magien der Männer noch unsere eigene, heilige Matriarchatswelt hinzu. Vielleicht sollten wir üben, dies bleiben zu lassen, und bescheiden erkennen: Die Menschen der Altsteinzeit hatten zwar weder Strom noch fließendes Wasser, noch Computer, noch flogen sie durch den Weltraum. Aber in ihren Hinterlassenschaften sind sie ein Zeugnis für sich und erweisen sich stärker als jegliche Vereinnahmung oder Interpretation. Wir sollten sehen lernen und bescheiden bleiben und wissen, dass wir über viele Dinge dieser Welt niemals etwas wissen können. Sagte die Göttin nicht einst in einem Mythos: »Niemand wird meinen Schleier lüften«?

Literatur

Bosinski, G.: *Die Kunst der Eiszeit in Deutschland und in der Schweiz,* Bonn 1982

Bosinski, G.: »Die große Zeit der Eiszeitjäger«, in: Jahrbuch des Römisch-Germanischen Zentralmuseums Mainz, Nr. 34, Bonn 1987

Chauvet, J.-M., u. a.: *Grotte Chauvet bei Vallon-Pont-d'Arc,* Sigmaringen 1995

Földes-Papp, K.: *Vom Felsbild zum Alphabet,* Stuttgart 1987

König, M.: *Am Anfang der Kultur,* Frankfurt 1994

König, M.: *Unsere Vergangenheit ist älter,* Frankfurt 1980

Lorblanchet, M.: *Höhlenmalerei. Ein Handbuch,* Sigmaringen 1997

Müller-Beck, H., u. a.: *Die Anfänge der Kunst vor 30 000 Jahren,* Stuttgart 1987

Scelinskij, V. E., u. a.: *Höhlenmalereien im Ural,* Sigmaringen 1999

England

Überblick

Um in Ländern, die reich sind an prähistorischen Monumenten, eine Auswahl von Göttinnenplätzen treffen zu können, bedarf es eines Auswahlkriteriums, denn sonst müsste man einen eigenen Reiseführer zu den Anlagen Englands schreiben.

War das Kriterium für die Bretagne – die Erreichbarkeit innerhalb einer Tagestour von einem schönen Ort am Meer aus – schnell gefunden, so tat ich mich mit der Auswahl der Plätze für Großbritannien schwerer. Nur Cornwall? Oder doch lieber Schottland? Aber was ist dann mit Stonehenge und Avebury, den touristischen Highlights jeglicher Megalithentour nach England?

Als ich an den labyrinthischen Einlässen der riesigen Wälle von Maiden Castle bei Dorchester stand, kam mir auf diesen stürmischen Höhen die Inspiration. Ich wählte Orte aus, die durch eine gemeinsame Sage miteinander verbunden sind. Alle liegen sie an oder auf extremen, steilen Hügeln, die auch manchmal künstlich aufgeschüttet wurden.

Diese Hügel sind vom wissenschaftlichen Standpunkt aus bezüglich ihrer bronzezeitlichen Vorgeschichte vergleichbar. Interessanterweise umfasst diese Auswahl hoch berühmte Plätze wie Avebury genauso wie weniger bekannte wie das Tal von Pewsey.

Es gibt hier in den Sagen keine Siebenmeilenstiefel für wanderlustige Riesinnen, aber die nächtliche Jagd auf den weißen Pferden, das Toben der Sturmdrachinnen und die keltische Sitte, dass nur derjenige der König der Göttin werden kann, der eine weiße Stute umarmt. Das verbindende Element sind also die sagenhaften Pferde.

Bis auf Maiden Castle, das etwas weiter südlich liegt, kann man alle vorgeschlagenen Plätze von einem Standort aus erreichen, der in dem Dreieck zwischen Marlborough im Norden, Salisbury im Süden oder Glastonbury im Westen liegen sollte. Diese Bedingung erfüllt zum Beispiel der idyllische Ort Westbury beim Städtchen Warminster.

Hier gibt es auch einen Bahnhof. Mit dem Auto erreicht man die Gegend über die Autobahnen M 4 oder M 3 von London her. Von Norden führt die M 5 bis Bristol in dieses Gebiet, die dann weiter nach Cornwall im Süden verläuft.

Magische Landschaften in Südengland

Im Tal von Pewsey: Wanderung um Oare

Der kleine Ort Oare liegt an der A 345, die von Amesbury im Süden nach Marlborough im Norden führt. Wenn man es geschafft hat, den vielen mit Blumenbänken reich geschmückten Kneipen zu widerstehen, die sich an den Straßen von Westbury bis hierher aufreihen wie eine einzige bunte Werbeveranstaltung der einheimischen Brauereien, parkt man am besten auf der linken Seite des Ortes an der Kneipe »White Hart«, die einen großen Parkplatz hat. Der Name des Lokals bedeutet »Weißer Hirsch«.

Wenige Schritte in Richtung Dorfmitte führt auf der gegenüberliegenden Straßenseite eine kleine Straße ins Land, von der nach etwa 100 Metern links der steile Pfad auf den Hügel vom Giant's Grave hinaufführt, der das Dorf dominiert. Von hier aus hat man einen wunderbaren Rundblick über das Tal von Pewsey und auf die Kalkhöhen im Westen und Nordwesten sowie zum auffallenden, runden Knap's Hill im Westen, der das Ziel der Wanderung ist. Wenn man die Reste eines kleinen Walls gewürdigt hat, folgt man dem Pfad in nordöstlicher Richtung, der sich nach etwa einem Kilometer nach Westen wendet. Übrigens ist sein Verlauf vom Giant's Grave aus gut zu sehen, da man dem halbrunden Höhenzug des Oare Hill folgen wird. Der Pfad stößt nach etwa einem Kilometer auf den Nationalwanderweg, den Tan Hill Way, dem man zur Straße hinunter, links herum, folgt. Man steigt hinab und kreuzt die A 345 nördlich von Oare. Wenn man nicht dem Nationalweg folgen möchte, gibt es einen kleinen Wanderpfad, der parallel zur Straße nach Oare zurückführt.

Der Nationalwanderweg führt an weiteren Erdwerken und Enclosures vorbei und erreicht nach etwa fünf Kilometern den Tumulus Pillow Mound von Knap's Hill. Der Knap Hill ist ebenfalls eine Enclosure, deren älteste Siedlungsteile auf das Neolithikum zurückgehen, wie dies bei fast allen Wallanlagen der Fall ist. In der Nähe finden sich auch mehrere mehr oder weniger zerfallene Megalithanlagen.

Am Parkplatz vom Knap's Hill verlässt man den Tan Hill Way, der nach Nordwesten führt, und wendet sich links herunter, südöstlich auf den Wanderweg Workway Drove. Dieser stößt nach etwa zwei Kilometern auf eine schmale Straße, der man linker Hand folgt. Sie führt über West Stowell Farmhouse, Pennings Farm nach weiteren etwa zweieinhalb Kilometern zur A 345 an der Hatfield Farm, der man links entlang, in nördlicher Richtung, noch knapp 800 Meter Richtung Oare folgt. Der Rundweg ist etwa zehn Kilometer lang und eignet sich gut als Einstieg in die spezielle Geologie und den Charakter der kalkreichen Landschaft von Wiltshire.

Die weißen Pferde von Wiltshire

Eines der ältesten der »White Horses« befindet sich bei Westbury, oberhalb der Straße B 3098 Richtung Edington auf der rechten Seite. Dahinter, auf der Höhe, finden Sie noch ein metallzeitliches Ringfort und ein jungsteinzeitliches Long Barrow. Bis hierher kann man auch mit dem Auto fahren, sodass das Pferd auch für gehbehinderte Frauen und Rollstuhlfahrerinnen gut zu erreichen ist. Am schönsten ist es, wenn man von weiter unten einen gekennzeichneten Fußpfad durch die Wiesen hinaufwandert, da man so das große weiße Tier immer wieder und aus verschiedenen Perspektiven betrachten kann.

Die Kalkhänge dieser Gegend luden geradezu dazu ein, große Bilder in die dünne Grasnarbe zu kratzen. Berühmt sind auch das Weiße Pferd von Uffington weiter nördlich und der Riese in den Hügeln derselben Gegend, über dessen erigierten Penis man in keuscheren Zeiten Gras wachsen ließ. Heute bedeckt jedoch kein Halm seine »Pracht«. Auch in der Nähe von Maiden Castle gibt es eine solche in den kalkigen Untergrund geritzte Figur, und zwar den Riesen von Cerne Abbas an der A 352.

Nicht alle Pferde und Figuren stammen aus prähistorischen Zeiten. Das Pferd von Westbury ist jedoch nachweislich die älteste Darstellung, die aus der Bronzezeit stammt. Vermutlich handelte es sich ursprünglich gar nicht um ein Pferd, sondern um eine riesige Schlange, einen Drachen, worauf die merkwürdige, für Pferde untypische Stellung des Kopfes noch hinweisen soll. Die Fläche des Tieres ist heute – zum Schutz vor den Touristen – mit Beton abgedeckt und muss so auch nicht mehr ständig vor dem Zuwachsen bewahrt werden. Man nimmt an, dass die ursprünglich spirituelle Handlung im ständigen Reinigen des Abbildes bestand.

Silbury Hill, Stonehenge und West Kennet Long Barrow bei Marlborough

Der Silbury Hill liegt direkt an der A 4 auf der Strecke von Marlborough nach Calne auf der rechten Seite. Er ist die größte von Menschen aufgeschüttete Erhebung in Europa, die in drei Bauphasen ihr heutiges Erscheinungsbild erhielt. 800 Menschen hätten, so ergaben Berechnungen, zehn Jahre lang ununterbrochen arbeiten müssen, um diesen Berg mit den damals zur Verfügung stehenden technischen Mitteln aufschütten zu können. Heute erhebt er sich 40 Meter hoch, der Graben an seinem Fuß war ursprünglich fünf Meter tief und 20 Meter breit.

In der ersten Bauphase umfasste die Grundfläche des Hügels einen Kreis von 36 Metern Durchmesser, bezogen auf die anderen heiligen Anlagen am River Kennet. Kies und Kalkschichten wurden abwechselnd mit Erdreich angehäuft und mit Flechtwerk verstärkt, bis er viereinhalb Meter hoch angehäuft war. In der zweiten Bauphase bezog man eine doppelt so große Grundfläche mit ein und umgab diese mit einem Graben. Gebaut wurde nun mit Kalkblöcken, die in den Hügeln der Umgebung abgebaut wurden. Als die Erbauer eine Höhe von 17 Metern erreicht hatten, veränderten sie noch ein letztes Mal ihr Baukonzept: Alles Vorherige wurde noch einmal bedeckt, der erste Graben zugeschüttet und ein neuer ausgehoben. In sechs spiralförmigen Stufen, jede ungefähr fünf Meter hoch, stieg der Hügel wie eine riesige Torte nach oben.

Stonehenge

Wahrscheinlich handelt es sich tatsächlich um eine Darstellung des schwangeren Bauches der spätneolithischen Göttin, den die Menschen auch an anderen Plätzen – so in Marlborough mit Merlins Grab, mit Marden in Wiltshire und Knowlton in Dorset – errichteten. Solche »Bäuche« wurden anscheinend an Orten aufgeschichtet, an denen es keine natürlichen steilen Hügel gab. Einen weiteren Grund für seine Errichtung mag die Lage im Quellgebiet des Flusses Kennet und des Swallowhead Spring darstellen. Ich glaube allerdings nicht, dass eine Überbeanspruchung der Böden die Menschen des späten Neolithikums dazu brachte, solche Anstrengungen beim Bau großer Kulturanlagen auf sich zu nehmen. Seltsamerweise können es sich eher patriarchal orientierte Archäologen bis heute nicht vorstellen, dass man »die Göttin« auch ohne heute noch ersichtlichen Grund verehren konnte.

Wenn sich trotzdem für diese Zeit ein Rückgang der Bodenfruchtbarkeit oder ein Anstieg der Bevölkerungszahlen in dieser Gegend archäologisch nachweisen lässt, so scheint mir dies eher umgekehrte Gründe zu haben: Solche berühmten

»heiligen« Gegenden zogen viel Volk an, das dann eben auch zum Bau der Anlagen gebraucht wurde.

Insbesondere die Großsteinanlagen des späten Neolithikums und der frühen Bronzezeit kommen mir manchmal wie ein spätes Aufbäumen vor, ein monumentales Beharren – bereits von den Techniken und der Gigantomanie der neuen, möglicherweise patriarchaler organisierten Kulturen infiziert. Wahrscheinlich gab es Verbindungen bis hinab in die kleinasiatische und mykenische Welt, der man einiges abgeschaut hatte. Auffallender als an diesem Hügel ist dies beispielsweise an der Riesenanlage von Stonehenge zu erkennen, die in drei Bauphasen und über einen Zeitraum von 1000 Jahren immer wieder neu und umgebaut wurde.

Silbury Hill und Stonehenge liegen, ganz atypisch für die sonstige megalithische Tradition Europas, *in* Talsenken. Stonehenge sieht man erst, wenn man beinahe schon in den Drahtzaun stolpert, und auch vom Silbury Hill bietet sich kein sehr beeindruckender Rundblick, wie beispielsweise von den Hillforts Old Sarum oder Tor. Bis in historische Zeiten lässt sich jedoch am Silbury Hill und auch an den anderen künstlichen Hügeln der Vollzug von Ernteritualen nachweisen: Die Erntekönigin saß auf dem Hügel, geschmückt mit Blumengirlanden, während junge Mädchen um sie herumtanzten und diese Blüten in einer bestimmten rituellen Weise abpflückten. Auch am Palmsonntag pilgerte die Bevölkerung auf den Silbury Hill, machte es sich dort mit Zuckerkuchen und Schnaps bequem und trank dazu Wasser aus den heiligen Quellen des Kennet oder des Swallowhead Spring.

Hier befindet sich auch die Megalithanlage West Kennet Long Barrow mit ihrer beeindruckenden Großsteinfassade. Man parkt an der Straße und geht dann etwa 300 Meter einen breiten Pfad zur Megalithanlage hinüber. Das Long Barrow ist sowohl für gehbehinderte als auch für Rollstuhl fahrende Frauen gut zu erreichen. Meiner Meinung nach muss man den Silbury Hill nicht unbedingt ersteigen. Er sieht auch von unten interessant aus. Gehbehinderte Frauen kämen mit ein wenig Hilfe sicher hinauf, aber ehrlich gesagt: Wozu? Vielleicht sollten sie sich ihre Kräfte lieber für die »echten« heiligen Berge aufsparen, statt sich an einem Monument zu verausgaben, das ich – respektlos – eine bronzezeitliche Imitation nennen würde.

Avebury

Es ist möglich, vom West-Kennet-Megalithhügel zu Fuß nach Avebury hinüberzuwandern. Allerdings sollten Sie dies nicht gerade im Hochsommer tun, denn diese felderreiche Landschaft, deren Gesicht bis heute vom intensiven Getreideanbau geprägt wird, ist recht schattenlos. Der Wanderweg führt vom Parkplatz am Overton Stone Circle, einer Rekonstruktion, in Richtung Norden nach Avebury hinüber. Es sind etwa drei Kilometer. Der Weg stößt östlich von Avebury bei Manor Farm auf die Straße, die rechter Hand, an einem Tumulus vorbei, nach Avebury hineinführt. Gehbehinderte und Rollstuhl fahrende Frauen können sich – Letztere eventuell mit ein wenig »Anschub« – gut in Avebury bewegen.

Neben Stonehenge sind die Anlagen von Avebury wohl die berühmtesten Megalithanlagen – nicht nur von England, sondern von Europa. Forschungsgeschichtlich ist Avebury deshalb interessant, weil sich an ihm in der Mitte des 17. Jahrhunderts die erste Diskussion über Herkunft und Funktion dieser großen alten Steinanlagen entzündete. Hier erwachte auch das Interesse an der Urgeschichte der Menschen, an der Zeit »vor den Römern und Kelten«, in der noch niemand schriftliche Zeugnisse niederlegte.

Auch der Avebury-Komplex ist in verschiedenen Bauphasen entstanden, die sich vom mittleren Neolithikum bis in die frühe Bronzezeit hinziehen. Deshalb sind alle diese Monumente Wiltshires nicht so sehr als Zeugnisse egalitärer, naturverbundener, möglicherweise matriarchaler Kulturen interessant, sondern eher als zu Stein gewordene Dokumente einer Epoche, die sich durch einen sehr auffallenden Wandel zwischen verschiedenen sozialen Organisationsstrukturen auszeichnet – nämlich der Epoche des Übergangs vom Neolithikum zum Beginn der Metallzeiten in der frühen Bronzezeit.

Die Anlagen der früheren, neolithischen Schichten sind

durch Siedlung, Tumuli und die Enclosures vom Windmill Hill aus der Zeit um 3700 v. u. Z. gekennzeichnet, die ungefähr einen Kilometer nordwestlich von Avebury liegen. Die Funde vom Windmill Hill gaben der Kulturstufe der frühesten Jungsteinzeit in Südengland ihren Namen. Die Enclosure von Knap's Hill wurde um 3500 v. u. Z. errichtet, 200 Jahre später wurde jene auf dem Windmill Hill ausgebaut. Um 3000 v. u. Z. begann man, die Steinkreise von Overton zu errichten, 300 Jahre später machte man sich an die ersten Bauphasen des Silbury Hill. Gegen 2600 v. u. Z. – dies ist im Gebiet des heutigen Deutschland die Zeit der Schnurkeramiker – zogen die Menschen vom Windmill Hill fort und begannen in Avebury neue Steine zu setzen. In diese Zeit fällt auch die zweite Bauphase des Silbury Hill, außerdem wurden die Steinkreise in Overton erweitert. Gegen 2300, im späten Neolithikum Englands, der Becherkultur, war Avebury mitsamt seinen Steinstraßen und großen Steinkreisen fertig gestellt. Die Steinstraßen verbanden möglicherweise Avebury mit dem Overton-Heiligtum im Südosten und einem anderen

Teil des Steinkreises von Avebury

Heiligtum im Südwesten bei Beckhampton. Um 2000 v. u. Z., in der frühen Bronzezeit, wurden die Bluestones und kurz darauf die Sarsensteine von Stonehenge in dessen zweiter und dritter Bauphase errichtet.

Trotz des Touristenrummels ist Avebury immer noch ein wunderschöner Ort, ein schnuckeliges kleines, sehr typisches englisches Dorf, das anscheinend bis heute sein seltsames Schicksal nicht begreifen kann, das es ausgerechnet an einen solch geschichtsträchtigen Platz verschlagen hat. Es blinzelt noch immer ein wenig erstaunt unter den tief herabgezogenen Dächern hervor und ist froh, dass es, aufgrund seiner Berühmtheit, von Autos verschont bleibt, die weiter vorn, auf einem großen Parkplatz, abgestellt werden müssen.

Ich habe manche Rast in den freundlichen Schatten der alten Mauern verbracht, Schulter an Schulter mit Touristen aus aller Frauen und Herren Länder Tee oder Kaffee geschlürft, habe wie ein ewiges Raumschiff auf der Suche nach der Vollkommenheit die mächtigen Wallanlagen umkreist und versucht, diese riesigen Steine zu begreifen. Ich habe in scheinbar touristenarmer, gnädiger Dunkelheit geheimnisvolle Trickster-Tänze aufgeführt und schnitterinnenhaft durch die Nacht getrommelt – aufgeschreckt von x anderen New-Age-Gruppen, die genau in dieser Nacht auf die gleiche Idee gekommen waren. Ich habe wacker hochwissenschaftliche, trockene Seminararbeiten zur Megalithkultur Großbritanniens und zur frühbronzezeitlichen Wessexkultur verfasst, deren Inhalte auch in dieses Buch eingeflossen sind. Es gibt Orte der Göttin, der großen spiraligen Schlange, die durch nichts »totzukriegen« sind: nicht durch die Kirche, nicht durch die Touristen, nicht einmal durch unsere gescheiten Reden. Ein solcher Ort ist und bleibt zweifellos die Riesensteinanlage von Avebury.

Old Sarum, das alte Salisbury

Der Hügel von Old Sarum liegt an der A 345, die von Amesbury nach Salisbury führt, etwa einen Kilometer vor Salisbury auf der rechten Seite. Der Hügel weist eine kontinuierliche Bebauung vom Neolithikum vor etwa 5000 Jahren über das eisenzeitliche Hillfort bis zur normannischen Burg um 1070 u. Z. auf. Im Jahr 1219 zogen Kirche und Bevölkerung ins neu gegründete Salisbury hinunter, die Burg auf Old Sarum wurde 1514 endgültig zerstört. Erst Ende des 19. Jahrhunderts begann man dieses herausragende Geländedenkmal wieder zum heutigen Zustand zu rekonstruieren. Der berühmte Roman von Edward Rutherfurd, *Sarum*, beschreibt ausführlich die Geschichte des Hügels bis in unser Jahrhundert hinein. Ich liebe diesen Platz sehr, denn mir scheint, dass man hier durchaus noch jene Stimmung wieder finden kann, aufgrund derer die Menschen in England derartige Berge der Göttin weihten. Es muss eine windliebende Göttin gewesen sein, eine des Lichts und der flirrenden Sommermonate.

Am Kassenhäuschen gibt es Informationsmaterial in den verschiedensten Sprachen. Für gehbehinderte Frauen ist die Besichtigung der Burganlage – eventuell mit ein wenig Hilfe – gut möglich. Mit dem Rollstuhl ist es wahrscheinlich zu gefährlich, auf den Wällen herumzufahren, aber irgendwo findet sich sicher eine Stelle, von der auch Rollstuhlfahrerinnen einen guten Rundblick genießen können.

Die Geschichte vom Hillfort

Nicht nur in Salisbury wird diese Geschichte erzählt und nicht nur in den Sümpfen um Dorchester herum. Denn dort und auch anderswo verlangt die seltsame Tatsache eine Erklärung, dass diese wunderschönen, der Windgöttin ausgesetzten Hügel plötzlich verlassen wurden und drunten, an ihrem Fuße, in mückenverseuchten feuchten Flusstälern neue Städtegründungen vor sich gingen. Es war, als hätten sich die Geister einer alten Welt immer wieder gegen die neuen Eroberer gewehrt und wenigstens im Kleinen bewirkt, was ihre Menschen im Großen nicht mehr erreichen konnten. Meistens beginnen die Sagen mit einem Konflikt zwischen Altem und Neuem, Keltischem und Römischem, Christlichem und Heidnischem. Menschen mit Namen sind Träger dieser Konflikte, dickschädelige Menschen, die anscheinend niemals Lust haben, sich erobern oder gar bekehren zu lassen. Doch diese eigenwilligen Menschen, Vertreter alter Göttinnenkulte oder heidnischer, vorchristli-

cher Pferdebräuche, verlieren den Kampf und die Neuen setzen ihre Gebäude triumphierend mitten auf den alten, heiligen Berg: mal eine römische Zenturiovilla, mal ein Kloster oder einen Dom.
Dann schreien die Geister zum Himmel, da werden die Sturmgöttinnen beschworen und die Gewittergötter treten an. Ob Herrschaftsvilla oder Kirchturm – ein Blitz zerschmettert sie, ein Erdbeben bringt sie zum Einsturz und verschont die Hütten der Einheimischen. Manchmal sind die Römer oder Christen hartnäckig und bauen ein zweites Mal ihre Herrschaftsgebäude auf – dort geht die Göttin mit Vorliebe hin und dreht ihnen einfach den Hahn ab: Die Quelle versiegt, der Regen bleibt aus, Frau Wind trocknet die Zisternen. Und dann muss der Bischof oder Zenturio doch hinunter in die Mückensümpfe ziehen, was meistens in den Sagen als großer Sieg nach klugen, reiflichen Überlegungen dargestellt wird. Die neuen Herren sind stolz darauf, die kriegerischen eigenwilligen Jungfrauen der Göttin, die heidnischen Diener der Götzen, die bösen Geister abgeschüttelt zu haben.
Doch mindestens einmal haben sie sich dabei gründlich getäuscht: Als sie nämlich die widerstrebende Bevölkerung von Old Sarum hinunter in die neue Gründung Salisbury mit ihrem großen, nur in wenigen Jahren errichteten Dom trieben, da gab es ein kleines altes Weiblein, das weigerte sich standhaft, seine Hütte am Burgwall von Old Sarum zu verlassen. Es hatte einfach keine Lust, sich von den Mücken zerstechen zu lassen und vom Gebimmel der großen Glocken aufzuwachen, die man, aus Angst vor der Einsturzgefahr in Old Sarum, schon lange hatte schweigen lassen. Schlussendlich war niemand mehr in der verfallenen Siedlung von Old Sarum und auch die Alte musste sich, wohl oder übel und brummelnd, auf den Weg hinunter machen, denn all ihre Verwandten saßen schon unten in den neuen Häusern. Schließlich war sie auch nicht mehr die Jüngste. Was sollte wohl aus ihr werden, wenn sie einmal noch älter und bettlägerig sein würde? Niemand würde sich zur Pflege hier hinauf in die Einsamkeit begeben. Der Bischof höchstselbst hatte ihr einen Platz im Altenspital versprochen, wenn sie denn nur endlich hinab in die neue Stadt zöge. Also packte sie grummelnd ihren Schnappsack zusammen und ging hinaus in den Schuppen, ihre ebenso nörgelige Ziege am Halsband zu packen.
Doch genau in diesem Moment geschah es: Tausende, nein Millio-

nen trappelnder Schritte liefen von allen Seiten auf die Hütte der Alten zu, Hunderte kleiner Geister schlüpften in ihren Sack, hängten sich unter den Bauch der Ziege in ihre langen Zottelhaare und ritten unsichtbar auf dem mageren Rückgrat des Hörnertieres. Die alte Frau wunderte sich, warum der Sack so schwer war, doch seufzend schleppte sie ihn hinunter nach Salisbury und setzte ihn schnaufend vor dem linken Kirchenportal ab. Suchend blickte sie sich nach jemandem um, der ihr sagen würde, wo es zum Altenasyl ginge. Da geschah es ein zweites Mal: All die guten Geisterchen, die kleinen Göttinnen, die schrägen Götzen und fidelen Zwerge schlüpften aus dem Sack, ließen sich von den Fellzotteln der Ziege fallen und sprangen von ihren mageren Knochen auf die Wiese hinunter – und schlüpften ruck, zuck in die schöne neue heilige Kirche hinein, deren Gründungszweck es doch einmal gewesen war, endlich frei von diesen alten, skurrilen Kräften zu sein.

Und wenn ihr heute in dieser Kirche steht, seid achtsam, hört gut hin und wendet euch immer mal wieder plötzlich um, dann könnt ihr sie bis heute dort sehen, spüren, hören: die guten Geister der alten Zeiten, die kleinen Göttinnen. Sie geben diesem christlichen Haus etwas, das kaum einer dieser Bauten sonst hat: eine überirdische Harmonie, eine feine Schönheit, die ihresgleichen nur in lichten Frühlingswäldern hat oder in den hellen Firnishöhen hoch über allem Eis der Welt.

Das weite Land der Göttin: Somerset und Dorset

Die Gralsstadt Glastonbury

Glastonbury ist über die A 361 zu erreichen, etwa 30 Kilometer westlich von Westbury. Die monumentale Klosterruine von Glastonbury ist beeindruckend (ebenso die esoterische Ladenzeile im Städtchen). Aber der wirklich älteste Platz liegt wie bei den anderen Hügelsiedlungen draußen, vor den Toren der Stadt, auf dem Torhügel. Der Blick geht hier nicht nur über die weite Ebene hinweg, sondern verstärkt sich in die Unendlichkeit, da das Land nach Süden hin noch einmal in einer großen Stufe abfällt. Man kann gut verstehen, dass hier, in dieser Ebene, die vormals ein Sumpf gewesen sein soll, das mythische Avalon gelegen haben soll, die Apfelinsel der Seligen.

Maiden Castle bei Dorchester

Dorchester erreicht man von Salisbury aus südwestlich über die A 354 fahrend nach etwa 45 Kilometern. Man umfährt die Stadt weiträumig auf einer Umgehungsstraße in Richtung Bridport und nimmt die A 35 ebenfalls in diese Richtung. Gleich an der Abzweigung ragen links die wie Kaskaden herunterfließenden Torhänge von Maiden Castle auf. Der Name dieser riesigen Anlage – »Mädchenschloss« – weist deutlich auf die Amazonentradition in der keltischen Kultur hin. Auch dieser Hügel hat eine Besiedlungskontinuität von der Jungsteinzeit bis in die römische Eisenzeit hinein, aus der die Mauern eines Minervatempels stammen. Erst den Römern war dieser Berg unheimlich und sie begründeten im Tal die neue Stadt Dorchester.

Die Besteigung von Tor oder Maiden Castle ist für gehbehinderte Frauen eine Frage der Kraft, mit dem Rollstuhl kommt man dort leider nicht hinauf.

Archäologie und Geologie Englands

England war während der Eiszeiten fast kontinuierlich größtenteils von Gletschern bedeckt. Dennoch stammen die frühesten Funde von Menschen und ihren Artefakten bereits aus der Phase des Homo erectus, gegen 500 000 Jahre v. u. Z. Hierzu gehört der berühmte Fundort von Boxgrove, der erst seit den späten 80er-Jahren des 20. Jahrhunderts ergraben wurde. Ein sehr bekannter Fundplatz der späten Altsteinzeit ist Star Carr an der Ostküste Englands, wo die Menschen mit Reisig gepolsterte Plattformen in die Gewässer hinaus bauten und eine differenzierte Fischer- und Jägerlebensweise führten, zu der auch seltsame Hirschmasken gehörten.

Die Jungsteinzeit von England wird durch die Erforschung der Megalithanlagen gewissermaßen dominiert. Die bedeutendste spätneolithische Kultur ist jene der Becherleute, die in ihrer Keramik eine enge Verwandtschaft mit den Menschen der Glockenbecherkultur und der schnurkeramischen Kultur auf dem europäischen Festland aufweist. Die bronzezeitlichen Menschen errichteten wieder kleinere Steinanlagen, eher Steinkreise, die heute zumeist in Cornwall oder oben im Norden zu finden sind. Gegen 500 v. u. Z. betreten die eisenzeitlichen Kelten der La-Tène-Kultur die Britischen Inseln, deren letzter Aufstand unter der Amazonenfürstin Boadicea das endgültige Ende der keltischen Kultur in England besiegelt. Im frühen Mittelalter prägen die Einfälle der Normannen und später der christlichen Dänen das Bild des Landes, und England wird lange Zeit in Personalunion mit Nordfrankreich regiert.

Wo die Amazonen vorüberreiten

Die heiligen Hügel von Wiltshire und Dorset sind allesamt sehr wild. Sie werden nicht nur vom Atem der alten Getreidemutter umweht, auf ihnen blasen auch die Sturmwinde des Widerstands, und die Geister der Amazonen wehen bis heute ruhelos herum. Wenn man sich ins Gras legt auf diesen Hügeln und in die stürmischen Höhen träumt, mögen sie noch einmal vorbeigaloppieren – die Amazonen mit ihren weißen Pferden oder die Alte Weise auf dem Rücken einer Getreide kauenden Drachin.

Literatur

Derungs, K. (Hrsg.): *Keltische Frauen und Göttinnen,* edition amalia, Bern 1995

Du Maurier, D.: *Mein Cornwall,* Verlagsbuchhandlung Schöffling, Frankfurt 1997

Goodman, K.: *Prehistoric Sacred Sites of Wessex,* Wessex Books, Salisbury 1997

Heggie, D. C.: *Megalithic Science,* Thames and Hudson, London 1981

Mabinogion ist eine walisische Sagensammlung, die in verschiedenen Ausgaben existiert.

Malone, C.: *Avebury,* B. T. Batsford Limited and English Heritage, London 1994

Meaden, G. T.: *The Goddess of the Stones,* Souvenir Press, London 1991

Renn, D: *Old Sarum,* English Heritage, London 1994

Rich, D., u. a.: *On the Trail of Merlin,* The Aquarian Press, London 1991

Rutherfurd, E.: *Sarum,* Droemer, München 1994

Irland

Überblick

Einem so fremden Land sollte man sich in aller Ruhe nähern – das heißt am besten mit dem Schiff. Die Fähren in den Süden von Irland gehen von Cherbourgh oder Le Havre an der französischen Kanalküste nach Rosslare, die Überfahrt dauert 20 bis 23 Stunden, sodass man währenddessen schon ein wenig akklimatisieren kann. Wer die lange Überfahrt scheut, fliegt nach Dublin.

Um Irland wirklich kennen zu lernen, braucht man ein Auto. Obwohl sie groß in Mode sind, würde ich Zelt-, Fahrrad- oder die beliebten Planwagentouren, die in Südirland angeboten werden, nicht empfehlen. Irland kann sehr feucht sein und es ist gut, abends in eine feste Behausung zurückkehren zu können, in der man sich von Wind und Wetter erholen kann.

Um ihre Unabhängigkeit zu wahren, fahren viele Touristen mit dem Wohnmobil durch Irland. Doch um die Menschen kennen zu lernen, ist die Bed-and-Breakfast-Unterkunft, die überall angeboten wird, immer noch das Beste.

Ich habe die hier vorgestellten Stätten unter dem Aspekt der frauenzentrierten Vorgeschichte ausgewählt, aber es gibt natürlich auch andere Themen oder Interessen, nach denen man seine Irlandreise »sortieren« kann: Schlösser, Parks, Bergwanderungen, Plätze berühmter irischer Sagen, Pilgerwege oder Musikfestivals.

Vor Reiseantritt sollte man auf jeden Fall wissen, was man in Irland sucht. Es ist ein Land, das klare Fragen gestellt bekommen möchte. Mir begegneten immer wieder Menschen, denen gegenüber sich die Insel verschlossen hielt wie eine Auster, und sie reisten enttäuscht, oft vor der Zeit, wieder auf den Kontinent zurück.

Irland ist auch für Gehbehinderte oder sonst in der Fortbewegung eingeschränkte Menschen gut zu bereisen. Allerdings erfordert eine Erforschung Irlands vom Rollstuhl aus eine gewisse Vororganisation.

Maeves Reich: Im Westen und Südwesten

St. Brendons Pilgerweg auf der Dingle-Halbinsel

Das Einfallstor zur Halbinsel Dingle im Südwesten Irlands ist die kleine Provinzstadt Tralee. Es ist empfehlenswert, sich einer der geleiteten Wandertouren anzuschließen, die dort auf den Pilgerpfad starten. Diese werden meist von einem Auto begleitet, sodass man bei Ermüdung oder durchweichten Kleidern streckenweise auch fahren kann. Außerdem befördern die Autos das Gepäck von Unterkunft zu Unterkunft. Der Pilgerpfad führt über unterschiedliche Routen. Zuerst einmal geht es an der nördlichen Küste Dingles entlang nach Camp. Dort steigt der Pfad in die Berge hinauf, an Ringforts und kleineren Megalithanlagen vorbei. Vom 850 Meter hoch gelegenen Ringfort des Chonroi bietet sich, falls nicht Nebel die Halbinsel umwabern, ein eindrucksvoller Rundblick auf beide Küsten Dingles. Bei Inch erreicht der Dingle-Wanderweg die Südküste und führt über die Ortschaften Annascaul und Lispole zum Hauptort der Insel, nach Dingle. Südlich von Lispole wird man durch ein an Oghamsteinen reiches Gebiet und Ringforts geführt. Man erfährt hier viel über die späteisenzeitliche Geschichte Irlands zur Zeit der Christianisierung.

Dingle ist ein hübsches Städtchen und eignet sich gut dazu, erste Studien bezüglich der irischen Pubs zu betreiben. In der nahen Umgebung befinden sich die typischen Oratorien und kleinen Steinhäuser der frühen Mönche. Hier beginnt auch der eigentliche Pilgerweg, der Brendons Lebensgeschichte, soweit sie sich an Land abspielte, gewidmet ist. Ein weiterer Pilgerweg, die Gallarus-Oratory-Route, führt im Norden aus Dingle hinaus. Beide Wege treffen sich wieder, der Pilgerweg hat dann seine eindrucksvollste Strecke vor sich: den Übergang über den Connor Pass. Man kann auch einen dritten, weitläufig an der gesamten Küste herumführenden Weg einschlagen, den Pass meiden und entlang der Küste nach Norden bis Brendon an der Nordküste Dingles laufen. Gleichgültig, ob man sich für die Überquerung des Passes oder die Küstenwege entschieden hat, führt der dann wieder zusammengeführte Wanderweg von Claoghane über Rough Point bei Kilshannig, Castlegregory nach Camp und Tralee zurück.

Die gesamte Wanderroute umfasst, wenn man den Connor Pass überquert, etwa 70 Kilometer, wenn man die Küstenlinie im Westen auswandert, etwa 90. Trainierte Personen mögen diese Route in einer Woche abwandern. Ich empfehle aber, sich zwei Wochen Zeit zu nehmen. Dann bietet diese Wanderung eine gute Möglichkeit, sich rundherum auf die Mentalität, das Klima und die Besonderheiten Irlands einzustellen. Auch wenn die unmittelbaren Steinmonumente nicht eindeutig frauenzentrierte Geschichtsdokumente sind – der Pilgerpfad selbst birgt für viele Menschen die spirituelle Aufgabe einer Selbstfindung. Mir sind unterwegs oft kleinere Gruppen begegnet, die sich für die täglichen Touren Schweigen auferlegt hatten.

Die Geschichte von der Suche des heiligen Brendon

Das Leben ist eine ständige Fahrt, die Reise nach den paradiesischen Gefilden der Anderswelt jenseits des Sonnenuntergangs. Unser kleines Schiff ist die Gemeinschaft der miteinander in dieser Suche Vereinten, das Segel ist unsere Sehnsucht und die Liebe ein Meer, das uns trägt. So machten wir uns eines Tages wieder auf die Fahrt, befahlen unsere Seele den alten Göttinnen und Göttern und auch dem neuen großen, denn wissen wir, wer die Anderswelt regiert, und hat jemals einer die Göttin von Tir-na-Nog von Angesicht zu Angesicht gesehen?

Wir waren schon viele Tage gesegelt und die Wasservorräte gingen langsam zur Neige. Also setzten wir einen der Brüder oben in den Mast, auf das er uns ein Zeichen gäbe, wenn Land am Horizont auftauchte, damit wir anlanden und Süßwasser schöpfen könnten. Wir hatten Glück, denn Nebel und Dunkelheit senkten sich allmählich auf die Wasserfläche herab, da rief der Bruder oben von der Rahe: »Land in Sicht«, und mit seiner Hilfe begannen wir frohen Mutes, das Eiland anzusteuern. Es war keine sehr große Insel, eher schien sie mir wie eine Sandbank zu sein, doch weil wir alle froh

waren, wieder festen Boden unter den Füßen zu spüren, landeten wir unser Schiff, luden die Habseligkeiten aus und begannen uns für die Nacht einzurichten. Da der Nebel genug Feuchtigkeit auf die Planen niederschlug, brauchten wir an diesem ersten Abend nicht mehr aufzubrechen, um eine Quelle zu suchen. Allerdings konnten wir wegen der Feuchtigkeit und weil wir nirgendwo Holz am Strand fanden, auch kein Feuer anzünden. So wickelten wir uns, nachdem wir unsere Gebete gesprochen hatten, in unsere wollenen Kutten, zogen die Kapuzen über die Ohren und schliefen ein.
Der Morgen weckte uns mit Sonnenschein und gleich machte sich eine Gruppe auf, frisches Wasser zu suchen, eine andere ging den merkwürdigen grauen Strand nach Holz ab. Wir mussten uns aber mit hölzernen Resten aus dem Boot begnügen, und während die eine Gruppe das Feuer für den Morgenbrei vorbereitete, beschloss die andere, die keine offene Wasserstelle oder Quelle gefunden hatte, einen Pflock tief in den Boden zu schlagen, denn sie hatte einmal von weitem aus beobachten können, wie ein Springbrunnen gen Himmel schoss. Doch als sie der Stelle zueilten, wo die Quelle aus dem Boden getreten war, hatte diese sich merkwürdigerweise wieder verschlossen.
Ich selbst hielt eines der Schwefelhölzchen, die ich, sorgfältig in gewachstes Tuch gewickelt, mit mir führte, an den kleinen Holzhaufen, während ein Bruder unter lautem Lobsingen den Pflock nahebei in den Boden trieb. Da bebte plötzlich die Erde, der Strand schoss senkrecht in den Himmel hinauf, und wären wir nicht so nahe an unserem Schiff gewesen, wären wir alle jämmerlich ertrunken, denn plötzlich sank die ganze Insel unter unseren Füßen tief hinab in die schäumende See.
Nass, prustend und dem Schicksal dankend, das uns auch übler hätte mitspielen können, krabbelten wir in das Schiff und segelten, so rasch wir konnten, von dieser geheimnisvollen Insel fort, denn – Wunder über Wunder – in einiger Entfernung tauchte sie wieder auf, ein großer Springbrunnen schoss hoch ins Firmament hinauf und ein seltsamer Gesang tönte aus den Tiefen hervor. Dann schwamm die Insel mit kräftigen Schwanzschlägen davon: Wir hatten die Nacht auf dem Rücken eines Wales zugebracht und es schien der Wille der Allmächtigen gewesen zu sein, dass sein Abtauchen uns nicht bereits im Schlaf überrascht hatte.

Das Grab der Maeve bei Sligo

Der Tafelberg Knocknarea, gekrönt von dem eindrucksvollen Hügel von Maeves Grab, dominiert die Halbinsel westlich von Sligo und gehört zu jenem großen Rund gigantischer Tafelberge, zu denen auch der Benbulben und die Ox-Mountains zu zählen sind. Allesamt liegen sie im weiten Bogen um die Halbinsel von Carrowmore herum, riesige Bäuche, die bis heute die Ruhe der Toten unten in der großen Nekropole vor den Toren der Stadt Sligo hüten.

Am besten quartieren Sie sich in einem der Bed-and-Breakfast-Häuser von Carrowmore, der Streusiedlung westlich von Sligo, in Laufnähe zum Besucherzentrum der Museumsanlage ein. Wenn man sich auf der Schnellstraße, der N 4, von Süden Sligo nähert, taucht unübersehbar der auffallende Rücken des Knocknarea linker Hand auf. Hinter einer Eisenbahnbrücke nimmt man gleich die nächste Abzweigung links und fährt durch unendliche schmale, heckenbestandene Sträßchen auf diesen Berg zu. Direkt am Fuß des Berges wird man zu einem Parkplatz geführt, von dem aus der schmale Weg direkt den steilen Hang hoch auf das Grab der Maeve führt. Es handelt sich um einen der größten Grabhügel der Gegend, der aus der Endphase der irischen Megalithtradition gegen 3200 v. u. Z. stammt und in etwa mit den großen Anlagen des Boyne-Tales zu vergleichen ist.

Nicht nur logistische Gründe stehen seiner archäologischen Erforschung entgegen. Es gibt auch allerlei seltsame Sagen und Warnungen an all jene, die meinen, dem Geheimnis dieses Grabes auf die Spur kommen zu müssen. Allerdings wurden einige kleinere Grabungen rund um den großen Hügel durchgeführt. Dabei kamen Besiedlungsreste zum Vorschein, die entweder Jägern und Sammlern zuzuschreiben sind oder lediglich die Bauhütten für die Menschen darstellten, die den Tumulus errichteten. Es handelt sich um fünf runde Hüttengrundrisse etwa 300 Meter nordöstlich des Grabhügels. Des Weiteren finden sich einige kleinere Cairns in der Umgebung von Maeves Grab. Genau in nördlicher und in südlicher Richtung liegen zwei mächtige Steine, die dementsprechend als Anzeiger der Himmelsrichtungen interpretiert werden. Gegenüber auf der anderen Seite der Flussmündung, im Nordosten, sieht man den »Bruder« des Knocknarea, den mächtigen Tafelberg Benbulben, den man allerdings nur bei sicherem, gutem Sommerwetter besteigen kann, denn er birgt einige plötzlich auftauchende Felsabstürze und Moorflecken. Außerdem kann dort oben sehr schnell Nebel aufziehen. Im Süden und Osten liegen die Ox-Mountains und die Höhen der Bricklieve Mountains, die alle mit großen Grabhügeln geschmückt sind, sodass sie aussehen wie ein Kreis riesiger Brüste oder schwangerer Riesinnenbäuche.

Bei einer Besteigung des Knocknarea habe ich gelernt, dass die Erreichbarkeit solcher magischer Frauenplätze für Behinderte nicht nur eine Frage der Infrastruktur oder des ebenen Weges ist. Es hängt auch von den sie begleitenden Personen ab, ob sie an diese Stätten gelangen können oder nicht. Schließlich erschöpft sich Spiritualität oder Glaube nicht nur in den Ritualen zweibeiniger Tänzerinnen und gerade gewachsener Gipfelstürmerinnen.

Die Sage von Königin Maeve

Von ihr wird viel Unwahres berichtet, denn die Geschichtsschreiber konnten es nie gut vertragen, wenn auch Frauen heldenhaft kämpften und ihren eigenen Willen hatten. So nennen die Geschichtenerzähler sie hässlich, sie habe eine Hakennase gehabt und sei gierig, geizig und böse gewesen. Sie habe ihre Tochter verraten, ihren Geliebten verkauft und ihrem Gatten die Kühe gestohlen. Nichts von all dem ist wahr, denn sie ist die eine Erscheinungsform der Großen Göttin selbst, klingt doch auch in ihrem Namen an, dass sie Macht hatte und hat, die Macht der großen Mütter, die Macht, die nicht nur Menschen, Tiere und Pflanzen gebären konnte, sondern alles, was existiert, Felsen und Wiesen, Flüsse und Seen, Moore und Heiden aus ihren eigenen Tiefen, dem unendlichen Meer geboren hat.

Die Sage erzählt, dass sie heute unter dem großen Hügel auf dem Knocknarea ruht. Sie ist in aufrechter Haltung, auf einer weißen Stute sitzend begraben. Sie hält in der einen Hand den Speer, mit dem sie Irlands Aufstieg, aber auch Irlands Untergang bewerkstel-

Knocknarea von unten gesehen

Der Knocknarea-Grabhügel

ligen könnte. Sie hält in der anderen Hand den schimmernden Schild, mit dem sie, wenn sie möchte, sogar die Sonne für immer vom Himmel zu locken vermag. Ein Helm aus Kupfer, Silber und Gold krönt ihr Haupt. Darunter fließen ihre Locken in einem breiten goldenen Strom über ihren Rücken und die Kruppe des Pferdes hinab. Man sagt, dass nur besondere Menschen dieses goldene Licht sehen könnten, Unschuldige, was auch immer wir darunter verstehen mögen. Doch diese haben sie gesehen, die goldene Straße, die sich weit, weit nach Sonnenuntergang übers Meer erstreckte. Denn diese goldenen Haare der Maeve sind die Brücke zur Anderswelt, ins Reich von Tir-na-Nog.

Im Glenn von Carrowmore

Vom Parkplatz an der Maeve gehen Sie von Grange zur Straße, die am Berg entlangführt, hinunter. Links liegt ein größeres Herrenhaus namens Primrose Grange, schräg gegenüber, an einer zerfallenen Kapelle und einem modernen Hof, führt ein breiter Arbeitsweg den Hang hinunter. Dort unten liegen die Courtcairns von Primrose Grange, an deren Ausgrabung ich 1998 teilgenommen habe. Außerdem befindet sich hier das Ende des Glenns.

Glenn heißt Tal oder Schlucht. Der Glenn ist einer der seltsamsten Orte, die ich kenne. Selbst Geschichtsprofessoren, sonst allem Mystischen abhold, beginnen zu schwärmen und sind sich sicher, dass man dort den Elfen begegnen könne und es nur noch eine Frage der Zeit sei, bis man deren Hinterlassenschaften an diesem Platz auch ausgraben könne (so man ordentliche naturwissenschaftliche Methoden entwickelt, das Unsichtbare sichtbar zu machen). Um in den Glenn steigen zu können, gehen Sie wieder den Weg am Bauernhof hinauf zur kleinen Ruine und laufen, Gesicht zum Berg, links die Straße einen knappen Kilometer hinunter. Hinter den kleinen Mauern wachsen wie auf einmal Bäume aus der Tiefe empor. Rechts liegt ein kleiner heiliger Brunnen am Straßenrand und schräg gegenüber führt ein kleines Eisentor zum Abstiegsweg in den Glenn hinunter. Das Ganze ist nicht leicht zu finden. Am besten lässt man sich den Abstieg von Einheimischen zeigen, denn solch heilige Orte gehören zu den Menschen, die in ihrer Umgebung leben, und dass nur diese das Recht haben, sie für uns Fremde zu öffnen.

Der Feenweg senkt sich zwischen die hohen Felswände herab, die oben beinahe zusammenstoßen und durch die dichten Bäume zum Himmel hin abgeschirmt sind. Das Klima des Glenn ist um einige Grad wärmer als in der Umgebung und tropisch feucht. Farne wachsen an den Steinwänden, Pilze und Schwämme verzehren das modrige Holz. Die Archäologen nehmen an, dass die mesolithischen und frühneolithischen Sammlerinnen und Jägerinnen dieses Tal nutzten. Vielleicht wurden auch einige der Steine, die man zum Bau der Megalithanlagen von Carrowmore oder Primrose Grange benutzte, von hier geholt. Entstanden ist der Glenn durch einen riesigen Abbruch, denn die Kalk- und Schiefergesteine des Knocknarea sind teilweise unterhöhlt. Möglicherweise floss der Bach, der heute aus dem Glenn austritt, schon einmal unterirdisch und führte zu diesem immensen Einbruch.

Der Weg durch den Glenn wird, je weiter man dort entlanggeht, immer enger und zugewachsener. Nach einiger Zeit muss man auch über kleine Mauern steigen. In einem regenreichen Sommer kommt man nur in Gummistiefeln oder gar nicht durch die riesigen aufgestauten Wasserpfützen. Wenn man dies, ob nassen oder trockenen Fußes, geschafft hat, steigt man nach etwa zwei Kilometern über kleine Mauern und niedrige Felsstufen aus dem Tal hinauf in die Weiden von Primrose Grange.

Die Megalithanlagen von Carrowmore

Carrowmore ist eine Streusiedlung, deren Zentrum die in einem etwa einen Kilometer langen und 500 Meter breiten Oval angeordneten Grabanlagen sind. Die Angestellten des kleinen Museums und Besucherzentrums führen die Touristen durch eine Auswahl der Megalithanlagen unmittelbar am Museum. Danach kann man sich allein aufmachen, diesen ungeheuren Reichtum von etwa 30 sichtbaren Megalithanlagen, 20 zerstörten und einigen weiteren Strukturen zu erforschen. Außerhalb des Areals liegen noch mehr Megalithgräber verstreut, zum Teil auf den Hängen des Knocknarea. In den 60er-, 70er- und 80er-Jahren brachten verschiedene Ausgrabungen Erstaunliches zutage. So zeigten die Datierungen aufgrund der C-14-Methode, dass es sich hier neben jenen aus der Bretagne um die ältesten Megalithanlagen Europas handelt. Sie wurden 2000 Jahre vor den Pyramiden von Ägypten errichtet. Ursprünglich müssen es weit über 200 Megalithgräber gewesen sein, die 1837 das erste Mal kartografiert wurden.

Viele der Anlagen wurden durch örtliche Kiesgruben zerstört. Erst als ein geschäftstüchtiger Kiesgrubenbesitzer auch noch eine Mülldeponie errichten wollte, begannen die Anwohner von Carrowmore Sturm zu laufen, befürchteten sie doch zu Recht, dass der Tourismus zum Erliegen kommen würde. Es ist selten, dass die Archäologie so direkt zum Schutz und Erhalt einer natürlichen Landschaft beitragen konnte wie in diesem Fall. Doch die Veröffentlichung des ungeheuren Alters machte die Anlagen mit einem Mal weltberühmt. Der schwedische Ausgräber Göran Burrenhult, dem Landschaft und Leute so viel verdanken, ist dort bis heute eine beliebte und allseits geachtete Persönlichkeit. Neben ihrem hohen Alter führten die Funde ihn zu einer weiteren revolutionären These: Er verwarf die Annahme, dass Megalithanlagen immer und überall von sesshaften Ackerbauern errichtet wurden, und plädierte im Fall von Carrowmore für eher noch mesolithisch lebende Wildbeutergemeinschaften, die diese Bauten errichteten.

Wenn auch das gesamte Oval sichtlich auf den heiligen Berg Knocknarea ausgerichtet ist, gibt es doch auch eine »interne« Ausrichtung der Gräber auf eines im Zentrum des Ovals, das jedoch einer jüngeren Stufe zuzurechnen war. Man vermutet, dass dieser Cairn L am Platz eines älteren Vorgängercairns errichtet wurde. Ich nahm an einigen Ausgrabungen dieses Cairns teil. Man fand unter anderem genau im Westen und im Süden unter großen Begrenzungssteinen die Reste von Brandbestattungen, vermutlich junge Frauen, die möglicherweise in

Verbindung mit den mächtigen »Bauchbergen« Knocknarea und den Bricklieve Mountains hier ihre letzte Ruhe fanden.

Das Lugtal am Lough Arrow

Diese Tour führt uns nach Süden, aus der Stadt Sligo heraus zum Gebiet um den See Lough Arrow. Wir fahren die Schnellstraße N 4 etwa 15 Kilometer nach Süden und biegen in Castlebaldwin links von der Schnellstraße ab Richtung Highwood. Diese Straße verläuft oberhalb des Sees, parallel zu seiner Küstenlinie. (Wenn man aus Versehen auf die Straße direkt unten am See gerät, ist man falsch gefahren.) Die Straße führt am Hinweisschild zum Eglone-Stein vorbei etwa zwei Kilometer geradeaus, unterhalb eines kleinen auffallenden Höhenzuges entlang. Sie endet in einer schrägen T-Kreuzung, an der man am besten parkt. Dann geht man etwa 100 Meter links die Straße hinauf, bis rechts ein markierter Wanderweg abgeht, dem man aufwärts folgt. Sie stoßen auf Umzäunungen mit großen Steinen, gehen aber erst in die dritte oder die fünfte Umzäunung auf der rechten Seite hinein. Es hängt ein wenig davon ab, wie viel und welches Vieh auf den Weiden steht und wie die Gatter verschlossen sind. Hinter diesen Umzäunungen senkt sich das Tal des Lug unmittelbar steil ab und man findet bei genauerem Hinsehen den Pfad, der in die Tiefe zum Steinkreis, hinüber zum Holy Well und zur Echowand führt.

Man kann fast sicher sein, hier keinen anderen Touristen zu begegnen. Allerdings gehen die Einheimischen hier auch gern wandern, denn dieser Ort hat nicht nur eine prähistorische Widerstandstradition. Als die Engländer den Iren die Ausübung des katholischen Glaubens verboten, war dieser Talgrund eine der heimlichen Stellen, wo katholische Priester unter Lebensgefahr für die Bevölkerung die Messe abhielten. Das Tal lebt von einem eigenartigen Zauber, der seine Zeit braucht. Manchmal ist es schwer, den Einstieg zu finden, denn wie immer entzieht sich das Geheimnis der vergänglichen Neugierde schnelllebiger Touristen. Aber wer den Grund findet, sollte hier lange verweilen. Man steigt nicht unverändert aus solch einem Elfental wieder heraus.

Die letzte Schlacht der Formore

Die Tuatha de Danaan, die Diener der Göttin, wie sie sich selbst nannten, hatten einst in einem großen Ansturm Irland erobert. Sie brachten die Kunst des Waffenschmiedens mit sich, waren in blaue weite Mäntel gehüllt und stolz wie Wüstenkrieger vom anderen Ende der Welt. Doch natürlich hatte es auch vorher schon Menschen in Irland gegeben: das kleine Volk der Formore, das nun mehr und mehr von den stolzen Kriegern mit ihren Metallwaffen in die Hügel und in die unfruchtbaren Moorgebiete abgedrängt wurde. Das Tal des Lug war ein geheimnisvoller Felskessel, nahe bei dem See, den wir heute Lough Arrow nennen. Hier in diesem Tal, in dem die Feen auf die Gebete der Menschen mit seltsamem Echo antworten, lag eines der höchsten Heiligtümer der kleinen Leute.

Nun bauten die Formore einen Wall zum Schutz gegen die Tuatha de Danaan, hinter dem hervor sie mit ihren Bögen schießen konnten oder ihre Keulen schwingen. Doch die Tuatha de Danaan waren stärker und die kleinen Leute zogen sich hinter einen zweiten Wall auf dem Grund des Tales zurück. Nun lag aber der Brunnen außerhalb ihrer Verteidigungslinie und es war nur eine Frage der Zeit, wann die tapferen Formore den Söhnen der Göttin ausgeliefert sein würden. Der Häuptling der kleinen Leute, der Priester, die alten weisen Frauen, die jungen Mädchen und die Mütter, alle flehten, wenn sie nicht gerade kämpften, die Elfen und guten Wassergeister um Hilfe an. Und siehe da, die Elfen umschlangen den Häuptling mit einem Netz, das Unsichtbarkeit verleiht, sodass er immer wieder heimlich durch die Reihen der großen Tuatha de Danaan schlüpfen konnte, um Wasser für seinen Stamm zu schöpfen. Man sagt, dass sich die Rillen dieses Netzes am Stein bei der heiligen Quelle eingedrückt hätten, sodass man sie bis auf den heutigen Tag sehen könne.

Dennoch waren die Formore zum Untergang verurteilt, weil die Göttin eine neue Zeit herbeiwünschte. Doch ehe die großen Tuatha de Danaan auch den inneren Ringwall der kleinen Leute stürmen konnten, nahm die Göttin selbst die Formore hinweg und verwandelte sie in Feen, Elfen und Zwerge – eben in all jene Leute, von denen es bis auf den heutigen Tag heißt, dass sie in den Klüften und Schründen der Felsen Wohnung gefunden hätten, in den unendlichen grünen Hügeln Irlands und den steinernen Totenhäusern hoch oben im Moor.

Die Anlagen von Carrowkeel in den Bricklieve-Hochmooren

Die Carrowkeel-Cairns in den Hochmooren der Bricklieve Mountains erreicht man ebenfalls von der N 4 aus. Es ist dieselbe Kreuzung, die links in das Gebiet des Lough Arrow führt. Nun biegt man aber am Touristenbüro von Castlebaldwin rechts die Straße hinauf ein. An der Y-förmigen Kreuzung geht es linker Hand weiter, ungefähr drei Kilometer. An der zweiten Abbiegung nach links findet man ein Hinweisschild zu den Cairns, danach nimmt man die erste Straße rechts. Sie führt durch ein Tal, in dem man deutlich die Spuren von Torfabbau sehen kann. Sie erreichen ein Tor, das Sie hinter sich unbedingt wieder schließen sollten, und dahinter führt die Straße erst ein paar hundert Meter durch das Tal, dann in einer weiten Linkskurve zum Parkplatz hinauf. Allerdings ist diese Straße in einem sehr schlechten Zustand. Am besten hält man bereits unten vor der aufwärts führenden Linkskurve an, parkt dort und läuft das letzte Stück, etwa einen Kilometer, zu Fuß hinauf. Rollstuhlfahrerinnen werden den schmalen Hangweg wohl nicht bewältigen können, der Rundblick vom oberen Parkplatz ist jedoch sehr schön und ganz ähnlich dem von den Anlagen im Hang dahinter. Mit gehbehinderten Frauen bin ich schon hinaufgekraxelt.

Die Anlagen von Carrowkeel sind wie die Andere Welt zu jenen am Knocknarea, in Carrowmore. Bei klarem Wetter liegt einem die Ebene von Sligo zu Füßen, und Queen Maeve sieht von hier drüben ganz anders aus. Neben den Megalithgräbern wurden an den Hängen metallzeitliche Siedlungsreste und landwirtschaftliche Nutzflächen ausgegraben.

Am Garasee von Monasteraden

Das zauberhafte Gebiet am Lough Gara, etwa 30 Kilometer südlich von Sligo, ist ebenfalls eine Tagestour wert. Man nimmt am besten wieder die N 4 nach Süden, fährt dann aber in Collooney auf die N 17 Richtung Tobercurry und biegt gleich wieder links in die R 293 nach Ballymote ein. Man durchfährt diesen Ort, kreuzt die R 294 von Tobercurry nach Boyle, bleibt weiter auf der R 293 – auch wenn sie kleiner und enger wird – und erreicht etwa fünf Kilometer hinter Ballymote die Abzweigung nach Monasteraden am Lough Gara, der der Ausgangspunkt für unsere Tour ist. Die Region am Lough Gara ist noch nicht touristisch erschlossen, sie ist irische Einsamkeit pur – tatsächlich eine »Entdeckung« der Archäologen und der Einheimischen selbst, die in den letzten Jahren Initiativen ins Leben gerufen haben, die Moore zu schützen, alte Feste und Gebräuche wieder aufleben zu lassen sowie naturschützerische und archäologische Aktivitäten zu fördern. An verschiedenen Stellen des Sees ergraben archäologische Teams so genannte Crannogs, das sind leicht gebaute, meist bronzezeitliche Seeuferrandsiedlungen. Falls man diesen schönen See zu Fuß umrunden möchte, muss man sich zwischen den Extremen von Sumpf und Asphalt bewegen und braucht auf jeden Fall gutes Schuhwerk.

Man verlässt Monasteraden in nördlicher Richtung auf der Straße am See entlang. Nach weniger als einem Kilometer befindet sich auf der rechten, seeseitigen Straßenseite ein Cashel im Gelände. Dies sind die Reste eines steinernen frühmetallzeitlichen Forts, etwas dahinter finden sich links die Spuren eines Rath, eines Erdforts. Eineinhalb Kilometer hinter Monasteraden trifft man auf eine Kreuzung und den Pub an der Ball Alley. Biegen Sie links ab und gehen die Straße aufwärts in die Hügel. Vor Ihnen liegen nach etwa einem Kilometer und einer weiteren Straßenkreuzung die roten Sandsteinfelsen des Mullaghthee sowie des Dana's Rock, der Felsen der Dana. Historisch sind die Tuatha de Danaan nicht genau einzuordnen. Auf jeden Fall handelte es sich um Menschen, die eine Große Göttin, die Ana oder Dana mit dem Kessel, verehrten, im metallzeitlichen Europa auftauchten und Ländern, Flüssen und Bergen den Namen ihrer Göttin gaben, zum Beispiel Dänemark und Donau. Neben dem Sandstein sind die umliegenden Berge durch vulkanische Ablagerungen und Conglomeratgesteine geprägt, außerdem findet sich, wie auch am Benbulben oder dem Knocknarea, das sehr alte Kalkgestein des Kambrium (Limestone) mit seinen erstaunlichen Versteinerungen.

Nun steigt man wieder zur Straße am See herunter. Die nächsten beiden Abzweigungen rechter Hand führen durch das manchmal etwas feuchte Gelände an den See hinunter, wo man die Reste der Crannogs und ein weiteres Steinfort finden kann. Möglicherweise stoßen Sie auch auf eine gerade dort stattfindende Grabung. Nach etwa drei Kilometern führt eine Zufahrt links zum Moygara Castle. An der nächsten Kreuzung stoßen Sie auf die Reste einer Megalithanlage. Auf der kleinen Straße halten Sie sich rechts. Linker Hand im Gelände sind Aufschlüsse fossiler Muschelschalen zu erkennen, bevor man nach einem Kilometer bei Mullaghroe die Straße nach Boyle erreicht.

Jetzt muss man leider etwa zwei Kilometer diese größere Straße entlangwandern, biegt dann aber rechts zum See hinunter ab und kommt an einen schönen Rast- und Parkplatz, genannt Templeronan.

Falls man mit dem Auto unterwegs ist oder die fünf Kilometer Umweg nicht scheut, sollte man unbedingt die Straße in Richtung Boyle weiter befahren oder laufen, denn in dieser Entfernung führt an einem einsamen Haus rechter Hand der bezeichnete Weg zum Drumanone-Portaldolmen über eine Eisenbahnlinie hinauf. Dieser Dolmen ist beinahe in jedem Bildband zu Irland und auf unzähligen Postkarten zu sehen. Portaldolmen zeichnen sich durch die sehr schräg aufgelegte Deckplatte aus, die so von den Leuten der Jungsteinzeit konstruiert wurde. Den Grund für diese Bauart weiß man nicht. Vermutlich handelt es sich hier um die Bezugnahme auf ein damals auffallendes Sternenbild oder einen besonderen Stern. Ich habe ihm die wenig respektvolle Bezeichnung »spirituelle Abschussrampe« gegeben.

Von Templeronan führt der Weg östlich zur Cuppanagh-Brücke über den Boyle River, der an dieser Stelle in den Lough Gara fließt. Etwa vier Kilometer hinter der Brücke treffen Sie an einer Schule auf die Straße von Boyle nach Killaraght und wandern diese rechts entlang, in südlicher Richtung. Nach weiteren vier Kilometern können Sie wieder einen Stichweg an den See hinunter nehmen, falls Sie die Besichtigung weiterer Cranogs, prähistorischer Muschelhaufen und die Ruinen des Derrymore Castle interessieren. Eineinhalb Kilometer südlich von Killaraght biegt rechts die Straße nach Monasteraden ab, das nach etwa fünf Kilometern zu erreichen ist. Der Weg führt zwischen dem Unteren Garasee im Norden und dem Oberen See über eine knapp einen Kilometer breite Landbrücke. An der Clooncunny-Brücke gibt es wieder einen Parkplatz und einen wunderbaren Blick in Richtung Norden auf den Brislagh Hill. 500 Meter vor Monasteraden kreuzen Sie die Strecke der alten Eisenbahn und finden links noch einmal eine Megalithanlage. Ehe Sie in Monasteraden ankommen, sollten Sie nach links, etwa 500 Meter in Richtung Ballaghaderreen, laufen, um sich am heiligen Brunnen von St. Attracta (St. Attracta's Holy Well) die Mühen der Wanderung aus dem Gesicht und von den Armen zu waschen.

Ohne den Umweg zum Drumanone-Portaldolmen umfasst diese Rundwanderung gute 25 Kilometer, ist also eine sehr ausführliche Tagestour. Man muss auch für die Sucherei im Gelände nach all den Cranogs, Cashels oder Dolmen Zeit einkalkulieren sowie die asphaltgeplagten Füße in seine Tourenplanung einbeziehen. Deshalb nimmt man sich am besten zwei Tage Zeit für diese Wanderung. Da das Gelände nicht allzu hügelig ist, kann man die Strecke auch als Fahrradtour anlegen. Für Wohnmobile ist der Platz an der Clooncunny-Brücke oder Templeronan ein hübscher Stellplatz. Gehbehinderte Frauen und Rollstuhlfahrerinnen sollten das Auto in der Nähe haben, auch wenn sie selbst die Strecke erlaufen oder erfahren möchten. Einige der Querwege hinunter zum See sind auch für Autos befahrbar. Im Großen und Ganzen ist diese Tour, verteilt auf mehrere Tage, durchaus von Frauen mit eingeschränkten körperlichen Möglichkeiten zu bewältigen, erst recht wenn sie von helfenden Freundinnen begleitet werden. Empfehlen lässt sich auch die Möglichkeit, sich in Boyle für einige Tage ein Quartier zu suchen und der Region mehr als zwei Tage zu widmen. Sie können auch von hier aus die Megalithen von Carrowkeel anfahren.

Die Sage von Lugnasad

Lugnasad, das ist der Gott des Lichts, des Hohen Sommers, der goldenen Ähren und der heißen Sonnenstrahlen. Er ist ein ziemlicher Witzbold, ein Trickster, einer, der sich in alte Weiber und räudige Wölfe verwandeln kann, einer, der jeden an der Nase herumführt, sogar diejenigen, die gar keine haben. Glücklicherweise hat die Göttin seine Zeit beschränkt, und wenn die letzte Ährengarbe geschnitten ist, wird auch der Lugnasad aufs Kreuz gelegt: Die Göttin legt ihn über ihre Knie und manche sagen, es werden ihm nur die langen Locken abgeschnitten. Andere aber meinen, die Göttin nähme dem Kerl noch ganz etwas anderes, sodass er zu Halloween eine Stimme habe wie ein junges Kind. Und recht geschehe ihm, denn die Herzen, die er bräche im Verlaufe so eines Tricktersommers, die Kinder, die er zeuge zwischen Sommersonnenaufgang und Sommersonnenuntergang, seien unzählige.

Und weil der Lugnasad das weiß, versteckt er sich wohlweislich vor der rächenden Sichel der Göttin. Was ihm aber gar nichts nutzt, denn alle Wesen müssen nun mal folgen, wenn sie ruft, auch der Tricksterlug. Doch vorher versteckt er sich und bereitet die letzte Show des Sommers vor: Mit einem Boot, von Fackeln beleuchtet, gekrönt mit der Krone der Unterwelt, die Sonnenaxt schwingend fährt er über den See und landet im Dorf oder in der Stadt oder wo auch immer die Menschen gerade Schnitterfest oder Erntedank feiern. Im Flackern der großen Feuer, an denen die Ochsen am Spieß sich drehen, im Schein der tanzenden Fackeln, erkennt ihn niemand so recht und die meisten halten ihn für einen Prinzen oder edlen Ritter aus fernem Land. Da schleicht er dann noch einmal unter den Menschen herum. Er macht den Mädchen schöne Augen und küsst alle Damen auf den Mund, dass sie sofort vor Liebe vergehen müssen. Und dann – kurz bevor der Mond versinkt, um die Sonne zu wecken – wählt er sich die Schönste aus, nimmt sie bei der Hand, lockt sie in sein Boot und fährt mit ihr, fackelbeleuchtet und die Axt triumphierend schwingend, über den See wieder davon.

Die strafende Göttin findet ihn doch, aber solche Kinder, die der Lugnasad gezeugt hat, so vermeldet es die Sage, kommen alle mit der Glückshaube auf dem Kopf zur besten Zeit, der Maienzeit, auf die Welt und wir dürfen ja nicht glauben, dass sich die Frauen nicht sehr gern von ihm entführen lassen wollen, denn er soll küssen können, küssen, liebe Frauen – wie kein sterblicher Mann auf dieser Welt.

Zur Klosterinsel Inishmurray

Mullaghmore, der Ausgangshafen zu dieser Klosterinsel, liegt ungefähr 20 Kilometer nördlich von Sligo. Man fährt die N 15 Richtung Bundoran an den ungeheuren Tafelbergen des Benbulben vorbei. Nördlich der Abzweigung Richtung Mullaghmore findet sich übrigens rechter Hand, direkt an der N 15, die ausgezeichnete Rekonstruktion eines Cortcairns: Creevykeel. Die Klosterinsel liegt etwa acht Kilometer in die See hinaus, die Überfahrt zu ihr ist stark von den atlantischen Windbedingungen abhängig. Es gibt keine reguläre Überfahrt, man sollte sich im Beach Hotel danach erkundigen. Ich kenne privat einen Fischer, den Autor des Buches *In the Shadow of Benbulben,* der uns immer hinüberfährt.

Das alte Kloster auf Inishmurray ist in einem guten Zustand, sodass man einen ausgezeichneten Eindruck davon bekommt, wie die frühchristlichen Klostergemeinschaften Irlands lebten. Inishmurray wurde im frühen 6. Jahrhundert gegründet und im Jahr 802 von den Wikingern geplündert. Das Kloster wird von einer breiten hohen Mauer umgeben, die möglicherweise älter ist als die Klosteranlage selbst. Fünf Eingänge führten in den inneren Hof, eine ovale Fläche von etwa 80 mal 60 Metern. Dieser ist noch einmal in vier ungleich große Enclosures unterteilt. In der größten steht die den Mönchen vorbehaltene Kirche, weiter hinten eine kleinere Kirche mit einem Steindach der damaligen Zeit. Es finden sich außerdem die typischen bienenwabenförmigen Zellen der Mönche vor sowie drei Altäre im Freien, auf die in ritueller Weise runde Steine gelegt wurden.

Außerhalb der Klostermauer, zur See hin, liegen die Frauenkirche und der Friedhof. Ungefähr 50 Kreuzsteine befinden sich innerhalb und außerhalb der Klosterumfriedungen, einige von ihnen bezeichnen ebenfalls Stationen eines Pilgerweges. Inishmurray wurde bis in die Mitte dieses Jahrhunderts bewohnt, wie man an den zahlreichen verfallenen Häusern sehen kann. Erst als die Versorgungslage immer schlechter wurde, evakuierte man die Bevölkerung, teilweise übrigens gegen ihren Willen. Im Rahmen meiner Arbeit gibt es seit beinahe 20 Jahren eine mündliche Erzähltradition. Insofern ist Inishmurray auch deshalb ein wichtiger »Frauenort«: Angela Lorent trug uns hier 1991 das erste Mal die Erzählung »Deirdres Geschichten« vor (siehe Literatur auf Seite 273).

Im Osten Irlands

Der Hexenberg Lough Crew von Millbrook

Man nimmt die N 4, die quer über die irische Insel von Sligo nach Dublin führt. Von Dublin kommend biegt man rechter Hand, von Sligo kommend linker Hand bei Mullingar auf die R 394 ab Richtung Castlepollard. Dort geht es auf die R 195 nach Millbrook, wo man rechts auf die kleine Straße einbiegt, die am Lough Crew entlangführt. Schon von weitem ist der Berg zu erkennen, der mit seinen beiden »Brüsten«, auf denen die Cairns zu sehen sind, aus dem flacheren Hügelland aufragt. Eine Zufahrtstraße führt hinter New Town zwischen den Brüsten von Cairnbane East und Cairnbane West hindurch zum Parkplatz. Von dort geht erst eine kleine Treppe, dann ein Weg zum heute gut umzäunten Gelände des Osthügels hoch. Mehr als 30 Steinkammern und Grabhügel liegen wie ein ausgeschüttetes Murmelspiel auf den Höhen des Lough Crew. Ihre Ausrichtung auf die verschiedensten Sonnenaufgangspunkte ist am besten in der Arbeit von Martin Brennan (siehe Literatur) beschrieben worden.

Man kann die Kammern der großen Grabhügel auf dem West- und auf dem Osthügel betreten. Den Schlüssel holt man in einem Haus in New Town ab, das an der ersten Straße links auf der linken Seite liegt, wenn man vom Parkplatz dort hinunterfährt. Das Haus heißt St. Oliviers. Heute wird das Gelände durch einen hohen Zaun geschützt, was wohl auch wichtig ist. Wenn man wissen möchte, wie die Anlage noch gegen Ende der 80er-Jahre des 20. Jahrhunderts aussah, sollte man den Roman von Magliane Samasow, *Die Tafeln der Maeve,* lesen, dessen Handlung zum größten Teil auf diesen Hügeln spielt (siehe Literatur).

Mit ein wenig Mühe und Engagement können Gehbehinderte auf jeden Fall in Begleitung auf den Hexenberg gehen. Für Rollstuhlfahrer braucht es auf jeden Fall Mut und zwei starke Menschen, die den Rollstuhl über die Treppen hinauftragen können. Allerdings gehört der Sliabh na Cailliighe in meinen Augen zu einem »Muss« für diejenigen, die an frauenzentrierten Kulturstätten interessiert sind.

Das Märchen vom Sliabh na Caillighe

Der Lough Crew oder auch Sliabh na Caillighe ist ein alter Hexenberg, ähnlich dem Blocksberg in Deutschland. Die Hexen versammeln sich dort siebenmal im Jahr: zu Lichtmess, im Mai, zur Sommersonnenwende, zu Lugnasad, zu den beiden Tagundnachtgleichen und zu Halloween. Nur die Wintersonnenwende, die Neugeburt des Lichts, begehen sie woanders, zusammen mit den anderen Hexen Irlands auf einem besonderen Berg in Connemara.

Ehe die irischen Hexen auf Reisigbündeln und Torfplatten, auf Feuerhaken und Wagenrädern zum Sliabh na Caillighe emporbrausen, müssen sie sich fein machen. Sie zausen sich ihre Haare durcheinander und zerren so lange an den feuerroten Strähnen, dass die ihnen bis auf die Pobacken herunterzotteln. Dann schwärzen sie sich die Gesichter mit Torfruß, der besonders fein stinkt, und tauchen die spitzen Finger in Eselsmist, was ihren Geruch noch lieblicher macht. Falls eine Hexe noch keine sieben mal sieben Löcher in ihrem Rock aufweisen kann, reißt sie sich diese hinein – außerdem stichelt sie mit großen, groben Nadelstichen an ihrer Jacke herum, wobei es wichtig ist, dass der Faden auf keinen Fall die gleiche Farbe hat wie der Jackenstoff. Zuletzt stülpen irische Hexen sich spitze, hohe Pappröhren auf den Kopf. Was weiß ich, wo sie sich das abgeschaut haben, sie pfeifen gellend wie Nachtmahre, schimpfen die Banshees, das sind ihre sehr gefährlichen, Menschen fressenden Haustiere, und machen sich auf den Ritt zum Lough Crew.

Wo die Sonne neu geboren wird: New Grange

Was Stonehenge für England, ist New Grange für Irland: die Rekonstruktion der größten Megalithanlage aus der frühen Bronzezeit Irlands. Man erreicht das Touristenzentrum mit dem gut eingerichteten Museum entweder von Dublin aus über die N 3 nach Norden bis Navan, dann über die N 51 Richtung Drogheda bis Slane, von wo Wegzeichen nach New Grange führen. Außerdem führt die N 2 aus Dublin direkt nach Slane. Von Westen, Sligo, her kommend, nimmt man die N 4, biegt in Mullingar auf die N 52 und dann in Delfin auf die N 51 Richtung Navan.

Am besten sieht man sich zuerst das Museum an. Mit einem der Touristenbusse fährt man dann zum großen weißen Cairn von New Grange und zu den gut dokumentierten Ausgrabungen des Cairn von Knowth. Nach all dem hat man einen ausgezeichneten Überblick über die irische Vorgeschichte vom Neolithikum bis in das Mittelalter hinein. Das Interessanteste an der großen Grabkammer ist das Phänomen der Black Box oberhalb des Ganges in die Kammer. Es führt dazu, dass ein Sonnenstrahl am 21. Dezember erst langsam den langen Gang entlangkriecht und dann einen der geritzten Orthostaten nach dem anderen beleuchtet, ehe für einen kurzen Moment gegen neun Uhr morgens das Licht durch die Kammer auf den hinteren Stein fällt. Göran Burenhult und andere Archäologen sehen starke stilistische Verbindungen in der Art und Weise mancher Steinritzungen von Knowth und New Grange zu den Megalithanlagen der Bretagne. Selbstverständlich ist New Grange heute kein »Frauenplatz« mehr. Trotzdem halte ich einen Besuch für sehr sinnvoll. Früher konnte man die Plätze allein anfahren, doch dies brachte viel Unruhe in die Region und am Großen Cairn von New Grange herrschte immer ein sehr unangenehmes Chaos. Das neue Touristenzentrum hatte außer der archäologischen Bildung auch den ganz realen Zweck, Arbeitsplätze in der Region zu schaffen, was in einer guten Art und Weise gelungen ist. Wo früher maximal zehn Menschen einen Arbeitsplatz fanden, sind es heute beinahe dreimal so viele, die als Busfahrer, Museumspersonal usw. hier arbeiten.

Ich habe Frauen oft klagen hören, dass die heiligen Plätze in der Bretagne, auf Malta, in England, Irland oder auch anderswo nicht mehr frei und umsonst zugänglich seien. In meinen Augen haben jedoch diese Touristenzentren die berechtigte Aufgabe, den Strom der Menschen zu kanalisieren und auch zu domestizieren. Ohne dies scheinen viele moderne Menschen nicht mehr in der Lage zu sein, sich zivilisiert alten, prähistorischen Kulturplätzen zu nähern. Kein Mensch würde es wagen, in einer gotischen Kirche in die Ecke zu sch…, dämliche Graffiti auf die Säulen zu schmieren oder Bierflaschen und Coladosen am Hochaltar liegen zu lassen, Dinge, die ich in frei zugänglichen Megalithgebieten über die Jahre beobachten musste. Die Zäune dienen auch dem Schutz der Landschaft und der Anlagen in ihr. Eines Tages verstand ich diesen Sinn und hörte auch auf, heimlich und auf Schleichwegen mit meinen Gruppen nachts diese Zäune zu überwinden zwecks irgendwelcher Frauenrituale. Es gibt genug einsame und stimmungsvolle Plätze, die frei zugänglich sind, an denen wir unsere Spiritualität leben können – die Gigantija, Carnac, New Grange oder Stonehenge haben heute anscheinend andere Funktionen. Außerdem ist die Infrastruktur dort so ausgezeichnet, die Angestellten sind so aufmerksam und engagiert, dass sich jede Frau und jedermann dort bewegen kann, ob auf zwei gesunden Füßen oder im Rollstuhl. Es sind etwa zehn Stufen zum Eingang des Großen Cairn hinauf, über die ein Rollstuhl getragen werden müsste.

Die Sage von der Entstehung Irlands

Zu Tir-na-Nog, wie die Andere Welt in Irland heißt, saß die Große Göttin, die dort den Namen Bridge trägt, und schaute auf die Erde hinunter. »Ich will ein Land schaffen, so schön, wie noch keiner es je gesehen hat. Grün soll es sein wie ein ewiger Smaragd, süß soll die Luft in ihm wehen und die Menschen sollen in Hülle und Fülle zwischen den lieblichen Hügeln leben.« Sie rief die vier Winde aus allen Himmelsrichtungen zusammen, gab jedem eine Ecke ihres blauen Mantels zu halten und bedeutete ihnen, diesen vorsichtig herabzusenken.

Allerdings hatte sie Angus vergessen, den Jüngsten, und als der merkte, dass er nicht gefragt worden war, sprang er zornig zwischen seine Brüder, der Mantel riss an dieser Stelle entzwei und Angus landete als Erster auf der heiligen Insel Eire, die deshalb auch von manchen Leuten Anglia genannt wird. Bridge schimpfte den ungestümen Burschen aus, da nun die Vollkommenheit einen Riss hatte, doch dann ging ihr auf, dass kein Erdenwerk vollkommen sein könne und selbst die Göttin gebrochen sei in den Fehlern ihrer Kinder. Die anderen vier Winde versuchten den Fehltritt ihres jüngsten Bruders auch reichlich wettzumachen: Ogma, der Ostwind, trug ein großes Schwert herbei, das hell die Luft durchschnitt wie die Strahlen der Morgensonne. Nuada, der Südwind, brachte einen flammenden Speer und schenkte den Menschen die Feuerwärme. Mydir, der Nordwind, warf einen schweren Felsen auf das Land, den Stein des Schicksals. Und Dagda, der Westwind, trug, ein wenig ächzend, denn der war schwer, den großen Kessel der Fülle wieder herbei.

Dann aber griff die Göttin Bridge in den Kessel und holte die Menschen, die auf ihrer Insel leben sollten, hervor, einen nach dem anderen, Frauen, Männer und Kinder. Manche stellte sie in die Ecke, wo Ogma das Schwert hingelegt hatte – und siehe, es wuchs ein starkes helläugiges Geschlecht von Helden und Rebellen dort heran. Manche stellte sie in die Ecke, wo Nuada den Feuerspeer in den Boden gesteckt hatte – und siehe, es wuchs das rothaarige Geschlecht der Dichter und Poeten heran. Die letzte Gruppe setzte sie auf den schwarzen Schicksalsstein, und das wurden die kleinen, torfhaarigen Iren, die Schwerblütigen und Druiden, die Trauernden, die wissen, dass auf Erden keine Vollkommenheit zu erlangen ist, nicht einmal auf der Insel der Göttin selbst. Als Bridge so die Iren aus dem Kessel der Fülle gezaubert hatte, beschloss sie, nach Tir-na-Nog zurückzufliegen, was die Winde sehr betrübte. Im Abfliegen bemerkte sie nicht, wie Angus heimlich hinter sie trat und rasch einen Knoten in ihren Mantel schlug, auf dass sie all das nie vergessen möge – nicht die vier Winde, nicht das wunderbare grün schimmernde Land und vor allen Dingen nicht ihn, Angus, den Jüngsten und Bescheidensten.

Archäologie und Geologie Irlands

Gegen Ende des Devon, als die ersten Amphibien an Land krochen, war die Landmasse Irlands, zumeist kontinentales Tiefengestein und Gesteine infolge vulkanischer Tätigkeiten, in der jetzigen Form ausgebildet. Irland ist reich an mineralischen Vorkommen: Kupfervorkommen in den Wicklow-Bergen, in Cork und Kerry, Gold in den Granitvorkommen von Leinster und Silber im County Tipperary. Während der Kreidezeit, als das nashornähnliche Saurierwesen Triceratops über den Erdboden stampfte, lagen Teile des südlichen Irlands unter der Crettaceous-See, und die Kalkablagerungen in Antrim und Derry mit den dazwischen gelagerten Flintsteinschichten bildeten sich aus. Noch ältere und härtere Kalksteine des Kambrium und aus dem Ordovizium, vor 500 bis 600 Millionen Jahren, finden sich heute auf den glatt gehobelten Tafelbergen im County Sligo und an anderen Orten. Seelilien, Korallen und Trilobiten, das sind kellerasselartige Wesen, die bis zu einem Meter lang werden konnten, oder armdicke Regenwürmer sind die versteinerten Zeugen jener geologischen Epochen.

Während der Eiszeiten bedeckten 300 Meter dicke Gletscher Irland. Sie hobelten die Berge ab und ließen eine zentrale, nach Südosten geneigte Inlandebene entstehen, die zum Westen und Norden durch einen Gebirgsring umgeben wird. Die Hochebenen Irlands und die inländischen Plains werden heute, nach dem Abtauen der Gletschermassen, durch Feuchtböden und Moore charakterisiert. Da die Wassermassen durch das Eis gebunden waren und der Meeresspiegel wesentlich tiefer lag als heute, hingen Irland und England mit dem Kontinent zusammen.

Die Westküste Irlands gehört in den großen Bogen der europäischen Atlantikküsten von Spanien bis Norwegen. Ihr südlicher Teil wird von den warmen Fluten des Golfstroms umspielt. Von daher herrscht in Irland ein mildes Ausgleichsklima vor, die Winter sind nicht sehr kalt, aber die Sommer auch nicht heiß und trocken, es blühen Palmen in Kerry, und fruchtbares Weideland erstreckt sich in der Mitte sowie in den östlichen, windgeschützteren Regionen der Insel. Die südwärts herstreifenden, vom Golfstrom erwärmten Winde und die Meeresströmungen selbst haben Pflanzen aus Spanien, Portugal und sogar Amerika herübergebracht. Ehe England die reichen Waldvorkommen Irlands im 16. Jahrhundert abzuholzen begann, war diese Insel auch in weiten Teilen von Wäldern bedeckt. Die Armut Irlands, die im vorigen Jahrhundert Tausende Menschen verhungern ließ oder zur Auswanderung zwang, war eher eine Folge der jahrhundertelangen Unterdrückung und Ausbeutung durch die Engländer als eine Auswirkung der natürlichen Gegebenheiten des Landes.

Während der Zeit der Neandertaler war ein schmaler Streifen Südirlands eisfrei und in den Kältesteppen von Munster lebte die typische Eiszeitfauna: das wollhaarige Nashorn, der Riesenhirsch, Rentiere sowie Polarfuchs und Braunbär. Die Frage nach den eiszeitlichen Menschen, die ja zu dieser Fauna gehörten, ist jedoch für Irland schwer zu beantworten. Zwar gibt es eindeutig anthropogene Abschlagwerkzeuge von den Araninseln oder aus Mell bei Drogheda, aber über ihre chronologische Einordnung und ihre ursprüngliche Herkunft lassen sich keine genauen Aussagen machen. Erst das Mesolithikum kann durch eindeutige Grabungen, insbesondere am Fundort Mount Sandel im County Kerry, gut belegt werden. Hier fand sich eine frühmesolithische Siedlung, deren Datierungen von 7040 bis 5935 v. u. Z. reichen. Die Hütten dieser Siedlung waren etwa sechs Meter hoch, eng gesetzte Pfosten wurden durch ein Flechtwerk verbunden. Wahrscheinlich ähnelten sie umgekehrten großen Körben. Es lässt sich nicht sagen, welcher Art ihre Dächer waren.

Auch wenn die Gemeinschaften von Sammlern und Jägern des Mesolithikums eher mobile Kleingruppen darstellten, geht man doch davon aus, dass es sich am Mount Sandel um eine möglicherweise sogar ganzjährig bewohnte Siedlung handelte. Neueste Grabungen in den Megalithanlagen von Carrowmore, County Sligo, legen nun die Vermutung nahe, dass Sesshaftigkeit bereits vor dem Beginn des Ackerbaus in Irland existierte. Den Erbauern dieser Großsteingräber, die gegen 5000 v. u. Z. auf der Halbinsel am Knocknarea lebten, wird eine Lebensweise auf der Grundlage von Küstenfischerei, ähnlich der Ertebölle-Ellerbek-Kultur im Ostseeraum, unterstellt. Wie diese hinterließen sie an der Küste riesige Abfallhaufen aus Schalen von Muscheln, die die Grundlage ihrer Ernährung bildeten.

Da die küstennahen Böden recht sauer sind, haben sich organische Reste nur spärlich erhalten. Anders ist dies in den Feuchtgebieten der Hochmoore und in den Regionen des Torfabbaus. So fand man in den 90er-Jahren in Ceide Fields, bei Ballycastle, County Mayo, die Spuren der neolithischen Felderwirtschaft, Hausgrundrisse und weitere Spuren unter den angelegten Megalithgräbern. Um 4000 v. u. Z. begann man in Irland mit dem Anbau von Emmer und Einkorn. Gleichzeitig wurden die einfachen Ganggräber ausgebaut und monumentaler angelegt. Die großen Anlagen des County Meath, New Grange, stammen dagegen bereits aus der frühen Bronzezeit und werden als Ausdruck einer neuen Spiritualität, eines Sonnenkults, gedeutet. Steinreihen, Menhire und Steinkreise wurden in Irland während der gesamten Bronzezeit errichtet. Die Eisenzeit setzt in Irland später als anderswo ein. So wird es kaum von den Kulturgütern der Hallstattzeit berührt. Man weiß auch bis heute nicht genau, auf welche Weise Irland während der La-Tène-Zeit »keltisch« wurde.

Die Römer setzten nie einen Fuß nach Irland, sodass ein Teil seiner Kultur, insbesondere der Kunst und Literatur, nahtlos in die christlichen Epochen überging. Dies macht wohl auch den besonderen Reiz der irischen Geschichte aus. Dem römischen Katholizismus war das eigenständigere irische Urchristentum ein Dorn im Auge, zumal die irischen und schottischen Missionare bis zum Bodensee und nach Bayern hinein ihre Wirkung verbreiteten. Gallus, der Begründer des Klosters St. Gallen in der Schweiz, und Columban sind die bekanntesten Vertreter dieser christlichen Richtung. Erst als St. Patrick, der Hauptheilige Irlands, im Auftrag des Papstes »die Schlangen aus Irland vertrieb«, sprich diese archaischere Form des Christentums bekämpfte, wurde Irland römisch-katholisch. Dass dies vor allen Dingen eine Frage des Machtkalküls war, wurde spätestens im 10. Jahrhundert deutlich. Da saß ein Engländer auf dem Stuhl Petri und schenkte der englischen Krone Irland mit allem lebenden und toten Inventar, einen jahrhundertelangen Kampf um Freiheit und Rechte einleitend, der Irland bis in unsere Zeit prägt. Dieser Kampf wurde auch ein Kampf zwischen verschiedenen christlichen Richtungen: hier die katholischen Iren, dort die protestantischen Engländer, der zu der besonderen Bedeutung des Katholizismus in Irland führte. Trotz aller Revolutionen gegen die englische Krone, die im Abstand von rund 200 Jahren kontinuierlich ausbrachen, erlangte Irland erst 1949 wieder volle Unabhängigkeit, um den

Preis, dass Nordirland bis heute unter englischer Regierung steht.

In den letzten Jahren prosperiert die Republik Irland. Der Beitritt zur Europäischen Union bringt Gelder für wirtschaftliche und kulturelle Aktivitäten ins Land. Viele Iren kehren aus den Vereinigten Staaten, wohin ihre Vorfahren zwei, drei Generationen zuvor geflohen waren, zurück und bringen vor allem auf dem Gebiet der Computertechnik entscheidende Anstöße und Innovationen ins Land. Der vermehrte Straßenbau und die Anlage neuer Industrieregionen fördern archäologische Notgrabungen, sodass man für die nächsten Jahre mit vielen neuen Ergebnissen, insbesondere zu den Fragen der ältesten Besiedlung Irlands, rechnen kann.

Ein Jahreszeitenzyklus in Irland

Ich habe den hochfliegenden Traum, einmal einen gesamten Jahreszeitenzyklus in Irland zu feiern, genug Geld, Zeit und liebe Frauen zu finden, die mit mir achtmal den weiten Weg dorthin mit der Fähre wagen. Oder gleich da bleiben und es genießen, die irische Erde für zwölf Monate mit den wandernden Füßen zu bestreicheln. Dies würde mit einem närrischen Lichtmess am Lough Gur, im Süden Irlands, beginnen, einer Freilichtmuseumsanlage, auf deren nähere Beschreibung ich hier verzichten musste. Danach käme die Osterwochenwanderung um die Halbinsel Dingle. Das Maifest sehe ich an einem einsamen Sandstrand mitten unter den Felsen Connemaras, gefolgt vom Lithafest auf den Höhen und in den Tiefen des Knocknarea. Schnitterin, Lugs Tricksterbootsfahrt, habe ich bereits einmal mit irischen Frauen und Männern am Lough Gara begangen und das Erntefest der Herbst-Tagundnachtgleiche würde ich gern am Sliabh na Cailllighe mit allen Hexen, die dazu Lust haben, begehen. Zu Halloween sollte man sich ein paar Tage im Tal von Glen Columbcille, im Norden von Donegal, aufhalten und den dortigen Pilgerweg »befeiern«.

Um allerdings die Wintersonnenwende in New Grange begehen zu dürfen, müsste der Antrag dazu an die irische Touristenbehörde etwa zehn Jahre vorher gestellt werden, da immer nur wenige Menschen am 21. Dezember die große Cairn betreten dürfen. Diese Vorbereitung ist immerhin noch weniger aufwendig als jene für die Teilnahme an der Sonnenwende in Stonehenge, die man für jemanden am besten gleich nach dessen Geburt beantragt. Kürzer ist die Wartezeit für Gavrinis in der Bretagne – dort darf man innerhalb von etwa sieben Jahren an der Wintersonnenwende teilnehmen.

Also muss man wohl draußen bleiben. Das Boyne Valley bietet jedoch so viele andere romantische Möglichkeiten. Außerdem ist die Wintersonnenwende ein Fest, das nur kurz in der freien Kälte eines Wintertages gefeiert werden kann. Gut essen, trinken und tanzen, was auf jeden Fall dazugehört, lässt sich schließlich in jedem guten, großen Gasthof oder Pub der Umgebung – denn irische Musik muss unbedingt dabei sein.

Literatur

Bergh, S.: *Landscape of the Monuments,* University Skrifter Nr. 6, Stockholm 1995

Botheroyd, S.: *Irland. Mythologie in der Landschaft,* Jürgen Häusser, Darmstadt 1997

Brennan, M.: *The Stars and the Stones,* Thames and Hudson, London 1983

Burenhult, G.: *The Archaeology of Carrowmore, Co. Sligo,* University Institute of Archaeology, Stockholm 1984

Eogan, G.: *Knowth and the passage-tombs of Ireland,* Thames and Hudson, London 1986

Harbison, P.: *National Monuments. Ireland,* Gill and Macmillan, Dublin 1970

Harbison, P.: *Pre-Christian Ireland,* Thames and Hudson, London 1988

Herity, M./Eogan, G.: *Ireland in Prehistory,* Routledge, London 1977

O'Kelly, C.: *Newgrange and other Boyne Monuments,* Ardnalee, Cork 1978

Korte, S./Weigold, M.: *Irland,* Goldmann, München 1992

Lorent, A.: *Findegöttinnen. Frauenverwandelte Mythen und Märchen,* edition nebenan, Bad Münstereifel 1998

McGowan, J.: *In the Shadow of Benbulben*, Drumlin Publications, Manorhamilton 1993
Ryan, M.: *Irish Archaeology*, Country House, Dublin 1994
Sullivan, M.: *Megalithic Art in Ireland*, Town House, Dublin 1993
Samasow, M.: *Die Tafeln der Maeve*, Querverlag, Berlin 1996
Thomas, N. L.: *Irish Symbols of 3500 BC*, The Mercier Press, Cork 1988
Ziegler, W.: *Irland*. Kunst, Kultur und Landschaft, DuMont, Köln 1981
Der Vogel vom goldenen Land, in: *Irische Märchen*, Artemis, Zürich 1984

Italien

Was ein Mönch mit den Frauen zu tun hat: Die Eremitagen des Franziskus in der Toskana

Überblick

Der Landstrich an der östlichen Grenze zwischen Umbrien und der Toskana, in dem die wichtigsten Wirkungsstätten des Franz von Assisi liegen, erstreckt sich etwa 100 Kilometer nördlich Perugias entlang der modernen Autobahn E 45, jeweils etwa 20 Kilometer beidseitig dieses modernen Highways. Assisi liegt noch einmal etwa 20 Kilometer südöstlich von Perugia. Cortona, Perugia und die anderen, kleineren Städte dieser Gegend laden durchaus ein, hier einige Tage bei guter toskanischer Küche in einem Hotel abzusteigen. Preiswerter sind allerdings die zahlreichen Ferienwohnungen oder -häuser im Hinterland, die man leicht durch Vermittlungen im Reisebüro oder – was ja heutzutage häufig ist – durch Freunde, Bekannte und Verwandte mieten kann. Falls man nicht besonders hitzeresistent ist, sollte man diese Gegend in den Monaten Juli und August meiden.

Die meisten Orte des heiligen Franz von Assisi sind mit dem Auto zu erreichen. Manchmal sind die weitläufigen Steinstufen in die inneren Bezirke etwas beschwerlich zu gehen (nicht nur für Gehbehinderte). Doch mit einer helfenden Hand gelingt ihre Ersteigung auch Personen mit eingeschränkten körperlichen Möglichkeiten. Rollstuhlfahrerinnen sollten sich jeweils konkret am Ort erkundigen, inwieweit ihnen geholfen werden kann. Im Prinzip gehört es zum Ethos katholischer Orden, *allen* Pilgerinnen und Pilgern zu helfen. Ich habe die franziskanischen Mönche in Umbrien als sehr hilfsbereite, fröhliche, fast lockere und eher moderne Menschen erlebt, deren Art oft so gar nicht dem Klischee des weltabgewandten Mönchtums entsprach.

Die Stadt der Heiligen: Assisi

Wie komme ich überhaupt dazu, einen der wichtigsten christlichen Heiligen und »seine« Kultorte für Frauen zu reklamieren? Im Laufe meiner Arbeit habe ich eine Menge frauenbezogener Kulturplätze gesehen. Die Kriterien, eine Felsanlage oder ein von Menschen erbautes vorgeschichtliches Bodendenkmal als »magische Frauenstätte« zu erkennen, nannte ich bereits in der Einführung: Neben der astronomischen Ausrichtung definieren Ritzungen, Schalen, Bilder, die Gestalt der Anlage oder der Landschaft selbst sowie der dazugehörige Sagen- und Mythenschatz einen Platz als möglicherweise frauenzentriert. Auch Legenden und bestimmte Heiligenfiguren wie Michael oder St. Margarethe deuten auf eine solche magische Frauenvergangenheit hin.

Nun ist der heilige Franz, der mit bürgerlichem Namen Giovanni di Pietro Bernardoni hieß, ganz gewiss keine mythische Gestalt, sondern, ganz im Gegenteil, eine reale historische Persönlichkeit. Es gab jedoch immer wieder Menschen, die im Rückgriff auf frühere spirituelle Lebenshaltungen, heidnische Feste und Riten oder Vereinfachungen des Christentums versuchten, dieses zu erneuern, möglicherweise auf seine magischen Wurzeln zurückzuführen, die auch die weibliche Tradition ehrten. Einer von ihnen war der heilige Franziskus. Ähnliche historische Gestalten waren zum Beispiel Jeanne d'Arc, der Schweizer Heilige Niklaus von der Flüe oder die iro-schottischen Mönche. Die Legendenmotive um Franz von Assisi, die ich erwähnen werde, die zu ihm gehörende Ikonografie und nicht zuletzt die Tiere und die Landschaftsformen selbst zeigen deutlich, dass hier – möglicherweise unbewusst – noch einmal die alte Menschlichkeit und Naturnähe, wie sie wohl bis zu den Zeiten des Christentums bestanden hatte, erneuert werden sollten.

Die Stadt Assisi ist in ihrem Grundriss ähnlich strukturiert, wie die großen heidnischen Städte es früher schon waren: Im Westen findet sich die Basilika di San Francesco – der Ort, an dem in den frühgeschichtlichen Städten des Fünfstromlandes beispielsweise der Tempel der männlichen Gottheit lag. Genau gegenüber auf der Achse, am östlichen Ende der Stadt, liegt die Basilika der Santa Chiara – ebenso wie in vor- und frühgeschichtlichen Zeiten der Tempel der weiblichen Gottheit im Osten der Stadt stand. Man weiß heute nicht mehr, der Tempel welcher Gottheit vor der Basilika di San Francesco im Westen lag. Aber den Vorgängerbau der Basilika der Santa Chiara kennt man noch: Es war ein Tempel der römischen Göttin Minerva, ungefähr an der Stelle gelegen, wo heute der Rathausplatz ist. Der ehemalige Minervatempel ist heute eine Marienkirche.

Man nimmt an, dass die Geschichte Assisis bis in die Zeiten der vorrömischen Etrusker reicht, denen viele Autoren und Autorinnen frauenzentrierte Gesellschaftsstrukturen zuschreiben. Überall in Assisi findet man die biografischen Spuren der beiden Ordensgründer Klara und Franz von Assisi. Interessant ist, wie Klara sich ihren Weg in die Gemeinschaft um Franziskus erkämpfte. Eine junge Frau konnte damals nicht so einfach – oder so dramatisch – wie ihr Freund Franz von zu Hause fortlaufen. Nun haben die Häuser in Assisi, nach alter heidnischer Sitte, an ihren Rückseiten kleine vermauerte, verbarrikadierte Türen, die nur geöffnet werden, wenn ein Toter aus dem Haus zu tragen ist. Genau durch diese Pforte kletterte Klara im Jahr 1212, um sich ihren Freunden anzuschließen, die sie weiter unten auf der Straße in Empfang nahmen und mit einem Fackelzug zur Portiuncula-Kapelle begleiteten.

Le Carceri bei Assisi

Die Grotte oder Einsiedelei Le Carceri liegt wenige Kilometer oberhalb von Assisi. Hier lässt sich ein weiteres Prinzip der franziskanischen Lebensweise erkennen: Franz von Assisi wählte für seine Orte stets wasserreiche einsame Felstäler aus, die von Grotten durchzogen waren. In diese Grotten zog er sich zum Gebet zurück. Geht man vom Eingangsgebäude des Konvents weiter in das Tal, kommt man bald an die Stelle, da sich ihm das erste Mal Vögel auf Arme und Schultern gesetzt haben sollen. Das ist das Bild einer alten, keltischen Göttin: der Rhiannon, die ebenfalls Vögel bei sich trug.

Wasser und Höhlen waren ihm aber weit mehr als nur

praktische Aufenthaltsorte. So wird von vielen Quellen in der Gegend behauptet, Franziskus habe sie aus dem Felsen gerufen. Die Legende verleiht ihm, obwohl christlicher Asket, durchaus den Nimbus eines alten Fruchtbarkeits- oder Regengottes. Und wer auch nur einmal im Hochsommer durch Mittelitalien reiste, weiß, wie wichtig, ja wie heilig den Menschen in solch trockenen Gegenden das Wasser sein kann.

Le Celle bei Cortona

Der franziskanische Konvent Le Celle bei Cortona wird heute von Mönchen des Kapuzinertums geführt, einer etwas strengeren Variante der ursprünglichen franziskanischen Lebensweise.

Wie fast alle Franziskusklöster ist auch er nach einem bestimmten Prinzip errichtet: Am Ende eines Tals, dort, wo sich ursprünglich die Höhlen der ersten Einsiedelei öffneten, hat man nun die Zellen der Mönche aus Steinen vorgebaut. Kleine Brücken überqueren die herabstürzenden Wasser.

Montecasale bei Sansepolcro

Sansepolcro, das 50 Kilometer nördlich von Perugia liegt, wurde von Pilgern gegründet, die einen Stein vom Grab Christi mit sich trugen. Die ehemalige Burg oberhalb des Ortes verfiel und Mönche errichteten auf der isolierten Höhe im 12. Jahrhundert eine Station für Leprakranke. 1212 wurde Franziskus von Assisi diese Einsiedelei angeboten und er nahm das Angebot an. Sein Einfluss auf die Menschen soll so groß gewesen sein, dass er selbst drei wilde Räuber von ihren Untaten abbrachte und sie zum beschaulichen Leben friedlicher Mönche bekehrte.

Man findet heute das Oratorio di San Francesco in Montecasale – damals noch unter freiem Himmel, denn Franziskus schlief und betete mit den Sternen, Sonne und Mond über seinem Haupt. Unterhalb des Klosters entspringt eine jener Quellen, die Franziskus zum Fließen gebracht haben soll. Interessanterweise hat sie den schönen mythischen Namen: Grappa d'Orso, was so viel wie »Bärenquelle« bedeutet.

Die Begegnung mit dem Wolf: La Verna

Das bekannteste Franziskuskloster ist zweifellos La Verna, rund 30 Kilometer nördlich von Sansepolcro. Man darf sich durch die mehr oder weniger frommen Touristenströme dort nicht stören lassen, sondern sollte sich sogleich vom Hof, in dem sich der Bogengang mit den Fresken zu den wichtigsten Stationen aus Franziskus' Leben befindet, seitwärts, hinunter in das Tal des gespaltenen Felsens, begeben. Nicht nur die Kompassausrichtung, auch bestimmte Eigenheiten dieses Felsspaltes zeigen deutlich, dass es sich hier um eine viel ältere Kulturstätte handelt. Franziskus muss eine ausgezeichnete »Nase« für solche Plätze gehabt haben. Er hatte also entweder Zugang zu älteren, möglicherweise mündlich tradierten Sagen und Überlieferungen aus vorchristlicher Zeit oder er war tatsächlich ein so sensibler Mensch, dass er ein besonderes Gespür für die Ausstrahlung oder Energie eines Platzes hatte. Rationale Menschen wie ich neigen eher zur ersten Ansicht und machen sich auf, diese möglichen alten Sagenquellen noch aufzufinden oder als prähistorische Tempel oder Kultplätze auszugraben. Vielleicht verband dieser Mann aber auch beides in seiner Person: Gespür und Wissen – und schaffte es außerdem, dies alles mit seiner christlichen Religion in Einklang zu bringen.

Der gespaltene Felsen ist mit Teufelssagen besetzt. Es gibt einige Legenden um Franziskus, die jenen um das Leben Christi sehr ähneln. So auch in diesem Fall: Der Teufel versuchte, Franziskus zu überreden, in den Abgrund zu springen. Was der natürlich, standhaft wie er war, nicht tat.

Etwas weiter hinten in der kleinen Schlucht findet sich das steinerne Bett des Heiligen in einer Grotte. Im Jahr 1224 ereilte den Franziskus an diesem Ort seine große Vision, gewissermaßen der Gipfel seiner christlich-mystischen Karriere: Ein Engel mit sechs flammenden Flügeln erschien ihm, und als Franziskus wieder zu sich kam, trug er an seiner Seite, an Händen und Füßen die gleichen Wundmale wie Jesus.

Direkt hinter dem Kloster erheben sich verschiedene Felsformationen des Valle Santa, des Heiligen Tals. Da gibt es die

Felsplatte des »Lupo«, des Wolfs, der in zwei Legenden um Franz von Assisi auftaucht: einmal als bekehrter Räuber und das andere Mal als echter, wilder Wolf, der sich dem Heiligen zutraulich nähert. Der Wolf – besser die Wölfin – ist *das* heilige Tier Italiens und eng mit dem Gründungsmythos der Stadt Rom verbunden. Wenn man aufmerksam sucht, finden sich kleine Näpfe und Ritzungen sowohl auf den Felsplatten als auch noch weiter oben auf dem Berg La Penna. Auch bei der Hin- und Rückfahrt sollte man aufmerksam die Landschaft mustern. Es ist eine alte Kulturlandschaft mit vielen Überresten aus jenen Zeiten, als die Menschen noch die Natur, die Göttinnen und Götter, die guten Geister und Wasserkräfte, die Tiere und Zwerge heiligten und die von jenem jungen asketischen Mann aus Assisi sowie seinen Freundinnen und Freunden wieder belebt wurde – wenn auch in ihrer Weise und nicht so, wie es einige neuere, eher rechtslastige Mystikbewegungen gern hätten.

Die Geschichte des Franz von Assisi

Franz von Assisi wird als Giovanni di Pietro Bernardoni im Jahr 1182 in Assisi als Sohn reicher Bürger geboren. Nach Teilnahme an Kriegszügen und Krankheit verzichtet er 1206 während einer spektakulären Gerichtsverhandlung öffentlich auf sein Erbe, zieht alle seine Kleider im Angesicht des bischöflichen Gerichts aus, sagt sich von seinem Vater los, dessen Geld er an eine kleine Kirche zu deren Wiederaufbau verschenkt hatte, und begründete gemeinsam mit einigen Freunden seine erste Ordensgemeinschaft vor den Toren Assisis in der Kapelle Portiuncula.

1209 billigt Papst Innozenz III. die Regel des neu gegründeten Ordens, was in diesen Zeiten nicht selbstverständlich ist. Franziskus verkündet nämlich Ideen, die ihn, wie einige andere Reformer, auf den Scheiterhaufen bringen könnten. Es ist die Gunst der politischen Stunde, die dem Papst einen Traum eingibt, nach dem nicht die großen Kreuzzüge das wankende Gebäude der Kirche stützen könnten, sondern dieser arme, kleine, sicher ein wenig mickerige und verrückte Bruder aus

Umbrien. 1212 schließt sich seine Jugendfreundin Klara der Gruppe an und sie begründen den zweiten Orden, einen für die Frauen. Liest man die Erzählungen um Klara und Franziskus, so kann man sich des Eindrucks einer frühen »Jugendbewegung« nicht erwehren. Nicht ein Gott, so meint man, ruft diese jungen Leute, sondern die Natur selbst, das einfache Leben im Gegensatz zur Fülle und Völlerei der Erwachsenen und ihrer Kirche. Franziskus und Klara finden viele Anhänger und Anhängerinnen. Bis zu 5000 Pilger aus ganz Europa sollen sich 1221 an der Portiuncula zur Pfingstfeier getroffen haben.

Franz von Assisi und seine Ordensschwestern und -brüder reisen missionierend durch das Land. Franziskus kommt bis Spanien und Marokko. In den Jahren 1220 bis 1223 arbeitet er seine Ordensregel aus. Am 17. September 1224 erlebt er die so genannte »Stigmatisation«: Er steigert sich so in seinen Glauben und in die Identifikation mit dem christlichen Religionsgründer Jesus, der von den Römern am Kreuz hingerichtet wurde, dass an seinen Füßen und Händen Wunden aufbrechen. 1225 dichtet Franziskus den »Sonnengesang«, eine Hymne an die Sonne und die Schönheit der Natur, die in ihrem Inhalt weit über das hinausgeht, was bis dahin im Christentum an Naturverehrung möglich war. Am 3. Oktober 1226 stirbt Franz von Assisi in der Portiuncula im Alter von 44 Jahren. Sein Leben fiel in eine Zeit härtester Auseinandersetzungen zwischen dem Kaiser und dem Papst, es war eine der dunkelsten und grausamsten Phasen des Christentums: der Überfälle auf Konstantinopel und Jerusalem, beschönigend »Kreuzzüge« genannt, die gleichzeitig in Europa schlimmste Juden- und Ketzerverfolgungen hervorriefen.

Von der Liebe zur Natur und einem neuen Mannsein

Was sich die Göttin – was immer wir darunter verstehen – wohl dabei dachte, als sie hier und da auch christliche Orte in das Band ihrer Erinnerung mit einbezog? Die feministische Philosophin Mary Daly sagte einmal in einem Interview zu mir: Religionsgeschichte ist ein Fernrohr in die Vergangenheit. So sehe ich, spüre ich auch an diesen Plätzen des Franziskus die alte Idee einer bedingungslosen Liebe zur Erde, zur Natur, zu allem, was lebt und auf der Erde herumspaziert. Eine Haltung, nach der Sonne, Mond und Sterne Geschwister sind, der Wind ein Bruder, das Wasser eine Schwester. Eine Haltung, die auch Krankheit und Tod nicht wegsperrt und verdrängt, sondern als »Schwester und Bruder« annimmt und ins Leben integriert.

Für viele Frauen gehören auch andere Vorstellungen vom Mannsein zu den feministischen Geschichts- und Utopieentwürfen. Frauen haben sich in den letzten Jahren aufgemacht, weibliche Vorbilder zu finden und die verborgene Geschichte der Künstlerinnen, Politikerinnen und großen Frauen in den patriarchalen Jahrhunderten aufzuschreiben. »Neue Männer braucht das Land«, sang vor vielen Jahren eine feministische Liedermacherin. Die Gestalt des Franziskus könnte als Vorbild für ein solcherart gewandeltes Verständnis vom Mannsein in unserer Gesellschaft dienen. Wer weiß, wo wir heute ohne solche Plätze und Menschen wären, die wie Brücken in die früheren Vergangenheiten sind, wie Boote über das Meer der Zeit zur Utopie? Und wer weiß, ob wir jemals die Träume und Wünsche hätten benennen können, die Sehnsucht nach frauengetragenen Vergangenheiten und friedlichen, egalitären Gesellschaften ohne Menschen wie Franz von Assisi oder Jeanne d'Arc, die ihre Art der Sehnsucht und ihre Art der Träume lebten?

In den Gassen von Assisi kam mir in den Sinn, dass Toleranz der sichtbare politische Ausdruck jener Liebe sein könnte, die dieser Franziskus damals gemeint hat – Toleranz all jenen gegenüber, die auf dieser wunderbaren Erde und unter den Flügeln der Gottheit wandeln: Frauen, Männer, Kinder, Bären, Wölfe, Vögel und andere Sünder.

Literatur

Gobry, I.: *Franz von Assisi in Selbstzeugnissen und Bilddokumenten*, Hamburg 1989

Ginzburg, C.: *Hexensabbat*, Berlin 1989

Johnson, B.: *Die Große Mutter in ihren Tieren*, Olten 1990

Malta und Gozo

Überblick

Die beste Reisezeit für Malta sind die Frühlings- und Herbstmonate. Dann zeigt die Insel ein grünes Gesicht, während sie in den Sommermonaten sehr austrocknet. Malta ist eine eigenständige, unabhängige Republik mit drei Amtssprachen: dem arabischen Malti, Englisch aus der Zeit der Kolonialherrschaft sowie Italienisch, das ebenfalls von vielen Maltesern gesprochen wird. Da Malta nicht sehr groß ist, lohnt es sich nicht, mit dem Auto anzureisen. Die meisten Touristen fliegen nach Valetta, man kann aber auch per Bahn und Fähren via Italien dorthin gelangen. Am ruhigsten wird der Aufenthalt jedoch, wenn man sich auf Gozo einquartiert und mit einem der vielen zwischen Malta und Gozo verkehrenden öffentlichen Schiffe zu Besichtigungstouren auf die Hauptinsel fährt.

Göttliche Villen am Meer: Malta

Die gebauten Riesengöttinnen: Hal Tarxien und das Hypogäum in Tarxien bei Valetta

Die Tempelanlagen befinden sich in der Ortschaft Tarxien, etwa vier Kilometer vom Ortskern Valettas entfernt. Mit dem Auto verlässt man die Stadt Valetta Richtung Paola, hält sich im ersten Kreisel vor Paola links und folgt dann im nächsten Kreisverkehr der Beschilderung nach Tarxien. Von dort aus sind die Tempel beschildert. Auf den ersten Blick erscheinen die Anlagen unübersichtlich, außerdem sind sie an vielen Stellen durch Beton verstärkt oder abgesichert worden. Es gibt feste Einlasszeiten. Die Ausgänge der Tempelanlage sind nach Südwesten und Süden orientiert. Es handelt sich um die jüngsten neolithischen Bauten auf Malta. Die Highlights sind

Der Tempel von Hal Tarxien

Die Große Göttin von Hal Tarxien

Die Fassade des Tempels von Hagar Qim

Der Tempel von Mnajdra

die Repliken der aus einem Stein gehauenen Schale sowie der großen Frauenstatue.

Die Funde aus den vier Tempeln befinden sich im Museum von Valetta. Der Besuch von Hal Tarxien und des Museums bietet einen guten Einstieg in die Geschichte des prähistorischen Maltas und ist deshalb sehr zu empfehlen. Auch das unterirdische Hypogäum ist einen Besuch wert.

Mit Blick aufs Meer: Hagar Qim und Mnajdra an der Südküste

Die einsamer gelegenen Tempelanlagen von Hagar Qim und Mnajdra an der Südküste Maltas sind mit öffentlichen Verkehrsmitteln gut zu erreichen. Hagar Qim liegt hoch über der Steilküste, mit Blick auf die vorgelagerte kleine Insel Fifla. Die Ausgänge des zentralen Tempelbaus im Süden der Anlage sind nach Nordwesten und Südosten orientiert. Ersteres ist eher selten bei Megalithanlagen.

Die Tempelanlage von Mnajdra ist von einem Zaun umgeben und war zeitweilig, aufgrund von Einsturzgefahr, für die Öffentlichkeit geschlossen. Man sollte sich also auf jeden Fall vor einem Besuch näher über den aktuellen Stand der Dinge erkundigen. Der Grundriss von Mnajdra umfasst drei verschieden große, mehrkammerige Megalithanlagen, die in einem Halbkreis nach Osten, Südosten und gegen Westen ihre Eingänge haben. Studien zu den astronomischen Ausrichtungen der Megalithanlagen von Malta und Gozo deuten besonders die imposante Anlage von Mnajdra unter diesem Aspekt.

Dem Wind geweiht: Gozo

Die Gigantija auf Gozo

Am Rande des Örtchens Xaghra liegen die Tempelanlagen der Gigantija, die gut zu Fuß zu erreichen sind. Es gibt geregelte Öffnungszeiten, die man vor Ort erkunden sollte. Die Tempelanlagen sind durch eine gemeinsame Mauer umgeben, entstanden aber zu verschiedenen Zeiten zwischen 3200 und 3600 v. u. Z. Der nach Süden hin gelegene, größere Tempel ist das ältere Gebäude. Die Ausgänge liegen in südöstlicher Richtung, beide Tempel sind mehrkammerig. Ursprünglich waren die Tempelgebäude wohl etwa 16 Meter hoch.

Nicht von ungefähr liegt ein interessanter Platz in der Nähe von Xaghra: die Kalypsohöhle, ungefähr 15 Fußminuten nördlich des Ortes. Auch dorthin ist der Weg ausgeschildert. Der Sage nach soll sich Odysseus sieben Jahre lang bei der schönen Nymphe auf Gozo aufgehalten haben. Diese Geschichte könnte auf eine frauenzentrierte Vorgeschichte Gozos hindeuten. 300 Meter südwestlich der Tempelanlagen der Gigantija liegt ein Steinkreis, der von besonderem forschungsgeschichtlichem Interesse ist. Wer einen weniger überlaufenen Kulturplatz auf Gozo sucht, sollte etwa anderthalb Kilometer in den Südosten nach Santa Verna gehen. Die Ruinen der Anlage liegen einsam auf einem Feld, südwestlich der Gigantija, 300 Meter westlich der Kirche von St. Antnin, und man hat einen wunderbaren Rundblick über die Insel und hinüber zur Nordküste Maltas.

Archäologie und Geologie Maltas und Gozos

Bisher hat man auf Malta keine Funde aus der Altsteinzeit machen können. Erst mit der Jungsteinzeit, so glaubt man, setzte die Besiedelung der maltesischen Inseln ein. Als Malta und Gozo gegen 6000 v. u. Z. von Boot fahrenden Menschen aus Sizilien wohl zum ersten Mal besiedelt wurde, lag der Meeresrand etwa 200 bis 300 Meter weiter vom Land entfernt als heute, sodass nur ein schmaler Küstenstreifen zur Verfügung stand. Seitdem ist das Meer kontinuierlich angestiegen und nagt an den steilen Küsten und Meeresrändern, sodass viele Tempelruinen und andere archäologisch wertvolle Funde im Laufe der Zeit ins Meer gestürzt sind. Möglicherweise begann dieser Prozess bereits während der Zeit der großen Tempelkultur.

Die Inseln Malta und Gozo sind zum größten Teil aus Korallenkalkgestein aufgebaut, über dem eine Humusschicht, die Terra rossa, liegt beziehungsweise an vielen Stellen auch unfruchtbarere Böden, die heute für den Weinanbau genutzt werden. Die meisten prähistorischen Siedlungen lagen im Bereich der fruchtbaren Humusböden, die von den Kalkhängen her gut bewässert waren, während die anderen Gegenden weniger oder gar nicht besiedelt wurden. Man kann sich Klima, Vegetation und Tierwelt jener Zeit der Erstbesiedelung als geradezu »paradiesisch« vorstellen. Ein reges Leben mit Handwerkstätigkeiten, Häuserbau und Viehwirtschaft blühte in den ersten zwei Jahrtausenden hier auf. Die Bevölkerung nahm stetig zu. Allerdings nahm die Waldfläche und damit auch der Bestand an wilden Jagdtieren im Laufe der intensiven Ackerbaunutzung mehr und mehr ab. Die Ackerbauern, Jäger und Fischer folgten mit ihren Siedlungen den immer wieder neu anzulegenden Feldern, da der Boden relativ rasch ausgelaugt war. So finden sich bisher nur wenige Siedlungsreste. Es scheint mir an dieser Stelle wichtig, darauf hinzuweisen, dass die ideologisch gefärbte Annahme, matriarchale oder frauenzentrierte Kulturen hätten im Einklang mit der Natur gelebt und diese nicht ausgebeutet, schlichtweg falsch ist. Gerade an den für dieses Thema so beliebten Fundplätzen Maltas oder auch Anatoliens in der Türkei lässt sich gut nachweisen, dass *jegliche* Ackerbaukultur mit der Ausbeutung der Bodenressourcen einherging. Dies ist gar nicht anders möglich.

Im 4. Jahrtausend, Chalkolithikum oder auch Kupfersteinzeit genannt, entwickelte sich allmählich die Kultur der megalithischen Großbauten. Die Bestattungssitten änderten sich und die Menschen begannen ihre Toten kollektiv in unterirdischen Felskammern zu bestatten. Die meisten Rohstoffe zur Geräteherstellung kamen von anderen Inseln, so der schwarz glänzende Obsidian von den Liparischen Inseln oder der Flint aus Sizilien. Möglicherweise führte die Überbevölkerung im Zusammenhang mit dem intensiven Ackerbau allmählich zu einer Veränderung der Kultur. Zu Beginn der Bronzezeit wurde der Bau großer Tempelanlagen aufgegeben, neue Menschen besiedelten die Insel, die eine andere Bestattungsform, Brandgräber, und andere künstlerische Ausdrucksformen mitbrachten.

Freeden, dessen Arbeit ich in der Literatur angegeben habe, greift die alte Diskussion darüber auf, ob es sich bei den maltesischen großen Statuetten um Frauen oder Männer gehandelt habe. Seiner Meinung nach handelte es sich um Männer, deren Fettleibigkeit Fülle und Potenz signalisierte. Möglicherweise ist männliche Fettleibigkeit die Folge eines ähnlichen Adaptationsprozesses, wie man ihn von Priesterkleidungen oder Kastrationen in der Religionsgeschichte kennt: Männer imitieren weibliches Sein, da sie nur so in die gesellschaftlich anerkannten priesterlichen oder machtvollen Positionen gelangen konnten. In meinen Augen sind hier noch zu viele Fragen offen. Nach meiner Kenntnis der Megalithkulturen am Mittelmeer sowie anderer Frauendarstellungen aus der Jungsteinzeit kann man auf keinen Fall so apodiktisch die Frauenzentriertheit der maltesischen Kultur verneinen, wie dies Freesen tut. Allerdings kann man sie nicht so sicher bestätigen, wie es manche Matriarchatsforscherinnen gern hätten. Die Diskussion krankt daran, dass bisher keine archäologisch nachweisbaren Kriterien für solche Gesellschaftsstrukturen entwickelt wurden.

Was heißt hier Matriarchat?

Als ich die Kulturanlagen des Mittelmeerraums und Anatoliens, die Ausgrabungsplätze und Museen kennen lernte, fragte ich mich verwundert, wie die Idee entstehen konnte, Matriarchate seien – wenn es sie denn gegeben hat – egalitär gewesen und hätten die Natur geschützt. Unterstellt man den Siedlungen in Malta, Anatolien usw. eine matriarchale Struktur, zeigt schon ein kurzer Blick auf die Grabungsdokumentationen, die Landschaften sowie ihre geologische und bodenkundliche Entwicklung, dass sie weder egalitär noch der Natur schützend verbunden waren. Entweder waren die Matriarchate also nicht in die Natur eingebettet oder es gab keine, zumindest wenn man die von vielen Autorinnen gern herangezogenen Kriterien der Egalität und des Naturschutzes als bestimmend für so genannte matriarchale Kulturen voraussetzt. Das ist nichts anderes als Ideologie, die suggerieren soll, wir Frauen seien nun mal die besseren, da naturverbundeneren Menschen. Da die Kulturhinterlassenschaften der Gesellschaftsgruppen mit megalithischer Bauweise aber durchaus für frauenzentrierte Strukturen sprechen können, zählt der pflegliche Umgang mit den Naturressourcen sicher nicht zu den hervorstechenden Eigenarten matriarchaler, frauenzentrierter Gruppen. Ein solches Verhalten ist wahrscheinlich nur in Wildbeutergruppen möglich und auch bei ihnen nicht sehr wahrscheinlich. Kulthandlungen der Versöhnung, der symbolischen Rückgabe an »die Naturkräfte« usw. zeigen nur, dass den Menschen eine solche Problematik bewusst zu werden begann, dass sie feststellten, dass man von der Natur nicht nehmen kann, ohne ihr zurückzugeben. Aber all das ist meilenweit von Umweltschutz, Ökologie, Düngungsmethoden, Fruchtwechsel usw. im heutigen Sinn entfernt. Die archäologischen Befunde scheinen eher darauf hinzudeuten, dass man im Neolithikum noch nicht um solche Naturvorgänge wusste. Auch hier projizieren wir unser Wissen in ferne Vergangenheiten hinein. Platt gesagt: Ein Matriarchat kann durchaus die Umwelt ausgebeutet haben.

Ich habe diese Ausführungen aus folgenden Gründen nicht unter das Kapitel »Archäologie und Geologie Maltas und Gozos« gesetzt. Ideologien, Klischees und rückwärts gewandte Projektionen sind die Schattenseite nicht nur der Wissenschaft, die sich um Ehrlichkeit und Allgemeingültigkeit bemüht. Ideologien und Klischees sind auch das Gegenteil von Poesie, deren Schönheit eine bestimmte Art der Suche nach Wahrhaftigkeit zugrunde liegt. Spiritualität aber ist mehr als schlechte Poesie oder faule Wissenschaft, wenn sie mit unhinterfragbaren Klischees oder Ideologien einhergeht, die eine Menschengruppe als von Natur aus »besser« als die andere betrachtet. Zu solch rassistischem Denken gehört auch, Frauen als »edler« als Männer zu definieren. In diesem Fall kann Spiritualität zum Machtinstrument werden, zur Sektiererei.

Wie auch immer Frauen im Laufe der Geschichte zu Macht und Einfluss kamen und diese steigerten – dies sagt nichts über ihr Verhältnis zur Natur. Königinnen, Priesterinnen und Ministerpräsidentinnen können genauso kriegslüstern und umweltschädigend sein wie ihre männlichen Kollegen. Die soziale Binnengliederung einer Gruppe oder Gesellschaft, ihr mehr oder weniger hierarchisches Gefüge, ist kein Abbild ihres Verhältnisses zu den sie umgebenden natürlichen Ressourcen oder umgekehrt. Genaue Untersuchungen zum Wechselspiel zwischen sozialen Strukturen und ökonomischen Formen in den Ackerbau betreibenden Kulturen der Jungsteinzeit sind jedoch, wie so vieles in der Ur- und Frühgeschichte, erst in den Anfängen.

Literatur

Bussmann, M.: *Malta, Gozo und Comino,* Erlangen 1998
Freeden, J. v.: *Malta und die Baukunst seiner Megalith-Tempel,* Darmstadt 1993
Micallef, P. I.: *Mnajdra Prehistoric Temple,* Malta 1989
Veen, V.: *The Goddess of Malta,* Haarlem 1992

Spanien

Überblick

Spanien und auch Portugal weisen die gleiche Vielfalt an frauenzentrierten Kulturplätzen auf wie die anderen Länder Europas. Wer sich für die rauen und kargen Höhen des zentralen Hochlandes interessiert, dem oder der sei das Franziskanerkloster auf dem Pena de Francia empfohlen, ungefähr 60 Kilometer südlich von Salamanca, nördlich des Flusses Alagon. Von diesem Kloster gibt es einen wunderschönen Rundblick auf das Gebirge der Sierra de Francia. Zum Kloster führt ein Pilgerweg hinauf. Unterhalb des Klosters befindet sich eine altsteinzeitliche Höhle, die auch für die Öffentlichkeit zugänglich ist. Selbstverständlich empfiehlt sich allen Interessierten der lange Pilgerweg nach Santiago de Compostela, der berühmte Spanische Jakobsweg, den man sogar schon vom Bodensee aus antreten kann. Dieser Pilgerweg quer durch Europa ist eine einzige Aufreihung von Kulturplätzen sowohl aus der prähistorischen Zeit als auch aus den historischen Epochen.

Zwischen Höhlen und Megalithen: Die Bergbaunekropole Los Millares bei Almería

Los Millares liegt etwa 15 Kilometer nördlich von Almería, einer Hafenstadt an der Südküste Spaniens etwa 100 Kilometer südöstlich von Granada. Neben den wenigen Siedlungsresten gehört der Geländesporn mit den drei großen Befestigungen und das Gräberfeld mit über 60 Kuppelgräbern zu diesem wichtigen prähistorischen Fundort. Der Geländesporn überragt das Tal des Flusses Andarax, dessen System in der frühen Kupferzeit eine günstige Hafenzufahrt bildete. Die Kuppelgräber erinnern an jene in der Bretagne oder auch, obwohl kleiner, im Grundriss an die Tempel von Malta. Teilweise waren ihre Innenwände bemalt oder mit Kalk verstrichen, die Böden gepflastert, die Eingänge durch so genannte Seelenschlupflöcher verkleinert.

Archäologie und Geologie um Los Millares

Die Gründung, besser gesagt die Neugründung von Los Millares durch die Kupfer abbauenden Zuwanderer ist etwa in der ersten Hälfte des 3. Jahrtausends anzusiedeln. Man weiß jedoch nicht genau, ob der Ort von Prospektoren aus dem östlichen Mittelmeer gegründet wurde oder von den dort bereits ansässigen, einheimischen jungsteinzeitlichen Menschen. Waren es fremde Prospektoren, die hier eine Handelsniederlassung installierten, so errichteten sie die Befestigungen wohl in Abgrenzung zur einheimischen Bevölkerung und zum Schutz ihrer Kupfervorräte. Wenn der Abbau durch die ansässige Bevölkerung vor sich ging, waren die Befesti-

Schieferplattenidole in Los Millares (Zeichnung nach Reden)

gungswälle notwendige Einrichtungen gegen Piraten, die sicher begehrlich auf die reichen Erzfunde schielten. In den Kuppelgräbern, deren einfachere Vorläufer aus dem Neolithikum ebenfalls dort zu finden sind, was für eine kontinuierliche Tradition der Besiedelung spricht, fand man bis zu 100 Bestattungen.

Es sind jedoch die Funde der unzähligen Idole in stilisierter Frauengestalt, die frauenzentrierte, spirituelle Traditionen nahe legen. Die Schieferplattenidole schauen die Besucherin mit großen, geheimnisvoll starrenden Augen an, ihre neolithischen Vorgängerinnen scheinen Augen wie Brüste oder Brüste wie Augen gehabt zu haben. Man scheint in Los Millares eine neugierige, aber möglicherweise auch strenge, ein wenig gouvernantenhafte Göttin verehrt zu haben. Manche der sehr abstrakten Idole wurden auf die Mittelfußknochen von Rindern und Pferden geritzt. Ihr Stil weist sowohl in den östlichen Mittelmeerraum als auch nach Zypern und in die Bretagne. Die triangulären Dolche, wie sie ebenfalls in den Grabbeigaben zu finden sind, schließen Los Millares an die Traditionen der bretonischen und englischen frühesten Bronzezeit, der Wessexkultur, an. Dies waren die Menschen, die sich die Mühe machten, den großen »Baukasten« Stonehenge zu errichten.

Religion ist Geschichtsschreibung

Fundgut und Kunstwerke, die im Rahmen von Bestattungen oder Kultplätzen zutage kamen, *müssen* nicht unbedingt die Sozialstruktur einer Gesellschaft widerspiegeln. Religion ist eine Art der Geschichtsschreibung, wie der Mythos. Von daher hat sie ein utopisches und ein rückwärts gewandtes, sagenhaftes Element. Frauenidole in Gräbern könnten dementsprechend allenfalls darauf hinweisen, dass sich die frühere spirituelle, frauenzentrierte Tradition auch unter dem Vorzeichen einer neuen Technologie und Gesellschaftsform erhalten hat. Dies ist die eine Interpretation des megalithischen Platzes von Los Millares.

Aber es gibt noch eine andere Sichtweise, die nicht unbedingt richtiger ist, mir aber ungeheuer gut gefällt: Es waren die frauenzentrierten Gruppen selbst, die sich eines Tages die Fertigkeiten der Kupferverarbeitung aneigneten. Sie kletterten in ihre Kupferminen, hackten das grünliche Gestein heraus, schleppten es in Körben und Kippen herab und trieben einen fröhlichen, flott florierenden Handel mit Übersee.

Warum mir dieses Bild besser gefällt? Weil es uns einmal fortlockt von den ewig beschworenen Priesterinnen und Urmüttern, von der langweiligen Utopie der quasimatriarchalen Theokratien, der trommelnden, heilenden, meditierenden, im Ackerbau aufgehenden Matriarchinnen. Möglicherweise sprachen die Händlerinnen von Los Millares drei Sprachen und kannten sich in den Gassen Zyperns ebenso gut aus wie in jenen von Zambujal in Portugal oder Barnenez in der Bretagne. Möglicherweise war das Berufsspektrum der Frauen damals viel weiter gefasst, als wir dies heute annehmen: Geologinnen prüften die Erde auf passende Mineralvorkommen. Bergbauingeneurinnen planten und sicherten die Kupferminen. Personalfachfrauen organisierten die Einsätze der Bergleute. Prähistorische Chemikerinnen untersuchten die mineralischen Beimengungen in den Erzgesteinen auf ihre Tauglichkeit für die Weiterverarbeitung. Großhandelskauffrauen managten die Kontakte mit Übersee. Diplomatinnen sorgten für den reibungslosen, konfliktfreien Ablauf der Geschäfte, starke Frauen schufteten zusammen mit den Männern in den Gruben, pfiffige schlossen sich den Bogenschützen auf der Befestigung an und fernwehkranke Frauen heuerten auf den Handelsschiffen an oder brannten mit der Konkurrenz, den Piraten, durch.

Alles könnte möglich gewesen sein. Und daraus können wir modernen Frauen vielleicht lernen, die beengenden Fesseln patriarchaler Rollenzuschreibungen ebenso abzuwerfen wie jene der matriarchalen Ideologie aus den letzten mehr als zehn Jahren.

Literatur

Mohen, J. P.: *Megalithkultur in Europa,* Frankfurt a. M. 1989
Reden, S. v.: *Die Megalith-Kulturen,* Köln 1989
Wegner, U.: *Der Spanische Jakobsweg,* Köln 1995

Russland

Fast am Ende der Welt: Das Knochendorf Kostenki bei Woronesch am Don

Ungefähr 200 Kilometer südöstlich von Moskau, am westlichen Ufer des Don, 30 Kilometer südlich der Stadt Woronesch, liegt das Dorf Kostenki. Es ist eine Art große Streusiedlung am Oberlauf des Don im Distrikt Woronesch, etwa 15 Kilometer Luftlinie entfernt von der Mündung des Flusses Woronesch in den Don.

Das Flussufer, über dem das Dorf Kostenki angelegt ist, wird von breit gelagerten Sandsteinterrassen umgeben, von denen herab man weit über den Don hinweg nach Osten in die Steppe blicken kann.

An Plätzen wie diesem finden sich meist Reste slawischer Burgen aus dem frühen Mittelalter.

Weiter landeinwärts liegen Kalkschluchten, durch die kleine Seitenflüsse herabfließen. Sie bilden die schroffe und eigenwillige Tektonik des Landes aus. In diesem Territorium gibt es vier größere Täler.

Im Pokrowskital, das sich vom Don in die Berge, zu den Anhöhen mit den slawischen Wallresten, hinaufzieht, liegt der Fundort.

Die paläolithische Station Kostenki I liegt im Zentrum der Streusiedlung Kostenki, ungefähr einen halben Kilometer von der Mündung des Flusses in den Don entfernt. Hier dehnt sich das Pokrowskital nach einer schmalen Biegung etwas aus und wird durch eine Ausbuchtung verbreitert, die den schönen Namen »Schlucht der Verstoßenen« trägt. Diese Lage entspricht vielen anderen Siedlungen jener altsteinzeitlichen Epoche des Gravettien. Auch Dolní Věstonice in Tschechien weist diese Sessellage auf. Man hat von diesen Siedlungsplätzen eine weite Fernsicht auf das davor liegende Hügelland.

Archäologie und Geologie um Kostenki

Der Name Kostenki bedeutet so viel wie »Knochenplatz«, denn bereits im vorigen Jahrhundert wurden dort große Mengen von Mammutknochen zutage gefördert. 1879 wurde in Kostenki erstmals gegraben, von 1931 bis 1936 fand die ausführlichste Grabung statt.

Die letzte Vereisung, deren südlicher Rand etwa 200 Kilometer von Kostenki entfernt lag, brachte ein trockenes kaltes Klima. Die Natur bildete Steppen und Tundren mit ihrer Pflanzen- und Tierwelt aus: Moose, Flechten, Beeren und kleinere Gehölze in feuchten, windgeschützten Senken, die von Mammuts, wollhaarigen Nashörnern und Saigaantilopen abgefressen wurden. Die wichtigste Besiedlungsphase des Platzes Kostenki lag um die Zeit von 26 000 bis 23 000 v. u. Z. Der ausgegrabene Siedlungsplatz ist ein ungefähr 37 Meter langes und 21 Meter breites ovales Areal auf einer Kalkterrasse. Mehrere Hütten von drei auf vier Metern um-

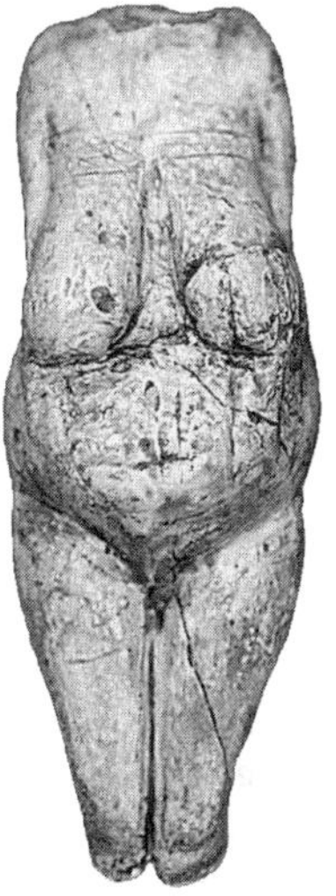

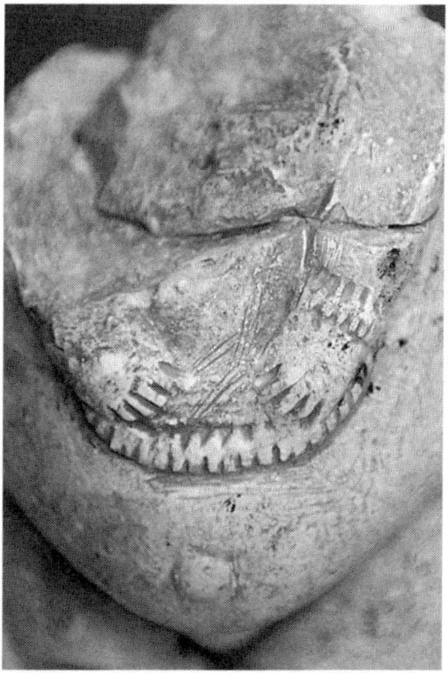

Frauenfiguren von Kostenki, rechts Detail von Händen auf dem Bauch einer Figur

gaben eine Reihe von zehn Feuerstellen, die auf der Mittelachse des Areals angeordnet waren. Gruben jeglicher Größe und Form bestimmten den Platz. Es handelte sich um eine feste Siedlung, die von den Menschen des Jungpaläolithikums wahrscheinlich das ganze Jahr über bewohnt wurde.

Unter dem reichen künstlerischen Fundinventar sind die Frauenstatuetten und die kleineren Frauenfiguren als die wichtigsten zu nennen. Dazu kam Schmuck in Form von vulvenförmigen Anhängern und andere Schmuckstücke aus fossilen Tieren und Kieseln, außerdem Tierköpfe und Dinge des täglichen Gebrauchs, die eventuell auch Kunstgegenstände waren. Das Steingeräteinventar erwies sich ebenfalls als reich und umfasste vor allen Dingen die so genannten Kostenki-Messer, Kerbspitzen, Bohrer, Stichel und Schaber. An Geräten aus Elfenbein und Knochen fanden die Ausgräber verzierte Beile, Dolche, Speere und Lochstäbe als eindeutige Arbeitsgeräte, einen Stab mit Kugel, seltsame kleine »Schaufeln«, die wie Schuhlöffel aussehen, und einige andere Gegenstände, die nicht eindeutig einem Bereich zugeordnet werden konnten.

Baba Jaga und ihr Knochenhaus

Angeregt durch das Studium des reichen künstlerischen Fundmaterials von Kostenki, den Frauenfiguren, und berührt durch die intensive Beschäftigung mit dem russischen Text, fragte ich mich, was für Menschen in diesen festen, geschützten Siedlungen mit wunderbarem Fernblick über die russischen Lösssteppen gelebt haben mögen. Sicher waren es wackere junge Leute, die in den saisonalen Jagdlagern dem Mammut nachstellten und tapfer in den zugigen Zelten auf stürmischen Höhen ausharrten, bis die begehrte Beute geruhte vorüberzuziehen. Aber wer blieb zu Hause, in der warmen Semljanka, der Knochenhütte? Bei den unzähligen Knochenfeuerstellen? Die Bastlerinnen und Tüftler, die Gerätehersteller und handwerklich geschickten, erfahrenen Leute. Vermutlich eher die älteren Menschen, die zwar über viel Sachverstand und weise Geduld verfügten, aber sicher auch über Gliederreißen und rheumatische Eiszeitbeschwerden. Ihre »Feuerwache« gab ihnen Zeit, über das Werden und Vergehen im Allgemeinen, die Geschlechter und die Erde oder woher gar die Kinder kamen nachzudenken. Möglicherweise gaben sie ihre Erkenntnisse den Kleinen selbst mit auf den Lebensweg. So legten die Greisinnen und Greise ihr Weltbild in Frauengestalt nieder und versuchten den Kindern begreiflich zu machen, warum sie keine Männerfiguren herstellen wollten oder konnten.

Weil sie auf diese Weise die Sesshaftigkeit wenn nicht erfunden, so doch um einen entscheidenden Schritt weiterentwickelt hatten, erzählten sie auch die Geschichte um eine wunderbare alte Person, die man bis heute in den russischen Sagen finden kann: Die alte Frau erfreut, bedroht, rettet oder belästigt den Helden, Prinzen und andere Hauptpersonen eines Märchens – auch häufig in dreifacher Ausführung, die von Mal zu Mal älter und wilder wird. Es ist die Baba Jaga und man erzählt, sie lebe in einem Haus aus Knochen. Es steht auf einem Hühnerbein und kann sich deshalb in alle Windrichtungen drehen. Um das Häuschen ist ein Zaun errichtet, der ebenfalls ganz aus Knochen besteht, und von den Zaunpfählen lächeln all jene Schädel herab, die man in Kostenki finden konnte: Mammut, Bär, Wolf, Löwe und – der Mensch.

Literatur

Ehrenberg, M.: *Die Frau in der Vorgeschichte,* München 1992
Fagan, B. M.: *Aufbruch aus dem Paradies,* München 1991
Gimbutas, M.: *Die Sprache der Göttin,* Frankfurt 1995
Haas, G.: *Symbolik und Magie in der Urgeschichte,* Bern/Stuttgart 1982
Herrmann, J./Ulrich, H.: *Menschwerdung,* Berlin 1991
Jefimenko, P. P.: *Kostenki 1.,* Moskau/Leningrad 1958
Soffer, O.: *The Upper Paleolithic of the Central Russian Plain,* Orlando, San Diego 1985

Anhang

Glossar

Abris: Felsdach, Halbhöhle
Alignement: Steinreihe, Menhirreihe
Altpaläolithikum: Erste Zeitstufe, in der Menschen als Wildbeuter lebten, etwa drei Millionen Jahre bis eine Million Jahre v. u. Z.
Anthropogen: Von Menschen hergestellt
Artefakt: Von Menschen hergestellter Gegenstand, zum Beispiel Steinbeile, Töpfe, Schwerter, aber auch Abschläge von Steinkernen
Aunjetitzer Kultur: Frühbronzezeitliche Kultur in Tschechien
Aurignacien: Die erste Phase des Homo sapiens sapiens im Jungpaläolithikum von 45 000 bis 30 000 v. u. Z.
Australopithecus: Erste Menschen vor etwa sechs Millionen Jahren in Afrika
C-14-Methode: Organische Materialien enthalten das radioaktive Isotop C 14. Es zerfällt beim Absterben beziehungsweise Tod der Pflanze oder des Tieres. Anhand des bereits zerfallenen C 14 kann man den Zeitpunkt des Zerfallbeginns bestimmen.
Cairn: Runder Grabhügel des irischen Neolithikums
Cashel: Steinerne Enclosure
Chalkolithikum: Kupfersteinzeit
Chamer Kultur: Spätneolithische Kultur aus dem Bayerischen Wald, bekannt durch ihre verzierten Spinnwirteln
Chronologie: Zeitabfolge
Cortaillodkultur: Endneolithische Kultur in der Schweiz
Crannog: Meist metallzeitliche Seeuferrandsiedlung in Irland, leichter gebaut als die Pfahlbaudörfer im Alpenraum
Cromlech: Bretonisch: Steinkreis
Dendrochronologie: Bäume entwickeln ein bestimmtes Muster von Jahresringen. Je nach Feuchtigkeit und Temperatur nimmt ihr Umfang schnell oder langsam zu. Dies führt zu breiten oder schmalen Jahresringen. Die Abfolgen dieser Jahresringe unterscheiden sich voneinander wie Fingerabdrücke. Zusammen mit der C-14-Methode ist diese die sicherste naturwissenschaftliche Methode, eine Chronologie zu erstellen.
Devon: Erdzeitalter vor 410 bis 360 Millionen Jahren
Dolchzeit: Frühbronzezeitliche Kultur in Nordeuropa
Empirie: Erfahrungswissenschaft, basierend auf standardisierten Beobachtungen und Experimenten
Enclosure: Englischer Ausdruck für Wallanlagen jeglicher Größe und Funktion

Fauna: Tierwelt

Flora: Pflanzenwelt

Geologische Zeitalter: Vom so genannten Urknall bis heute rechnet man in geologischen Zeitaltern, die die Entwicklung der Erde bezeichnen.

Gravettien: Zeitphase im Jungpaläolithikum, etwa von 35 000 bis 18 000 v. u. Z.

Habitat: Die natürliche Umgebung eines Lebewesens inklusive seiner eigenen Art

Hallstattkultur: Die erste Phase der so genannten Keltenzeit von etwa 800 bis 450 v. u. Z.

Holozän: Nacheiszeitliches, geologisches Zeitalter der Gegenwart

Homo erectus: Vor etwa einer Million Jahren erster Mensch, der aus Afrika »auswanderte«

Horgener Kultur: Jungsteinzeitliche Kultur in der Schweiz

Hortfund: In Mooren, Höhlen oder anderen Plätzen deponierter »Schatz« aus Metall oder Steinartefakten

Idol: Figuren aus Stein, Horn und anderem leicht schnitzbarem Material; im Paläolithikum meist weiblich; im Neolithikum meist Tier-Frauen-Figuren aus Ton

Ikonografie: Aus der Kunstgeschichte stammender Begriff. Man studiert weniger die »Geschichte«, sondern setzt die verwendeten Bilder in einen ethnologischen und mythenanalytischen Bezug zueinander und zu anderen Märchen und Sagen. Danach ist es beispielsweise weniger wichtig, was ein schwarzer Hund, ein Drache, ein Schwan, eine goldene Kugel oder Ähnliches in einem untersuchten Märchen tun. Weit wichtiger ist die Tatsache, dass sie erwähnt werden. Bei den magischen Stätten der Frauen ist die jeweilige Ikonografie einer Sage, die an einem bestimmten Ort spielt, mit das wichtigste Kennzeichen. Allerdings ist diese mythische Ebene ahistorisch, sie gibt meist keine deutlichen Hinweise darauf, wann das Geschehen historisch oder prähistorisch anzusiedeln ist.

Interpretation: Die Deutung der Funde und der daraus erschlossenen Daten

Jungpaläolithikum: Jüngere Altsteinzeit, ab etwa 40 000 v. u. Z.

Jura: Mittlere Phase des Mesozoikums, von 200 Millionen Jahren bis 136 Millionen Jahre v. u. Z.

Kopfmythos: Die bekanntesten Kopfmythen sind jene von Salomé, die von ihrem Vater zur Belohnung für einen Schleiertanz den Kopf des eingekerkerten Propheten Johannes forderte, der ihr Liebeswerben verschmäht hatte, und jene um den Helden Bran, dessen Kopf seinen Brüdern und Kampfgenossen noch sieben Jahre in der wilden Einsamkeit weissagte, sang und Nahrung gab. Ihre Ikonografie weist auf Motive des Sommersolstiziums (Johanni) hin. Der Nahrung und Weisheit spendende Kopf wird auch mit dem Gralsmythos in Verbindung gebracht als der ältesten vorchristlichen Stufe. Späte »Ausläufer« davon sind möglicherweise die Sagen um den Piraten Störtebeker.

Kreidezeit: Die letzte Phase des Dinosaurierzeitalters, des Mesozoikums, von 136 Millionen Jahren bis zum Beginn des Tertiärs vor 65 Millionen Jahren

La-Tène-Kultur: Die zweite Phase der so genannten Keltenzeit, von 450 v. u. Z. bis 15 u. Z.

Lietzower Kultur: Mittelsteinzeitliche Kultur von Rügen

Linearbandkeramik: Frühneolithische Kultur von etwa 5500 bis 4500 v. u. Z.

Magdalénien: Letzte Phase des Jungpaläolithikums, etwa 18 000 bis 8000 v. u. Z.

Maglemosestufe: Phase des nordeuropäischen Mesolithikums

Megalith: Großstein

Menhir: Aufgestellter Stein der Megalithkultur

Mesolithikum: Mittelsteinzeit, Zeitphase zwischen 8000 und, je nach Region, 5000 bis 3000 v. u. Z.

Mesozoikum: Das Zeitalter der Dinosaurier, das vor 225 Millionen Jahren begann und bis zum Tertiär, vor 65 Millionen Jahren, dauerte. Trias, Jura und Kreide sind die drei geologischen Zeitalter des Mesozoikums.

Mythos: Geschichtliche Überlieferung in Form eines Märchens oder einer Sage

Neolithikum: Zeit der sesshaften Kulturen der Ackerbäuerinnen. In Mitteleuropa ab etwa 6000 bis 2800 v. u. Z.

Olduwan-Industrie: Früheste Arbeitsgeräte, Faustkeile und Chopper in Afrika, vor etwa zwei Millionen Jahren

Oligozän: Geologisches Zeitalter vor 35 bis 25 Millionen Jahren, erste Stufe im Tertiär

Orthostat: Stehender Trägerstein einer megalithischen Grabkammer

Paläolithikum: Das Paläolithikum gliedert sich in die Stufen des Alt-, Mittel- und Jungpaläolithikums, die jeweils von etwa drei bis eine Million Jahre, eine Million Jahre bis etwa 45 000 Jahre und 45 000 bis 8000 v. u. Z. reichten. Im Altpaläolithikum entwickelte der Mensch den aufrechten Gang und begann Werkzeuge herzustellen. Das mittlere Paläolithikum ist die Zeit der Neandertaler, das Jungpaläolithikum jene des Homo sapiens sapiens.

Pfyner Kultur: Neolithische Kultur an den Seeufern des Alpenraums, etwa 3800 bis 3500 v. u. Z.

Pheromone: Duftstoffe, die Tiere und Menschen absondern

Pictogramm: Gegenständliche Ritzung auf Felsen, Felsplatten, Steingebäuden usw.

Pleistozän: Bedeutet wörtlich »Regenzeit«, umfasst aber die Phasen wechselnder Eis- und Warmzeiten im Quartär zwischen 1,7 Millionen Jahren und 10 000 v. u. Z.

Pongide: Großaffe

Portaldolmen: Schräg aufgerichteter Großdolmen in Tischform

Quartär: Auf das Tertiär folgte vor 1,7 Millionen Jahren das geologische Erdzeitalter des Quartär. Dies ist die Zeit wechselnder Kalt- und Warmzeiten.

Rath: Aus Erde errichtete Enclosure

Rezent: Aus der Gegenwart oder der jüngsten Geschichte stammend, noch lebend

Rössener Kultur: Jungsteinzeitliche Kultur in Mitteleuropa

Schnurkeramik: Endneolithische Kultur von etwa 2500 bis 2800 v. u. Z.

Siedlungsarchäologie: Der Teil der Ur- und Frühgeschichtsforschung, der sich mit Lagern, Dörfern, Siedlungen, Städten und anderen Plätzen menschlichen Wohnens im weitesten Sinn sowie ihren naturräumlichen und ökologischen Gegebenheiten beschäftigt

Solstizium: Die Sonnenwenden am 21. Dezember und 21. Juni. Das Sommersolstizium bezeichnet die kürzeste Nacht und den längsten Tag des Jahres, das Wintersolstizium den kürzesten Tag und die längste Nacht. Wie viele Begriffe aus diesem Zusammenhang sind auch die Worte »Sommer-« und »Wintersonnenwende« durch die Nationalsozialisten missbraucht worden, weshalb viele Menschen die Begriffe »Winter-« und »Sommersolstizium« vorziehen.

Solutréen: Dem Gravettien zeitgleiche Altsteinzeitkultur in Frankreich, um 25 000 v. u. Z.

Spätglazial: Späte Eiszeit

Strukturalismus: Philosophische Richtung, die sich in den 70er-Jahren des 20. Jahrhunderts innerhalb der Soziologie, der Literaturwissenschaften, Geschichtswissenschaften, der Ethnologie und verwandter Wissenschaften ausbreitete. Sie fragt nach gemeinsamen Grundstrukturen scheinbar oft weit auseinander liegender gesellschaftlicher Phänomene.

Substizienz: Ernährung, Landwirtschaft und Viehzucht, insbesondere im Rahmen der Selbstversorgung kleinerer sozialer Einheiten wie Dörfern, Sippen usw.

Tertiär: Das Tertiär begann vor etwa 65 Millionen Jahren. In diese Zeit fällt die Entwicklung der heute vorkommenden Säugetiere.

Trias: Älteste Phase des Mesozoikums, der Dinosaurierzeit, von 225 Millionen Jahren bis 200 Millionen Jahre

Trichterbecherkultur: Jungsteinzeitliche Kultur im nördlichen Europa; Erbauung von Megalithanlagen

Tripoljekultur: Endneolithische Kultur in Weißrussland

Trockenmauer: Mauerwerk, das ohne Mörtel aufeinandergeschichtet wird

Tumulus: Englisch »tomb«, Grabhügel

u. Z.: Abkürzung für »unserer Zeitrechung« (nach Christus)

v. u. Z.: Abkürzung für »vor unserer Zeitrechnung« (vor Christus)

Wessexkultur: Frühbronzezeitliche Kultur in England, deren wichtigste Leitform, die so genannten atlantischen Dolche, in Singen und an anderen Orten Mitteleuropas gefunden wurden

Zeitleiste

Altsteinzeit – Altpaläolithikum

Vor sechs Millionen Jahren: Die ersten Menschen in Afrika: Australopithecus, Homo habilis, Homo erectus. Der Homo habilis benutzt Steinwerkzeuge, einfache Faustkeile, der Homo erectus verlässt vor ungefähr einer Million Jahre Afrika. Der bisher älteste Menschenfund Eurasiens stammt aus Dmanisi in Georgien. In den Savannen Afrikas leben die Menschen vermutlich unter anderem vom Aas der Großtiere. Der Homo habilis ist möglicherweise der erste Mensch, der über die Menopause hinweg lebt. Es entsteht die Dreigenerationensippe, die Sprechfähigkeit entwickelt sich. Diese kulturelle Stufe bezeichnet man als Olduvankultur.

Seit einer Million Jahren: Die Menschen verbreiten sich über Asien und Europa. Der Homo erectus taucht um **800 000 v. u. Z.** an der Südküste Englands auf, Fundort Boxgrove. Die Menschen können mit dem Feuer umgehen. Großwildjagd ist archäologisch nicht gesichert. Sie sammeln Muscheln, jagen Kleintiere, suchen verendete Großtiere und stellen Faustkeile und Cleaver her. Die kulturelle Stufe heißt Acheuleen.

500 000 v. u. Z.: In Bilzingsleben, Thüringen, finden sich Hüttengrundrisse des Homo erectus, am Fundort Schöningen bei Helmstedt wird eine gut erhaltene Holzlanze aus dieser Zeit entdeckt. Zweifellos ist der Homo erectus in der Lage, komplexere Sozialstrukturen zu entwickeln und auf Großwildjagd zu gehen. Die Entwicklung solcher Sozialstrukturen sowie die wachsende Fähigkeit zur sprachlichen Verständigung sieht man heute eher im Zusammenleben verschiedener Generationen begründet. Die Mutter-Kind-Achse spielt dabei eine ähnlich große Rolle wie die Traditionen, die ältere Menschen an die jungen weitergeben.

Mittlere Altsteinzeit – Mittelpaläolithikum

Vor 300 000 Jahren beginnen sich die Neandertaler, Homo sapiens neandertaliensis, über Asien und Europa zu verbreiten. Im Prinzip leben sie ähnlich wie ihre Homo-erectus-Vorfahren. Allerdings verfügen sie über eine ausgefeiltere Technik der Steingeräteherstellung, die so genannte Levallois-Technik. Ihre Kulturstufe bezeichnet man als Mousterien.

Jüngere Altsteinzeit – Jungpaläolithikum

Vor 40 000 Jahren beginnt sich der moderne Mensch, der Homo sapiens sapiens, über Europa und Asien auszubreiten. Er ist ein Nachfahre der in Afrika verbliebenen Homo-erectus-Gruppen. Sein Körperbau ist schlanker als jener des Neandertalers. Den eiszeitlichen Verhältnissen in Europa passt er sich durch geschicktere Fellverarbeitung an: Der Homo sapiens sapiens ist vermutlich der Erfinder der Nähnadel. Er entwickelt eine andere Technik, Steinwerkzeuge herzustellen, die so genannte Klingentechnik, die weniger materialaufwändig ist. Außerdem gehen mit dem Auftreten des Homo sapiens sapiens jene Kommunikationsmuster einher, die wir heute als »Kunst« bezeichnen: Höhlenmalereien, Tierstatuetten und Löwinnenfiguren. Die erste Kulturstufe der jüngeren Altsteinzeit nennt man Aurignacien.

36 000 v. u. Z. folgt darauf das Gravettien, die Zeit der europaweiten Verbreitung von Statuetten. Die Frauenfigurinen finden sich vor allen Dingen in den wahrscheinlich ganzjährig bewohnten, festen Siedlungen Ost- und Mitteleuropas. Das Solutréen ist eine dem Gravettien zeitgleiche Altsteinzeitkultur in Frankreich um 25 000 v. u. Z. Speerschleuder und Harpune sind wichtige technische Neuerungen in jener Zeit.

Ab 18 000 v. u. Z. entwickeln sich in Westeuropa das Magdalénien und in Osteuropa die Kulturen von Mezin-Meziric, da die Eismassen aus dem Norden und von den Alpen herab Europa gewissermaßen in zwei Teile teilen. Die Frauenfigurinen im Osten und die geritzten Frauendarstellungen von Gönnersdorf und Frankreich weisen einen abstrakteren Stil auf. Hinzu kommen weiterhin Höhlenmalereien sowie im Magdalénien wunderbar verzierte Lochstäbe und Speerschleudern.

Seit 11 000 v. u. Z. beginnen die Eismassen abzutauen und die Phase der wechselnden Eis- und Warmzeiten in Europa geht zu Ende. Die festen Siedlungsstrukturen verschwinden, die großen eiszeitlichen Tierherden ziehen sich in abgelegene Gebiete oder nach Norden zurück. In dieser Kulturstufe des Azilien sind die Menschen in Europa in kleinen, mobilen Gruppen organisiert.

Mittelsteinzeit – Mesolithikum

Seit 8000 v. u. Z. spricht man für Europa vom Mesolithikum, einer Phase meist sogar sesshafter sammelnder und jagender Männer und Frauen, die zum Beispiel im Rheinland ihre Kultur gewissermaßen auf der Basis des Haselnusssammelns entwickeln, in Dänemark und Schleswig-Holstein sowie an anderen, milden Meerufern durch das Sammeln und Verarbeiten von Austern. In Lepinski-Vir an der bulgarischen Donau findet sich ein ganzjährig bewohntes Dorf, dessen Einwohner vom Fischfang, der Jagd in den Hangwäldern und dem Sammeln auf den Hochebenen dahinter lebten. Sie errichteten kleine Kultbauten aus Stein und verehrten Tier-Frauen-Idole in Form von Fischen.

7000 v. u. Z. erreicht in Kleinasien bereits das so genannte akeramische Neolithikum seine Blüte. Jungsteinzeitliche Ackerbau- und Viehzüchtergesellschaften leben in stadtähnlichen Siedlungen. Die bekanntesten sind zweifellos Jericho im heutigen Israel und Çatal Hüyük in Anatolien. Neben den ausgeprägten Malereien an ihren Hauswänden, die einen guten Einblick in ihr soziales, spirituelles und künstlerisches Schaffen geben, stellten sie zahlreiche Frauenstatuetten her.

Jungsteinzeit – Neolithikum

Seit etwa 5500 v. u. Z. entsteht auf den Lössböden entlang den großen Flüssen Donau, Elbe und Rhein die linearbandkeramische Kultur, eine bäuerliche Lebensweise mit starker Basis in Waldweide- und Waldsammelwirtschaft. Große Siedlungen mit bis zu 70 Meter langen Häusern aus Fachwerk, Lehmverputz und Reetdächern. Keramik, Holzgefäße sowie Tier-Frauenstatuetten werden gefunden. Wichtige Fundplätze liegen auf der Aldenhovener Platte im Rheinland und in anderen Braunkohleabbaugebieten Mitteleuropas. Einige Autoren und Autorinnen halten das frühe Neolithikum für *die* matriarchale Epoche. In Irland und in der Bretagne werden die ersten Megalithbauten errichtet. Die Menschen dort leben vermutlich noch in mesolithischer Weise vom Fischfang und Austern.

3800 v. u. Z. werden in Norddeutschland die großen Megalithanlagen errichtet, Ackerbau und Viehzucht eingeführt. Die wichtigste Kultur nennt man Trichterbecherkultur nach ihrer speziell geformten Keramik. Diese Menschen müssen viele Zeremonien oder Feiern abgehalten haben, denn man fand Trommeln, Flöten und Gefäße mit Speiseresten bei und in den Großsteingräbern.

2500 v. u. Z.: Mit der schnurkeramischen Kultur in Mitteleuropa und der Glockenbecherkultur in Westeuropa sowie ihrer Verschmelzung, der so genannten Becherkultur in England, geht die Jungsteinzeit zu Ende. In Süddeutschland findet sich bereits der Gebrauch von Kupfer, sodass man dort von der Kupfersteinzeit spricht.

Bronzezeit

Seit 2400 v. u. Z. finden sich die so genannten atlantischen Dolche in Gräbern Süddeutschlands, ein Hinweis auf die Frühbronzezeitliche Wessexkultur. Sie fällt in die Zeit der frühen Bronzezeit, zu der die Straubinger Kultur gehören, in Mitteleuropa die Aunjetitzer Kultur sowie der Beginn der nordischen Bronzezeit in Norddeutschland, Dänemark und Nordpolen. Handel – als Verbindung zwischen den großen Kupfer- und Zinnabbaugebieten Europas – wird zu einem bestimmenden Faktor, der auch veränderte Sozialstrukturen nach sich zieht. Vermutlich beginnt nun das erste Mal nachweislich eine Art der geschlechtlichen Arbeitsteilung. Der Schmied scheint tatsächlich der erste Beruf zu sein, der ausschließlich Männern vorbehalten ist. Außerdem entstehen klare gesellschaftliche Hierarchien im Zusammenhang mit dem verstärkten Rohstoffhandel.

Seit 1600 v. u. Z. kann man Bronzeschwerter gießen, eine neue Technik, die das Bild noch einmal nachhaltig verändert. Man spricht nun von der Hügelgräberbronzezeit, einzelne Individuen, meist Männer, werden in großen, auffallenden Hügeln beigesetzt.

Ab 1250 v. u. Z. geht man zu Brandbestattungen über, deren Reste in Urnen beigesetzt werden. Große Höhensiedlungen prägen das Bild der Landschaft, in Mitteleuropa findet sich die Lausitzer Kultur.

Eisenzeit

Seit etwa 800 v. u. Z. erreicht die Technik der Eisenverarbeitung die Länder nördlich der Alpen, was abermals einen tief greifenden Umschwung in den politischen und sozialen Strukturen Europas nach sich zieht. Neue Fürstentümer, keltische Gräber und Höhensiedlungen kommen auf. In Österreich und Bayern floriert neben der Eisenverarbeitung der Salzhandel, worauf der Fundort Hallstadt mit seinem Namen hinweist. Man beginnt Vasen und andere Kunstgegenstände aus Griechenland zu importieren und errichtet die Mauern um die Höhensiedlungen ebenfalls im griechischen Stil.

450 v. u. Z. beginnen die Kelten sich über Europa hin auszubreiten. Ihr Urspungsgebiet ist vermutlich das heutige Tschechien, sie erreichen Anatolien, Spanien, Nordafrika, England und Irland. Das Gräberfeld La-Tène am Neuenburger See in der Westschweiz ist der namengebende Fundort für diese Kultur, die in etwa dem entspricht, was man sich heute unter »echtem Keltentum« vorstellt. Zu den Importen aus Griechenland kommen nun die Handelsbeziehungen mit Rom. Die Höhensiedlungen erhalten Stadtcharakter: Es finden sich nun klar voneinander abgegrenzte sakrale Bezirke, die Verwaltungsgebäude oder Paläste und Handwerkerviertel. Aller Wahrscheinlichkeit nach gibt es immer noch bedeutende Frauen, wie das Grab der Fürstin von Vix oder die Überlieferungen um den Aufstand der britischen Fürstin Boadicea zeigen. Nichtsdestotrotz ist die keltische Kultur nun mit Sicherheit eine patriarchale Kultur mit kriegerischen Idealen, Verhaltensweisen, Göttern und Zielen.

Frühmittelalter

Seit 400 u. Z. nimmt der Einfluss des Römischen Reiches in Europa ein Ende. Wir befinden uns in der Epoche der Merowinger und des Frühen Christentums.

600 u. Z. bereisen die iro-schottischen Mönche den Kontinent, der heilige Gallus tauscht in den Wäldern am Bodensee mit Bären Brot gegen Feuerholz und verhandelt mit tanzenden Nymphen, um an der Steinach sein Kloster begründen zu können. In Mittel- und Osteuropa wandern die Slawen ein, die Hochblüte des slawischen Mittelalters beginnt, insbesondere an der südlichen Ostsee, wo sie eine auf Seehandel begründete Zivilisation, ähnlich den konkurrierenden Wikingern am Nordufer der Ostsee, aufbauen.

800 u. Z.: Regierungszeit Karls des Großen (Herrscher des Frankenreiches)

1168 u. Z. endet mit der Zerstörung Arkonas auf Rügen durch die christianisierten Dänen die slawische Kultur, Europa ist vollständig christianisiert.

Literatur

Abramova, S. A.: *Elementi odjeschdi i ukraschenij na skulpturnich isobraschenijach, tscheloweka epochi w. pal.: wewrope i ssibiri,* Mat. i. Issl. Nr. 79, Moskau/Leningrad 1960, S. 126
Adam, K. D.: *Der Mensch der Vorzeit,* Stuttgart 1984
Angst, R.: *Ursprung des Menschen,* Karlsruhe 1988
Bachofen, J. J.: *Das Mutterrecht,* div. Auflagen
Becker, G.Bovenschen, S.Brackert, H., u. a.: *Aus der Zeit der Verzweiflung,* Frankfurt am Main 1977
Bialas, V.: *Astronomie und Glaubensvorstellungen in der Megalithkultur,* München 1988
Borst, A.: *Mönche am Bodensee,* Berlin 1998
Bosinski, G.: *Die Kunst der Eiszeit in Deutschland und in der Schweiz,* Bonn 1982
Bosinski, G.: *Die große Zeit der Eiszeitjäger,* in: RGZM 34, Bonn 1987
Bosinski, G.: »Die ersten Menschen in Eurasien«, in: Jahrbuch des Römisch-Germanischen-Zentralmuseums 39, Bonn 1992
Brandt, H., u. a.: *Frauen – Forschung – Archäologie,* Bericht über die Tagung vom 23.–24. April 1994, Münster 1995
Brennan, M.: *The Stars And The Stones,* London 1983
Briard, J.: *Die Megalithen der Bretagne,* Luçon 1991
Büchi, U./Büchi, G.: *Die Megalithe der Surselva,* Bde. 1–7, Disentis 1984–1987
Burenhult, G.: *The Megalithic Cemetry of Carrowmore,* Malmö 1995
Capelle, Th.: *Die Wikinger,* Darmstadt 1988
Cavin, S.: *Lesbian Origins,* San Francisco 1985
Chauvet, J.-M.: *Grotte Chauvet,* Sigmaringen 1995
Daly, M.: *Gyn/Ökologie,* München, div. Auflagen
Ehrenberg, M.: *Die Frau in der Vorgeschichte,* München 1992
Eliade, M.: *Das Heilige und das Profane,* Hamburg 1957
Fagan, B.: *Aufbruch aus dem Paradies,* München 1991
Gäubodenmuseum Straubing (Hrsg.): *Bauern in Bayern,* Straubing 1992
Sir Galahad: *Mütter und Amazonen,* Frankfurt am Main 1981
Gimbutas, M.: *The Language Of The Goddess,* New York 1991
Gimbutas, M.: *The Civilization Of The Goddess,* New York 1991
Giot, P. R.: *Vorgeschichte in der Bretagne,* Chateaulin 1992
Ginzburg, C.: *Hexensabbat,* Berlin 1990
Gould-Davis, E.: *Am Anfang war die Frau,* München 1983
Haases, H. G.: *Spuren der Besiegten,* Reinbek 1984
Hacker, F.: *Das Faschismussyndrom,* Düsseldorf 1990

Haarmann, H.: *Universalgeschichte der Schrift*, Frankfurt am Main 1990
Harris, M.: *Fauler Zauber*, Stuttgart 1993
Heggie, D.: *Megalithic Science*, London 1981
Heinson, G./Steiger, O.: *Die Vernichtung der weisen Frauen*, München 1987
Henke, W. /Rothe, H.: *Paläoanthropologie*, Heidelberg 1994
Herbig, J.: *Im Anfang war das Wort*, München 1984
Herbig, J.: *Nahrung für die Götter*, München 1988
Hermann, J., u. a.: *Menschwerdung*, Berlin 1991
Hodder, I.: *The Domestication of Europe*, Cambridge 1990
Honegger, C.: *Die Hexen der Neuzeit*, Frankfurt am Main 1978
Jefimenko, P. P.: *Kostenki I*, Moskau 1958
Johanson, D.: *Lucy. Die Anfänge der Menschheit*, München 1992
Johanson, D./Shreeve, J.: *Lucys Kind*, München 1992
Horst, F./Keiling, H.: *Bestattungswesen und Totenkult in ur- und frühgeschichtlicher Zeit*, Berlin 1991
Karlisch, S., u. a. (Hrsg.): *Vom Knochenmann zur Knochenfrau. Feministische Theorie, archäologische Praxis*, Münster 1997
Kramer, J./Alstad, D.: *Die Guru-Papers. Masken der Macht*, Frankfurt am Main 1995
Kleindam, S.: »Das Sejd-Ritual«, in: Donate Pahnke: *Blickwechsel*, Marburg 1993
König, M.: *Am Anfang der Kultur*, Berlin 1973 (Neuauflage Frankfurt am Main 1994)
König, M.: *Unsere Vergangenheit ist älter*, Frankfurt am Main 1980
Krämer-Badoni, R.: *Judenmord, Frauenmord und Heilige Kirche*, Frankfurt am Main 1992
Kronenberger, M.: »Die Amazonen – Aspekt eines Mythos«, in: Specht 1992
Kuckenberg, M.: *Die Entstehung von Sprache und Schrift*, Köln 1990
Kuckenberg, M.: *Siedlungen der Vorgeschichte*, Köln 1993
Kutter, E.: *Der Kult der drei Jungfrauen*, München 1997
Lange, S.: *Wo Göttinnen das Land beschützten*, Bad Münstereifel ³1997
Lang, A./Parzinger, H./Küster, H. (Hrsg.): *Kulturen zwischen Ost und West*, Berlin 1993
Lenz, L./Luig, O.: *Frauenmacht ohne Herrschaft*, Berlin 1990
Leroi-Gourhan, A.: *Die Religionen der Vorgeschichte*, Frankfurt am Main 1981
Lorent, A.: *Findegöttinnen. Frauenverwandelte Mythen und Märchen*, Bad Münstereifel ³1998
Lünig, J.: *Siedlungen der Steinzeit*, Heidelberg 1989
McGrew, W.: *Chimpanzee Material Culture*, Cambridge 1992

Meaden, G. T.: *The Goddess Of The Stones*, London 1991
Meixner, G.: *Frauenpaare in kulturgeschichtlichen Zeugnissen*, München 1995
Micallef, P. I.: *Mnajdra Prehistoric Temple*, Malta 1989
Millett, K.: *Sexus und Herrschaft*, div. Auflagen
Müller, R.: *Der Himmel über den Menschen der Steinzeit*, Berlin 1970
Müller-Beck, H.: *Urgeschichte in Baden-Würtemberg*, Stuttgart 1983
Mohen, J. P.: *Megalithkultur in Europa*, Stuttgart 1989
Nougier, L. R.: *Die Welt der Höhlenmenschen*, Reinbek 1992
Parin, G./Parin, P. (Hrsg.): *Herrschaft, Anpassung und Widerstand*, Frankfurt am Main 1990
Parin, G./Parin, P. (Hrsg.): *Glaube, Magie, Religion*, Frankfurt am Main 1991
Poliakov, L.: *Geschichte des Antisemitismus*, 5 Bde., Worms 1977
Probst, E.: *Deutschland in der Steinzeit*, München 1991
Probst, E.: *Deutschland in der Bronzezeit*, München 1996
Ranke-Graves, R. v.: *Die weiße Göttin*, div. Auflagen
Raphael, M.: *Wiedergeburtsmagie in der Altsteinzeit*, Frankfurt am Main 1979
Rehork, J.: *Unsere Urzeitzeugen*, Frankfurt am Main 1985
Reichholf, J.: *Das Rätsel Menschwerdung*, München 1990
Rentmeister, C.: *Frauenwelten – Männerwelten*, Opladen, 1985
Rich, A.: *Macht und Sinnlichkeit*, Berlin 1983
Richter, H. E.: *Wer nicht leiden will, muss hassen*, Hamburg 1992
Richter, H. E.: *Zur Epidemie der Gewalt*, Hamburg 1993
Rieckhoff, S.: *Faszination Archäologie*, Regensburg 1990
Röder, B., u. a.: *Göttinnendämmerung*, München 1996
Samasow, M.: *Die Tafeln der Maeve*, Berlin 1996
Samasow, M.: *... und sie haben sich immer gewehrt!*, Bad Münstereifel 1997
Samuel, P.: *Amazonen, Kriegerinnen und Kraftfrauen*, München 1979
Sauter-Beiliette, T.: »Kämpfende Frauen in der Literatur – am Beispiel Camilla und Brunhild«, in: Feministische Studien: Krieg und Unfrieden, Weinheim, November 1984
Schäfer, M.: *Feministische Fiktionen und literarische Traditionen eines autonomen, feministischen Verlages*, Bremen 1986
Scheer, A.: *Elfenbeinanhänger des Gravettien in Süddeutschland*, in: Archivalisches Korrespondenzblatt 15, 1985, S. 269 ff.
Schlette, F./Kaufmann, D. (Hrsg.): *Religion und Kult in frühgeschichtlicher Zeit*, Berlin 1989
Schliechtherle, H.Wahlster, B.: *Archäologie in Seen und Mooren*, Stuttgart 1986

Schreier, J.: *Göttinnen – Ihr Einfluss von der Urgeschichte bis zur Gegenwart,* München 1977
Sherrat, A.: »Plough And Pastoralism. Aspects Of The Secondary Products Revolution«, in: Hodder I.: Pattern Of The Past: *Studies In Honour Of David Clarke,* 1981, S. 261 ff.
Sichrowsky, P.: *Schuldig geboren,* Köln 1987
Sichrowsky, P.: *Unheilbar deutsch,* Köln 1993
Soffer, O.: *The Upper Paleolithic of the Central Russian Plain,* San Diego 1985
Specht, E. (Hrsg.): *Nachrichten aus der Zeit,* Wien 1992
Steuer, H./Zimmermann, U.: *Alter Bergbau in Deutschland,* Stuttgart 1993
Tanner, N.: *Wie wir Menschen wurden,* Frankfurt 1994
Tillmann, A.: »Kontinuität oder Diskontinuität?«, in: Archäologische Informationen 16/2, 1993, S. 157
Twohig, E.: *Irish Megalithic Tombs,* Buckinghamshire 1990
Uhlig, H.: *Die Mutter Europas,* Bergisch Gladbach 1991
Uhlig, H.: *Die große Göttin lebt,* Bergisch Gladbach 1992
Verbeek, B.: *Die Anthropologie der Umweltzerstörung,* Darmstadt 1994
Waal, F. d.: *Frieden durch Sex,* in: Geo, Nr. 5/1993
Weiler, G.: *Das Matriarchat im Alten Testament,* Stuttgart 1989
Weiler, G.: *Ich brauche die Göttin,* Basel 1990
Weiler, G.: *Eros ist stärker als Gewalt. Eine feministische Anthropolgie,* 2 Bde., Frankfurt 1993
Westergaard u. a.: *»Stone-tool bone-surface modification by monkeys«,* in: Current Anthropologie 4 (1994), S. 35
Wisselinck, E.: *Hexen,* München 1986
Wittig, M.: *Die Verschwörung der Balkis,* München 1980
Wittig, M. /Zeig, S.: *Lesbische Völker,* München 1981
Wunderlich, H. G.: *Die Steinzeit ist noch nicht zu Ende,* Reinbek 1977
Zapotocky, M.: *Streitäxte des mitteleuropäischen Aeneolithikums,* Weinheim 1992
Ziege, E. M.: »Antisemitische Frauen und misogyne Bilder vom jüdischen Anderen«, in: Metis – Zeitschrift für historische Frauenforschung und feministische Praxis, Nr. 2/1993

Zeitschriften

Archäologie in Deutschland, vierteljährliche Zeitschrift, Theiss, Stuttgart

Die Autorin

MARTINA SCHÄFER, geboren 1952, arbeitete nach dem Studium der Biologie, Germanistik und Pädagogik in ihrer Promotion zunächst die Matriarchatsforschung literarisch auf, um sich dann dem Studium der Ur- und Frühgeschichte an der Universität Köln zu widmen. Seit den 80er-Jahren führt sie Reisegruppen zu weiblich geprägten Stätten der Kulturgeschichte und hält Vorträge und Seminare. Darüber hinaus hat sie unter dem Pseudonym Magliane Samasow zahlreiche Sachbücher und Krimis veröffentlicht und unterrichtet – auch behinderte – Frauen in Selbstverteidigung (Wen Do). Nach Lebensstationen in Düsseldorf, München sowie der Eifel lebt und arbeitet sie heute im schweizerischen St. Gallen.

Register

Ulrike Ascher

Hexen-Einmaleins für freche Frauen

Magie für den Alltag

248 Seiten, Broschur
ISBN 3-7205-2120-6

Moderne Frauen müssen zaubern können – hier lernen sie, wie's geht. Humorvoll und kompetent verrät Ulrike Ascher all die magischen Tricks, mit denen sich der Alltag ohne Aufwand bereichern lässt.
Wie wird das morgendliche Duschen zum Waschzauber?
Gibt's auch magisches Fastfood?
»Zauberhafte« Antworten auf diese und andere Fragen für alle, die ihr Leben mit einer Portion Magie würzen wollen.

HEINRICH HUGENDUBEL VERLAG